金钱游戏
The Money Game

[美] 亚当·史密斯 ◎著
陈丽霞 刘寅龙 ◎译

SPM
南方出版传媒
广东人民出版社
·广州·

图书在版编目（CIP）数据

金钱游戏/(美)亚当·史密斯著；陈丽霞，刘寅龙译．—广州：广东人民出版社，2017.2
ISBN 978-7-218-11538-2

Ⅰ．金… Ⅱ．①亚…②陈…③刘… Ⅲ．①股票投资—基础知识 Ⅳ．① F830.91

中国版本图书馆 CIP 数据核字（2017）第 001099 号

The Money Game by Adam Smith
Copyright © 1967, 1968, 1969 by Adam Smith
Simplified Chinese Translation copyright © 2017 by Grand China Publishing House
Published by International Creative Management, Inc. through Bardon-Chinese Media Agency, Taiwan
All rights reserved.

No part of this publication may be used or reproduced in any manner whatever without written permission except in the case of brief quotations embodied in critical articles or reviews.

本书中文简体字版通过 Grand China Publishing House（中资出版社）授权广东人民出版社在中国大陆地区出版并独家发行。未经出版者书面许可，本书的任何部分不得以任何方式抄袭、节录或翻印。

Jin Qian You Xi
金钱游戏

[美] 亚当·史密斯 著　　陈丽霞　刘寅龙　译　　　　版权所有　翻印必究

出 版 人：肖风华

策　　划：中资海派
执行策划：黄　河　桂　林
责任编辑：古海阳　张　静　郑　婷
特约编辑：乔明邦
版式设计：廖国兰
封面设计：刘　榴

出版发行：广东人民出版社
地　　址：广州市大沙头四马路 10 号（邮政编码：510102）
电　　话：(020) 83798714（总编室）
传　　真：(020) 83780199
网　　址：http://www.gdpph.com
印　　刷：深圳市福圣印刷有限公司
开　　本：166mm×239mm　1/16
印　　张：19　字　　数：237 千
版　　次：2017 年 2 月第 1 版　2017 年 2 月第 1 次印刷
定　　价：48.00 元

如发现印装质量问题，影响阅读，请与出版社（020-83795749）联系调换。
售书热线：(020) 83795240

"iHappy投资者"
系列图书项目介绍

深圳市中资海派文化传播有限公司
倾力打造《世界经管学术经典文库》正式面市

《世界经管学术经典文库》从"iHappy投资者"系列图书拉开大幕。

深圳市中资海派文化传播有限公司与约翰·威立国际出版公司（John Wiley & Sons, Inc）、彭博财经出版社（Bloomberg Press）展开了广泛而深入的合作。约翰·威立国际出版公司不仅是全球历史最悠久、最知名的学术出版商之一，更是世界第一大独立协会出版商和第三大学术期刊出版商。彭博财经出版社立足于全球最大的财经资讯提供商彭博资讯，针对专业投资人士。

第一阶段，中资海派与该社旗下的 Little Book 系列进行了独家战略合作，推出了一系列深受读者喜爱的经典作品。作为中资海派"iHappy 投资者"系列的主打书目，"Little Book"财智赢家经典投资系列品牌图书不仅涵盖了"理论结合实践"的投资策略，更结合欧美投资大师的经典投资理论，突出了未来投资趋势等主题。系列书中的每本书都从不同角度解读了投资获利的奥秘，是读者及广大投资者的投资理财的指引明灯。该系列书的作者大都为金融投资界享誉盛名的大师级人物，包括"成长股价值投资之父"菲利普·费雪、"指数基金之父"约翰·博格、"华尔街最知名的股票预测者之一"肯·费雪等。

第二阶段，中资海派与约翰·威立国际出版公司的合作全面升级，以 Wiley Trading 系列和 Wiley FINANCE 系列作为核心产品线。在第一阶段的基础上，第二阶段更加注重实战性、专业性。作品包括华尔街最赚钱的自营交易公司SMB资本创始人迈克·贝拉菲奥雷（Mike Bellafiore）的《短线交易获利秘诀》（One Good Trade）；从业长达36年的资深交易员戴维·H.魏斯（David H. Weis）的《找准下一个买卖点》（Trades About to Happen）以及舒尔策资产管理有限公司的创始人乔治·舒尔策的《秃鹫投资》（The Art of Vulture Investing）等权威作品。

第三阶段，中资海派将联手约翰·威立国际出版公司和彭博财经出版社协力打造彭博金融系列（Bloomberg Financial Series）。本阶段不仅涵盖艾略特波浪理论、蜡烛图等技术分析与图表解读，更有期权、产权市场等全球前沿的实战权威著作。

中资海派已引进和已出版该系列图书有：

"成长股之父"菲利普·费雪（Philips A.Fisher）的《费雪论成长股获利》（Paths to Wealth though Common Stocks）；

深谙"投资中的人性"的顶级财经作家贾森·茨威格（Jason Zweig）所著的《格雷厄姆的理性投资学》（Your Money and Your Brain）；

先锋集团（Vanguard Group）创始人约翰·博格（John Bogle）的《投资稳赚》（The Little Book of Common Sense Investing）；

美国晨星公司的证券研究部主管帕特·多尔西（Pat Dorsey）所著的《巴菲特的护城河》（The Little Book That Builds Wealth）；

价值投资之父格雷厄姆真传弟子克里斯托弗·布朗（Christopher Browne）所著的《价值投资》（The Little Book of Value Investing）；

股神巴菲特的嫡传弟子，自1980年以来一直从事金融分析和投资通讯编辑的路易斯·纳维里尔（Louis Navellier）的畅销书《巴菲特的选股真经》（The Little Book That Makes You Rich）；

《驾驭股市周期》（The Little Book of Stock Market Cycles）作者，《股票交易者年鉴》主编杰弗里·A.赫希（JeffreyA. Hirsch）将教你如何利用股市

周期赚钱；

《牛眼投资》（The Little Book of Bull's Eye Investing）作者，《纽约时报》畅销书作家约翰·莫尔丁（John Mauldin）教你在动荡的市场中寻找价值，攫取绝对收益和控制风险；

《趋势交易》（The Little Book of Trading）作者，交易大师迈克尔·W. 卡沃尔（Michael W. Covel）为你揭开藏于幕后的14位顶尖交易员的获利故事；

《巴菲特资产配置法》（The Little Book that still Saves Your Assets）作者，摩根士丹利创始人戴维·M. 达斯特（David M.Darst）教你巴菲特资产配置的艺术；

《100倍超级强势股》（Insider Buy Superstocks）作者，互联网泡沫破灭后个人投资第一人杰西·C. 斯泰恩（Jesse C. Stine）教你直击超级强势股；

《猎杀暴涨黑马》（The Little Book of Big Profits from Small Stocks）作者，"华尔街女皇"希拉里·克拉玛（Hilary Kramer）教你寻找暴涨型低价股；

《股市获利11堂必修课》（The Little Book of Stocks Market Profits）作者，投资组合经理米奇·扎克斯（Mitch Zacks）教你战胜市场的11个策略等。

中资海派已引进和即将出版该系列的图书有：

Visual Guide to Elliott Wave Trading

Visual Guide to Candlestick Charting

Visual Guide to Chart Patterns

Visual Guide to Options

Visual Guide to ETFs

Visual Guide to Municipal Bonds

Equity Market and Portfolio Analysis

Quality Investment

The Rise and Fall of Nations

Dear Chairman

Fool Proof

Gaining Currency

Superhubs

另外,"财智赢家"书系还收录了众多长销经典投资著作:

"成长股价值投资之父"肯·费雪(Ken Fisher)的《下一个暴富点》[*Markets Never Forget(but people do)*]和《下一个暴富神话》(*The Little Book of Market Myth*);

大投机家安德烈·科斯托拉尼(Andre Kostolany)的《股市神猎手》(*Kostolanys Wunderland von Geld undBörse. Wissen, was die Börse bewegt*)和《大投机家的证券心理学》(*Kostolanys Börsenpsychologie*);

著名投资公司总裁乔治·舒尔策(George Schultze)的《秃鹫投资》(*The Art of Vulture Investing*);

投资组合创始人李·芒森(Lee Munson)的《打败操盘手》(*Rigged Money*);

美国投资市场的"亚当·斯密"亚当·史密斯(Adam Smith)所著《金钱游戏》(*The Money Game*)。

除了"财智赢家"外,"iHappy 投资者"还推出以下书系:

Smart 智富

该书系主要收录诸多全球投资新秀的最新投资理念图书,对国内的投资者极具借鉴和指导意义。另外,本书系还将带你漫步金融史和投资史,为你找到隐藏在股市起伏与经济荣衰中的密码。

百万富翁教室

该书系主要为都市白领阶层提供理财书籍,内容简单实用,风格平易

近人。如果灵活运用书中的方法并持之以恒，即使你目前收入不高，终有一天也能跻身百万富翁的行列。

凯恩斯口袋

该书系聚焦国内外经济大环境，紧跟政治经济发展趋势，收录各路名家的经典理论和通俗实用的佳作。你不仅可以从这些书中了解整体政治经济环境，更能从中找到投资机会，在享受阅读乐趣的同时轻松赚钱。

以上三大书系已出版和即将出版的图书有：

迈克尔·莫布森（Michael J. Mauboussin）的《反直觉投资》（*More Than You Know*）；

史蒂芬·列维特和史蒂芬·都伯纳 (Steven D. Levittand Stephen J. Dubner) 的《魔鬼经济学》（*Freakonomics*）；

安德鲁·利 (Andrew Leigh) 的《魔鬼经济学2》（*The Economics of Just About Everything*）；

达蒙·维克斯（Damon Vickers）的《不懂美元，还敢谈经济》（*The Day After the Dollar Crashes*）；

乔治·马格努斯（George Magnus）的《谁搅动了世界》（*Uprising*）；

安德鲁·哈勒姆（Andrew Hallam）的《拿工薪，三十几岁你也能赚到600万》（*Millionaire Teacher*）；

韩国理财师高敬镐的《上班赚小钱，四本存折赚大钱》；

戴维·沃尔曼（David Wolman）的《无现金时代的经济学》（*The End of Money*）；

罗伯特·H.弗兰克（Robert H. Frank）的《达尔文经济学》（*The Darwin Economy*）；

肯尼斯·波斯纳（Kenneth A. Posner）的《围捕黑天鹅》（*Stalking the Black Swan*）；

桑迪·弗兰克斯（Sandy Franks）和萨拉·农纳利（Sara Nannally）的《野蛮人的猎金术》（Barbarians of Wealth）；

盖·罗森（Guy Lawson）的《章鱼阴谋》（Octopus）；

兰迪·盖奇（Randy Gage）的《白手创业亿万富翁的财商笔记》（Risky Is the New Safe）；

克丽丝特尔·佩因（Crystal Paine）的《有钱人穷的时候都在做什么》（The Money Saving Mom's Budget）；

罗杰·詹姆斯·汉密尔顿（Roger James Hamilton）的《富定位，穷定位》（The Millionaire Master Plan）；

世界银行经济学家查尔斯·肯尼（Charles Kenny）的《理性的繁荣》（The Upside of Down）；

IMF中国部前主任埃斯瓦尔·S.普拉萨德（Eswar S. Prasad）的《即将爆发的货币战争》（The Dollar Trap）；

全球知名智库麦肯锡全球研究院三位董事重磅作品《麦肯锡说，未来20年大机遇》（No Ordinary Disruption）；

美国国务院经济学家理查德·S.格罗斯曼（Richard S.Grossman）的《格罗斯曼说，经济为什么会失败》（Wrong）。

为了适应市场发展需求，中资海派成立了"iHappy投资者"系列图书专家委员会，诚邀国内相关领域的权威、专业人士，拨冗推荐该系列图书，并在编辑加工图书的过程中提出宝贵意见。

已经加入"iHappy投资者"系列图书专家委员会的成员有（排名不分先后）：

英大证券研究所所长　李大霄

深圳市东方港湾投资管理有限责任公司董事长　但　斌

《中国证券报》金牛基金周刊副主编　杨　光

《黑化》《财富创始记》作者、财经作家　范卫锋

《新金融观察》报副主编、《新领军者》杂志主编　刘宏伟

上海牛熊行为金融研究所创始人、首席研究员　艾经纬

《理财》杂志社社长兼总编　解鹏里

《理财》杂志执行总编　王再峰

"Fortune & You，财富智慧你的魅力与幸福"课程创办者　毛丹平

银河证券首席策略分析师　孙建波

新浪财经博客点击量超9亿、首席理财分析师　凯恩斯

和讯网常务副总编辑　王正鹏

价值中国网总裁　林永青

《金融家》杂志总编　徐景权

招银国际资产管理投资董事、中国上市公司市值管理研究中心学术顾问　郑磊博士

深圳久久益资产管理有限公司总经理、上海交通大学高级金融学院职业导师　宋三江

新浪博客点击量第一、"2009年度最受欢迎财经博客百强"得主、著名股票博客博主　徐小明

上海天钧资产管理合伙人　刘乃达

献　给

我的家人与朋友萨莉·布罗菲

推荐序 I

刘建位
复旦大学国际金融专业硕士
上海社会科学院产业经济学博士
汇添富基金管理公司首席投资理财师和基金策略分析师
著名的巴菲特价值投资理念研究者和传播者

巴菲特：投资如游戏

投资如游戏

1972年，化名为"亚当·史密斯"的作家古德曼写了一本销量百万的畅销书《超级金钱》(*Supermoney*)，其中一章盛赞巴菲特，第一次使巴菲特名扬四方。

其实此人1967年出版的《金钱游戏》(*The Money Game*)也非常经典。观点即书名，来自巴菲特最佩服的经济学家凯恩斯。

凯恩斯不但把他的经济学研究运用到政府政策中，而且还运用到证券投资上，为自己也为母校剑桥伦敦国王学院创造了巨额的财富。

凯恩斯对市场的深入了解和多年投资实践,使他在《通论》中"长期预期"部分得出一个投资结论:"职业投资是一场令人无法忍受的游戏,任何一个没有赌博习性的人,都会对之惊慌失措;即使是那些好赌之徒,也要为这些习性付出适当的代价。"这是关于投资最深邃、最精辟的论断。此前还从来没有人达到过凯恩斯这样的市场认知深度。投资如游戏,感觉好像一个过来人感叹:人生如戏,戏如人生。

但说投资如游戏,并不是说把投资当儿戏。巴菲特把受人之托管理投资看作一件非常严肃的事,因为成千上万的人把关系到他们一生幸福保证的资金委托给他管理,决不能儿戏。

但是投资过程在某种程度上确实和游戏有不少类似之处。

对于巴菲特来说,投资和游戏一样,最大的快乐不是最后赢的结果,而是赢的过程。

"并非是因为我只想得到钱,而是因为我觉得赚到钱并且看到钱生出更多的钱是一个很有趣的过程。"

"我还是喜欢整个过程远远超过结果,尽管我已经学会了如何与这些巨额财富和平相处。"

事实上,巴菲特和他的搭档芒格经常用游戏来比喻投资,游戏和投资的成功之道有很多相通之处。

投资如桥牌

巴菲特最大的爱好是打桥牌。他一星期大约打6小时的桥牌。

"我打桥牌时全神贯注,其他什么也不会想。"

他经常说:"如果一个监狱的房间里有3个会打桥牌的人的话,我不介意永远坐牢。"

他的牌友霍兰评价巴菲特的牌技非常出色:"如果巴菲特有足够的时间打桥牌,他将会成为全美国最优秀的桥牌选手之一。"

巴菲特甚至专门请了一个桥牌世界冠军 Sharon Osberg 做教练,教练帮他装好了电脑,教会巴菲特上网打桥牌。过去从来不碰电脑的巴菲特,迷上了上网打桥牌,一个星期会打6小时。

巴菲特认为打桥牌与股票投资的策略有很多相似之处:"打牌方法与投资策略是很相似的,因为你要尽可能多地收集信息,接下来,随着事态的发展,在原有信息的基础上,不断添加新的信息。不论什么事情,只要根据当时你所有的信息,你认为自己有成功的机会,就去做它。但是,当你获得新的信息后,你应该随时调整你的行为方式或做事方法。"

也许伟大的桥牌选手与伟大的证券分析师,都具有非常敏锐的直觉和判断能力,他们都是在计算着获胜的概率。从巴菲特打桥牌的风格,人们不难了解他的股票投资策略。

投资如赌马

巴菲特认为他的搭档查理·芒格是比自己更聪明的人。芒格有一次在南加州大学的演讲中把股票投资描述成赌马:

"我想用一个模式,非常简单地解释股票在市场上的交易情况,这个模式就是赛马场上的彩池投注系统。"

香港博彩税条例解释:"彩池投注"(pari-mutuel betting)指按照以下条款进行投注:须就某投注派发的任何彩金,是视乎所有胜出的投注者在彩金总额中分别所占的份额而定的。

"如果你停下来仔细想想,就会明白按照彩池投注系统进行赌马的赌马场和股票市场非常相似。每个人都必须进入市场内,才能下注,都进去押注,随着下注情况的变化,胜率也随之变化。这和股市的情况完全一样。"

"即使是一个超级大傻瓜也能看出来,如果一匹具有体重小、过去胜率很高、位置好等有利因素的好马,和另一匹具有体重大、历史战绩很差等不利因素的烂马相比,好马获胜概率要大得多。但如果你看一下场内的投注赔率,坏马投注赔率为100赔1,而好马则为3赔2。综合胜率和赔率,从统计学讲赌哪匹马最好就很难说得清了。股价的变化也是如此,这使你很难战胜整个市场。"

简单地说,投资者买入人人看好的公司的股票,价格肯定高得多,如同下注人人看好的好马,赢的概率很大,但赚的钱很有限。相反,投资者如果买入大家都不看好的烂公司,价格肯定便宜得多,如同买入大家都不看好的烂马,一旦出现奇迹跑赢了,肯定能大赚一把,但是土鸡变凤凰非常非常少见。

很多赌马的人,只是凭着感觉,或者一知半解,胡乱下注,所以大多数人赌了很多年马都是赔钱。

十个股民,一个赚钱,两个持平,七个都赔钱,也是同样的原因。

股票投资和赌马一样,输家是大多数,赢家只是少数。其中一部分赢家只是幸运而已,而长期持续获胜的大赢家都是非常认真地进行研究投资的人,他们明白,好马未必是好的赌注,好公司的股票未必是好股票。

投资与游戏三个共同的成功要素

当你像迷上游戏一样迷上投资之后,就会发现,投资与游戏有不少共同的成功要素:

第一，综合能力。

查理·芒格认为，要想投资成功，必须学习多种学科的知识，形成相互交织的多种思维模式，形成他所谓的格栅。

投资和游戏一样，要成为高手，必须精通多种成功的模式，而且能够虚实结合，逻辑思维和实务经验相结合，综合运用，两手都要硬。

巴菲特如此解释自己成功的原因："我是一个比较好的投资者，因为我同时是一个企业家。我是一个比较好的企业家，因为我同时是一个投资者。"

他在 2005 年致股东的信中道出了他难以找到接班人的最大问题："在伯克希尔，我们拥有三个相当年轻而且完全胜任 CEO 的经理人。这三位经理人中的任何一位在我的工作范围之内的某一管理方面都要远胜于我，但是不利的一面是，他们之中没有一人具备我所独有的交叉性经验 (crossover experience)，这种经验使我在商业和投资领域都能从容地做出正确决策。"

第二，理性决策。

做投资，玩游戏，很容易和赌博一样，赌红了眼。

而真正的投资高手和游戏高手一样，都非常理性。

巴菲特非常强调投资中理性的重要性："你不需要成为一个火箭专家。投资并非智力游戏，一个智商为 160 的人未必能击败智商为 130 的人。理性才是最重要的因素。"

"投资必须是理性的，如果你不能理解它，就不要做。"

"我很理性。很多人比我智商更高，很多人也比我工作时间更长、更努力，但我做事更加理性。你必须能够控制自己，不要让情感左右你的理智。"

巴菲特把他的投资成功秘诀总结为一句话：在别人恐惧时贪婪，在别人贪婪时恐惧。

要达到如此境界，需要多么强的理性和自制力。

第三，专注勤奋。

所有人都知道巴菲特投资非常成功，但很少人注意到巴菲特在投资上几乎比其他所有人都更加专注、更加勤奋用功。巴菲特传记《滚雪球》一书的作者施罗德感叹："我从来没有见过任何一个人比巴菲特一生倾注在投资中的精力更多"。

巴菲特每天早上要阅读大量的报纸杂志，经常读书，大量阅读公司年报，能够背得出几百家上市公司的财务数据。

查理·芒格说巴菲特是一个学习机器。投资比亚迪就是他不断学习进步的一个证明。投资界和游戏界一样，发展飞快，必须不断学习进步，与时俱进，否则很容易被淘汰。

The Money Game | 推荐序 II

陈思进
《只有社会主义才能救美国》作者
某国际金融财团全球投资部风险管理资深顾问

股市就是合法的大赌场

2010年12月，我在图书馆看到一本书，书名叫 The Money Game，翻了头几页便被吸引住了。书中除了吸引人的故事，其论述也精辟至极，无一不点到股市——这个金钱游戏的要害之处。一看封面，作者竟然是"Adam Smith"（亚当·斯密）。难道是经济学之父再世重生了吗？看作者的解释，原来他是以"经济学之父"的名字作为笔名，想必其中潜藏深意。

不过一开始我就心存疑惑，作者列举的许多"著名"公司，我都没有听说过。我也在华尔街工作了十几年，每天沉浸在那些上市公司里，居然还有我所不知的公司？细细一读，原来这本书是四十几年前写下的，每隔几年更新一版，现在，已经成为揭露金钱游戏的经典名著了。

英国的经济学之父亚当·斯密在他的《道德情操论》(The Theory of Moral Sentiments) 中问道："我们在这个世界上奔波忙碌，到底是为了什么？沽名钓誉的虚荣、贪婪恶毒的野心、对财富和权利无休无止的追逐到底能带给我们什么？"

和我一样，《金钱游戏》的作者也时常问自己这个问题。虽然作者声明并非因此而采用亚当·斯密作为笔名，但我觉得作者几十年以来畅游金钱的游戏中，不自觉地对这个问题已然感悟，并为撰写《金钱游戏》定下了基调：股市是由于人性的贪婪而存在，就像赌场一样，而又由于人们对财富和权利无休无止的追逐，使得股市就像一场金钱游戏，借用他书中的结论："股市就是一个最大的合法赌场！"

整本书通过许多真实的故事，为我们解析证明了：为何股市不过是个大赌场，是追逐金钱的游戏；为何基础分析、技术分析、电脑程序交易、各种模型等，都无法保证参与其间的人们能够赚到钱；为何股市完全是随机的，过去的数据根本无法预示未来，以致无人能知股市下一刻是涨还是跌，为什么街头乞丐随意选股的回报，会超过华尔街的顶级基金经理。

作者一针见血地指出："股票市场就是一场游戏，80%以上的投资者都不赚钱。"那谁能赚钱呢？只要想一想赌场里谁赚钱就该明白了。他更辛辣地举证，华尔街上帮人炒股的经纪人，"没有一个是诚实的好人，假如还有好人的话，他就不会继续待在那个行当里。圣彼得会抓走这个千载难逢的好人，如果说还有诚实的人，那他也只会对天使献殷勤"。

我想，这也正是作者为何用笔名，而非以真名实姓写作的真正原因，皆因他是华尔街从业之人。然而，除了局内之人，又有谁能描绘出真实的华尔街？作者所陈述的每一个故事，都绝非道听途说，一旦大家知道他是谁，很难想象他的"下场"会如何。

"股票市场就是一场金钱游戏，这场游戏也可能真的不存在任何内在价值。假如复印机能不断印出股票证书，纽约证交所还继续在营业,而且银行还能时不时发点股利,即使所有炼钢厂、仓储公司和铁路公司都关门停业,这场'游戏'也能义无反顾地玩下去……"这虽是作者40多年前所定的结论,可犹如在讲述今天的华尔街。

目前全球的经济危机非但没有影响股市,因欧洲、美国、日本等政府"采用了信奉凯恩斯主义的经济学家的观点,即在经济衰退期间扩大政府支出,这样做是非常省力的",使大量的金钱无中生有被"创造"出来,刺激股市一路上扬。

由此可见,既然"股票市场是个最大的合法赌场",那么参与股票投资的散户就犹如赌徒,早晚是要输给庄家的;而由于当今股市的电脑化和衍生化,散户输钱的比例比40年前还要更高,可达到90%以上。但是贪婪的人性千年不变,进股市的人就像去赌场的赌徒一样,好似野火烧不尽,春风吹又生,总有人前赴后继,义无反顾地投入其中。而股市规则和赌场游戏规则也一样,自然也不会变。人性不变,游戏不变,最多换汤不换药,新桃换旧符。

最后,我向真想成为有钱人的人们强力推荐《金钱游戏》中文版,虽然作者在书的最后一节写道:"不朽是不合逻辑的,因为谁也逃不过死亡的命运,因此最后你一定会输。这就是高级游戏建立的方式:你无法将其带走。"作为对亚当·斯密那个问题的解答。既然无论如何,人们都会一如既往地投入这场游戏,我还是送上一句祝福:"曙光即将来临,希望你们能够继续享受游戏带来的乐趣。"

权威推荐

宋三江
深圳久久益资产管理有限公司　总经理

　　这是四十年前出版的一本全能投资读物,描述的是更早期美国资本市场真实的故事,亚当·史密斯用活泼而又诙谐的方式揭示了人性贪婪的一面,剖析了股票是场游戏的本质。由于人性的本质亘古难变,中外人性亦相差不大,所以,今天读此经典,仍将受益匪浅,认知人性弱点对于投资的重要性,有利于我们避免重蹈覆辙,修炼良好的投资思维习惯,有助于我们提高投资能力。

本杰明·格雷厄姆
阅读本书后,致信亚当·史密斯

　　亲爱的亚当·史密斯:我写这封信,是为了感谢你在《金钱游戏》一书中,把我称为"所有证券分析师的教父"。阅读你的这部大作令我非常愉悦,同时我也很欣赏你对多种文体的了解。此外,这本书给我提供了许多关于当今华尔街状况的信息。我离开那里已经有好几年了。

权威推荐

沃伦·巴菲特
摘自《1968年上半年致合伙人的信》

赶快，现在就去买一本亚当·史密斯写的《金钱游戏》。这本书以精彩的文笔描绘了当前金融领域的众生相，书中充满了深刻的见解和高超的智慧。

保罗·萨缪尔森教授
美国第一位诺贝尔经济学奖获得者

这是一部现代经典！

林行止
《信报》创始人

作者在《金钱游戏》一书中引述了大量勒庞理论，顿觉受用不少，又有抨击技术分析，犹如一盘冷水当头泼（皆因我极重视技术分析），起初听落颇有道理，细思后悟出所有分析是"概率"问题，概率绝不能到达全中境界，至于高至多少，全属个人修行。

《纽约时报》

这是最好的一本关于金融与股票市场的著作。

《新闻周刊》

美国投资行业中的每一个人都知道亚当·史密斯。

《图书馆杂志》月刊

作为华尔街的资深观察员及批评家，亚当·史密斯在金融领域的专业才干让他总能观察到事物的真相。但阅读此书的乐趣，更多的来自于他那让人愉悦的幽默。他是一个生动活泼、有着诙谐的机智却从不故作高深的作家,华尔街的所有大事都无法逃脱他批判的眼睛。

目录

Contents

第一部分　认识你自己　身份·焦虑·金钱　1

在神秘莫测的市场丛林里，你该如何确定自己的境遇，摆脱那些紧追不舍的焦虑，如何在灰飞烟灭间，草船借钱？

第1章　投资，一场令人无法忍受的游戏　2

第2章　基金经理闭门密谈精神病医生　14

　　盯着约翰逊的基金组合　17

　　心理医生也有心理问题　22

第3章　墨迹泄露你的投资天赋　31

第4章	市场真的是一个群体 39
第5章	你觉得这就是金钱的本质 47
第6章	究竟因何而投资 53

高雅的直觉型投资者 54
聪明地逃避股票 56
不管做什么，都不要卖掉 IBM 股票 58
脑科医生，边做手术边想着股票？ 60
老太太的股票、朋友和孤独 61
赚黑心钱，赌徒可以？盗贼可以？经纪人也可以？ 64

第7章	百万富翁的烦恼，穷光蛋的身份 68

市场血液里的焦躁因子 69
哈里的百万之梦 74

第8章	创业、融资、上市、超级金钱 86
第9章	斯密先生亦难逃偏见 91

认清你的偏好按钮 92
费雪"闲话"成长股 101

第二部分　信息技术　系统　111

"趋势有惯性"，"一切都是随机游走"，到底谁是谁非？技术日渐发达的今天，我们为什么不能把市场也程序化？为什么错的总是我们？

第 10 章　图表捕捉价格变化先机　112
　　究竟是谁发明了图表？　114
　　图表呈现"市场突击点"　123

第 11 章　价格在时间轴上随机游走　129
　　直觉能被程序化吗　139

第 12 章　血肉之躯鏖战丧失情感的计算机魔鬼　150

第 13 章　谁在篡改财务报表　160

第 14 章　小人物迷失大众癫狂　175

第三部分　他们　专业人士　183

在这个平坦的世界，在这一场猫捉老鼠的游戏里。谁建起了壁垒？谁是游戏的制定者？谁是游戏的执行者？谁是游戏的牺牲者？

第 15 章　业绩，投资者骨子里的华尔街精神　184

第 16 章　"斯卡斯代尔·费特斯"餐馆的免费午餐　197

第 17 章　胜败之间：可怜的格兰威尔、查理和孩子们　206
　　持有 2500 万现金是一场大灾难？　208
　　查理的预见　213
　　大温菲尔德的退让　219

| 第 18 章 | 时机与转换：可可粉游戏　　226 |

　　大作手从股市撤退　　228

　　老鼠想从猫的嘴里抢食　　232

第四部分　启示录的愿景　　这一切会土崩瓦解　　241

　　货币危机还是信仰危机？美元对我们有多重要？如果我们始终保持着对货币的宗教般的信仰，货币的末日是否就永远不会到来？

| 第 19 章 | "苏黎世财神"念诵黄金咒语　　242 |
| 第 20 章 | 一半美元消失掉，危险会迫近我们吗　　253 |

第五部分　太平盛世的愿景　　你真想成为有钱人？　　265

　　你是想成为有钱人还是仅仅被游戏所诱惑？这里让你打破神圣的金钱观，再做出遵从内心的选择！

| 第 21 章 | 投身股市，还是清仓离开？　　266 |

第一部分

认识你自己

身份·焦虑·金钱

$ / YOU Identity Anxiety Money

在神秘莫测的市场丛林里,你该如何确定自己的境遇,摆脱那些紧追不舍的焦虑,如何在灰飞烟灭间,草船借钱?

第 1 章
投资，一场令人无法忍受的游戏

> 如果说把这个让人着魔、N 多人参与的复杂过程看作"博弈"对我们有什么帮助，也许就因为它是我们应该坚持的思维方式，它帮我摆脱了约定俗成的束缚和压制。

这个世界并不像我们自以为知道的那样。

在潜意识中，我们都知道这一点。看电视的小女孩总会问："用'李施德林'漱口水的话，我就能参加春季演出吗？"妈妈说："不，宝贝儿，那只是广告。"小女孩很快就发现，原来大人也有自己的广告——让他们安静下来，让他们吃饭的诸多广告。父母（实际上是我们每个人）也要面对形形色色的广告，尽管这些广告穿了各种外衣，看上去并不像广告。白银出现短缺，财政部白银库存行将告罄，他们开始担心会发生挤兑。于是，财政部告诉《纽约时报》，白银库存还够支撑 20 年。那些相信广告的人期待着能在春季的演出中露一脸，那些愤世嫉俗的人则到处宣扬银库告急，于是银价扶摇直上。

这是一本讲述外表、实质、身份、忧虑与金钱的书。如果连这本书都不能吓跑你，就没有任何东西能吓跑你了。这绝非耸人听闻，凯恩斯爵士早就认识了这一点。我们都知道外表与实质之分，你可能也了解身份与忧虑，至于金钱为何物，更是人尽皆知。我们要做的就是把它们搅拌在一起来分析。在此引言部分，我想告诉你两件事。第一件事，我并不是你所知道的那个人；第二件事只有一个词——"启发"，跟苹果砸到牛顿脑袋上的那种感觉一样。而这个"启发"的结果，便是第一件事——"这个世界并不像我们自以为知道的那样"。

我当然不可能是亚当·斯密，亚当·斯密先生正躺在爱丁堡康诺盖特教堂的棺木里长眠。早在1790年，这位《国富论》的作者便已经躺在这里，作为世界上最伟大的经济学家、公认的自由经济学先驱，他是所有经济史教科书都必须首先提及的不朽人物。亚当·斯密先生并没有把自己当作经济学家，而是自诩为道德哲学家。他曾在《道德情操论》(*The Theory of Moral Sentiments*) 一书中问道："我们在这个世界上奔波忙碌，到底是为了什么？沽名钓誉的虚荣、贪婪恶毒的野心，对财富和权利无休无止的追逐，到底能给我们带来什么？"我喜欢这句话，但并非因此而采用亚当·史密斯做自己的笔名，笔名的事只是个令人愉快的巧合。

不久前，有人请我写本有关华尔街的书，我突然意识到，这绝对是个精彩绝伦的题目。当然，这绝不是华尔街人士心目中的那个华尔街。华尔街离不开各种各样的流言蜚语，就像麦克卢汉的地球村一样。原因在于，写这些华尔街故事的人都身处华尔街之外，而华尔街又会想方设法去操纵他们，把他们变成自己的枪手。华尔街从业人员收入不菲，作家拿到的钱却仅够糊口，因此，只要这些作家对华尔街略知一二，认为自己足以在这里混个饭碗，便会毫不犹豫地扔下笔杆子，一头扎进去。在这些无异于周末黑色喜剧的故事中，或许可以满足他们的创作激情。于是，他们摇身一变，成了华尔街的内部人。此时，他们口袋里不再缺钱，也不会再去写华尔街的故事。真正想写点东西的作家，宁愿和总统一起驾乘"空军一号"，或是到洛杉矶比弗利山庄酒店的波罗酒廊，和当红电影明星坐在一起小叙一番。这些作家总会成为晚宴上的英雄。但华尔街的作家绝不会成为晚宴上的英雄，在这里，任何一个经纪人或是基金经理，都不比他们知道的少，华尔街没有秘密。

与靠写华尔街吃饭的作家不同，有一些深谙华尔街之道的作家，他们当中有些散文家，绝不比约瑟夫·艾迪生（Joseph Addison）和理查德·斯蒂尔（Richard Steele，均为18世纪著名作家）这样的名家大师逊色，他们总能找到可以写的东西，比如说，在布拉德贝里·索罗（Bradbury K. Thurlow）写的每周市场评论里，绝对不乏莫扎特奏鸣曲般的优雅。不过，这些大作的主题无一不是股票，而文章的结论又是千篇一律的"因而"，使得这些评论看起来更像是议论文。因此，我的观点是：现在应该买进电话公司的股票。

但除了局内人，要用笔描绘出真实的华尔街绝非易事。比如，《福布斯》杂志的创始人 B.C. 福布斯对此心知肚明。他曾提到，记者只能手持笔记本和钢笔，站在老沃多夫家的厨房边，焦急不安地等待主人。在一群名家大亨的簇拥下，主人衣装笔挺、英姿飒爽地出现了。对局内人来说也有问题：怎么样能够将勃鲁盖尔家族的真实情况呈现在报纸上，又不至于让朋友大发雷霆呢？

我觉得最好的办法就是用一个笔名，再改掉那些作为玩家的朋友们的姓名和门牌号。一位基金经理可以把自己的内心情感、婚姻状况甚至是自己的买卖交易告诉另一位基金经理，但却不会把这些东西告诉经纪人、杂志记者或是不能完全了解自己的任何一个外人。我觉得，只要不是特别较真，任何人都能像雷曼兄弟那样，让自己置身于这场游戏的氛围之中。

在美国，笔名用得并不多。离开国务院时，乔治·凯南（George Frost Kennan，美国著名外交家）曾在《外交事务》上发表了一篇非常著名的文章，在这篇关于环境污染问题的文章中，他确实用过"X先生"

这样的署名。不过，他马上又回头继续做他的"乔治·凯南"了。在英国，有些人似乎生来就是文学天才，写作是上天赐给他们的财富，因此，在这里笔名的使用已经有很长一段历史了。19世纪初，如果商业银行家在市场中嗅到什么风吹草动，他绝不会去找公关人员，而是自己写点东西，然后签上"加图"（指古罗马政治家、军事家）或是"查士丁尼"（东罗马帝国皇帝）之类的笔名便公之于众。如果英格兰银行的行长想在文字上攻击一下自己的竞争对手，他就用"普劳图斯"（古罗马著名喜剧作家）或是"塞内卡"（古罗马哲学家）这样的署名，一如他所愿地采用尖酸刻薄的语言。他知道，凭借自己的经验和能力，肯定会招来关注。这样的做法在英格兰依旧大有市场，只不过现在的"查士丁尼"很可能不是一个人，而是几个人。所以说，没有必要去刨根问底这个人到底是谁，仅我知道的以亚当·斯密为笔名的人就有6个。

于是，我把所有的"普罗克拉斯提斯"都挑了出来。大家都知道，他是古希腊传说中阿提卡的强盗，被他抓到的人都要放在一张铁床上，比床长的人，就会被砍去双脚，比床短的人，则会被强行拉长。这似乎与华尔街的做法不谋而合。

文章没有通过，不过，纽约《世界日报》周末专栏的一位编辑接过这篇样稿，而且认认真真地看了一遍。（《世界日报》是纽约地区的一份报纸，后来与创办人的其他报纸合并。）"我得改改你的署名，"这位编辑在电话里对我说，"读者根本就不信有谁会叫普罗克拉斯提斯，这个名字一听就像个笔名，而我们从来不用笔名。所以，我想找一个合适的名字加到上面。我想就用亚当·史密斯这个名字吧。"

于是，就有了我这样一个亚当·史密斯，也算是灵光一现吧。这样的事太有意思了，以至于放弃会让你觉得可惜。

首先，如果华尔街确实如我所描述的那样，那么，本书中的人物就会充斥于华尔街的每个角落。以我笔下的"可怜的格兰威尔"为例，这个基金经理以错误的方式抛下赌注。他刚为自己的基金筹集到 2 500 万美元的现金，市场便急转直下，这令他始料不及。每个人都认识"可怜的格兰威尔"——但对我来说，我认识的"可怜的格兰威尔"没有 2 500 万美元，而是坐守 1 900 万美元或是 3 300 万美元，他的头发也不是金色的，而是红色或者棕色的。否则，他肯定就是那个格兰威尔。仅仅是我自己就曾遇到过 6 位"可怜的格兰威尔"，而且还不知每天有多少位"可怜的格兰威尔"来到华尔街。

这不免让我们想到拉蒙特·克伦斯通 [如果你想不起来谁是拉蒙特·克伦斯通，回顾一下电影《魅影奇侠》（*The Shadow*），他是影片中的传奇人物，在东方学到了一种法术，可以让他变成隐身人，要是与他为伍可就惨了]。我曾参加过一次鸡尾酒会，大家坐在一起，听一位从未谋过面的《纽约时报》记者谈天说地。这位记者说他非常熟悉亚当·斯密，而且还有多年的交情，并向我们讲述了亚当·斯密的所有事情。我听得聚精会神。还有一次，我在乘飞机时遇到一个人，这家伙主动搭讪，于是，我们便兴高采烈地聊了起来。言谈中，他向我讲到了亚当·斯密。就在我恭维地表现出兴致盎然的时候，他却煞有其事地说：尽管他认识亚当·斯密，却不能告诉我他到底是何许人也，因为他曾对亚当·斯密先生发下毒誓，务必守口如瓶。

太绝了！就像是一个没有被任何人追捕的逃亡者。

你也许会注意到，约翰·梅纳德·凯恩斯（J. M. Keynes）先生的思想在本书中无处不在。不过，这里的凯恩斯绝对不是经济学家，而是个伟大的投机者。当然，经济学家凯恩斯仍然存在，但他和达尔文、弗洛伊德还有那个出生在苏格兰法夫郡寇克卡迪镇的亚当·斯密一样，成为影响历史的人物。我在这里之所以提到这个，因为作为经济学家的凯恩斯，依然会让很多读者振奋不已，激动万分。在文章里经常提到凯恩斯，确实让我受益匪浅，很多绅士名流给我发来信函，他们更是在很多右翼刊物中对我大加赞赏，他们暗示，如果和凯恩斯大人有什么瓜葛的话，那我应该是个英国人，是个国际银行家，而且很可能会对美元的衰落感到幸灾乐祸，进而对美国人道德品质的沦落拍手称快。在读研究生的时候，我曾经写过一篇关于凯恩斯的长文，最近整理文件的时候，碰巧我又翻出了这篇文章。哎，读研究生的时候，自己简直就是傻子：货币流通速度 $L1 (Y) = Y/V = M1$ 这样的东西，居然也会让我绞尽脑汁，放弃了一切娱乐活动。

这就是经济学家的独有风格，稀奇古怪，不同寻常。但事实却不这么简单，这里面蕴含着一个人对生命和生活的深刻感悟。凯恩斯是一个伟大的投机家，他不仅为自己创造了巨大的财富，也使自己的母校——剑桥伦敦国王学院(King's College)深受裨益，而他仅仅是在起床后的半个小时之内，就完成了这一壮举。**我相信，作为一名投资者，凯恩斯对市场的了解和实践，最终促使他得出了《通论》中"长期预期"部分的结论。这是一些被我们漠视的认知，尽管并非主要观点，但却是最深邃、最精辟的论断。** 对于市场认知的深度，此前还从来没有人达到过凯恩斯的程度，我认为，假如没有亲身感悟和体验市场的话，他根本就找不到这样的"感觉"。纯粹的学术派经济学家从未达到这样的高度，也不可能达到这样的高度。

老师总是教导我们——至少是我们当中那些没有太多金钱的人，金钱是"一个非常严肃的东西"，而资本的管理者则是神圣的，因此，只要每天摆弄钞票，一定会让我们成为"谨慎人"(Prudent Man，源于"谨慎人规则"，即资金的管理人应当达到必要的谨慎程度，这种必要的谨慎程度是指一个正常谨慎的人，在与他们从事财产交易时所应具有的谨慎程度)。实际上，它们无非是新教伦理所倡导的思想，也是资本主义的精神实质。我认为，这正是推动我们这个国家走到今天的原动力。"省一分钱，就等于赚一分钱"，"不浪费，不会穷"，"赶淡季，买便宜货"，诸如此类的谚语，无不出于此。就在此时，我在凯恩斯《通论》中"长期预期"一节里看到了下面这句话：

> 职业投资是一场令人无法忍受的游戏，任何一个没有赌博习性的人，都会对之惊慌失措；即使是那些好赌之徒，也要对这些习性付出适当的代价。

游戏？抑或博弈？大师之所以称之为"游戏"，原因何在？完全可以称它们为业务、生意、职业、专业或是其他什么东西啊。到底什么才是"游戏"呢？它是一种"运动、玩笑、嬉戏或是娱乐"；"一种以取乐、娱乐或是赢取赌注为目的、遵照特定规则进行的比赛"。这和"拥有一家美国公司的股票"有什么相似之处呢？又和"享受美国经济长期增长"有什么共同之处呢？毫无关联，不过，它似乎与股票市场有异曲同工之处。

让我们走远一步。多年之前，约翰·冯·诺伊曼（John von Neumann，匈牙利出生的美国数学家，有"电子计算机之父"之称）和奥斯卡·摩根斯特恩（Oskar Morgenstern，美国经济学家）共同编著了《博弈论与经济行为》（Theory of Games and Economic Behavior）。这个博弈论对国家生活产生了巨大影响，它影响着我们的国防政策以及大企业的营销策略。那么，博弈论到底是什么呢？我们可以说，它就是量化和认知游戏参与者的行为，从而对他们可能作出的选择实施持续性考量。或者用更规范的语言来定义：博弈论是数学的一个分支，它通过理论模型，归纳出事物的共同特性，从而对相互冲突的问题进行分析。（参考《博弈论与经济行为》最后一句话，你就可以对它的定义有所了解。）但是，通过对战略层面的强调，也就是说，那些被游戏参与者控制的层面，使得博弈论超越了传统概率论的范畴。按照概率论，游戏规则和结果仅限于纯粹的概率。冯·诺伊曼和奥斯卡·摩根斯特恩则创造出一个把相互冲突的利益、不完全的信息以及相互作用的理性决策和选择融合为一体的体系。他们的研究工作开始于两个人之间的零和二元博弈，即一人所赢等于另一人所输的博弈。而这个模型的另一个极端则是股票市场：无限多人参与的N人博弈。（经济学家们通常用"N"这个字母来表示他们无从知晓的事物。）即使是对博弈论学者来说，今天的股票市场是太过复杂，但我认为，总有一天，我们可以通过科学的量化手段乃至公式，对其进行准确的考量。

  我之所以这样说，是因为股票市场既是一场游戏，又是一种博弈。换言之，它既是运动、嬉戏、玩乐和比赛，也是一种可以对其结果实施持续考量的对象。如果说它是游戏，那么，我们就可以借助这场游戏，缓解投资带给我们的压力和我们在投资过程中所经历的某些令人难以忍受的情绪。在游戏中，输赢的规则毕竟是明确的。而其他一切都与此无关。这听起来有点不可思议吧？一位华尔街的顶尖投资家曾说过："80%的投资者都不赚钱。"投资者不是来赚钱的？这样的说法似乎有点矛盾。如果真是这样的话，他们来干什么呢？不过，这恰恰是我们需要讨论的一个主题，稍后再说这个问题。

  先回到先前提到的"启发"：投资是一场令人无法忍受的游戏，任何一个没有赌博习性的人，都会对之惊慌失措；即使是那些好赌之徒也要对这些习性付出"适当的代价"。这句话绝对是一语中的。美国有2 600万名直接投资者：已购买股票的投资者。（在这里，直接投资者是相对于投资在保险公司和养老金计划的间接投资者而言。实际上，目前美国的间接投资者已经超过1亿人，也就是说，除了孩子和真正的穷人，所有美国人都是间接投资者。）在这2 600万名直接投资者中，尽管并非每个人都会异常活跃，但积极型投资者的数量确实在与日俱增，使得股票市场成为这个国家最大的游戏场。积极型投资者从不涉足债券（除可转换债券）和优先股（除可转换优先股）。当然，这并不等于说，这些投资工具不能让投资者赚钱，而是因为它们缺乏成为游戏一份子所必需的浪漫，它们只会让投资者感到烦闷。一本讲述债券的基础书很难让我们兴奋不已，因为我们不得不目不转睛、用食指在表格里寻找一个又一个数字，直到找到那个具有适当安全性和收益性的债券，才肯罢休。

有的时候，幻想要比现实更让我们感到轻松愉悦。但面对能让股市摆脱枯燥乏味的赌性，却没有任何为此而感到不快的理由。因此，一旦我们承认而不是回避这一现实，就可以坦然地"为这种本性付出适当的代价"，进而融入到现实当中。

在这里，我想说的并不仅仅是承认这一本性。哈佛大学经济学家及多部军事战略作品的作者、2005年的诺贝尔经济学奖获得者托马斯·谢林（Thomas Schelling）博士对此进行了更为深入的研究。谢林博士在《经济学与犯罪事业》（Economics and Criminal Enterprise）一文中指出：

> 有组织的犯罪并未触及美国最大的赌博业务。这个业务就是股票市场……原因在于，股市的运行相当好。联邦政府控制着股票市场，使之保持诚信和信息的完整性，从而使股票市场成为最难掌控的市场。

这段节录的第一句话肯定会让纽约证券交易所的公共关系人员惊呼尖叫。多年以来，纽约证交所和整个证券行业一直致力校正这样一种观念：买股票就是赌博。尽管社会的阴暗面也会在华尔街有所反映，但他们的努力在总体上还是成功的。谢林博士所说的这种情况，肯定是最不济、最倒霉的情形，**因为股票市场无论如何还没有沦丧为买彩**

票那样的赌博事业。但炒股绝对是对普通大众心理的考验，因为投资者要做的，就是想方设法比别人更准确地猜测未来市场动向及投资者行为。某些为股票市场呐喊助威、驱散1929年那场灾难阴影的书籍文章，很可能会混淆视听，让我们见非所见，听非所听。

所有这一切，只会使我们采取实用主义的观点。我很幸运，总能认识一些深谙市场的业界人士：投资银行家、经济学家、知名机构的基金经理。

此外，我还一直在钻研证券分析，在某种程度上，基金管理对我启发颇大，不过，它还是让我倍感头疼。但我从来没有做过经纪人或是买卖过股票，那可是另外一种天分。在我自己家的午餐上，我就曾见过"随机游走"的理论家，只要一想到还有很多自称为"技术者"的人，他们就会对摆在面前的甜点胃口大开，他们相信，价格能预测未来。我确实认识一些技术型投资者，他们的特点就是在计算机的支持下，置身于自己的系统中，浑然不知身在何处，更忘记了自己当初来这里是干什么的。

我花了很多年的时间才忘记曾经学会的这些东西，不过，可能我还没有成功。之所以提这些，唯一的原因在于，绝大多数关于市场的文章书籍，都是在告诉我们应该怎样，但我认识的那些成功投资者，却从不遵守"应该"的法则，而是见机行事，顺势而动。如果说把这个让人着魔、许多人参与的复杂过程看作"博弈"对我们有什么帮助的话，也许就因为它是我们应该坚持的思维方式；它帮我摆脱了约定俗成的束缚和压制。

如果你是这场"博弈"的玩家，或是正打算参与其中，那么，你应该了解的也许会让自己都感到荒诞不经。游戏的目标就是赚钱，而且是越多越好。游戏的玩家很快就会变得越来越专业；但市场信息的极度膨胀会使他们无所适从。博弈中真正的专业人士是那些基金经理，在从业过程中，他们的经验越来越丰富。他们是人，因此也会犯错误，但如果你把自己的钱托付给嗅觉敏锐的基金经理，甚至是更高人一等的银行家，那么，你不仅不必再像以前那样劳神伤身，反而会让自己的赚钱之路更加顺畅光明。

如果你将钱财委托给专业人士管理，那表示你对此没有兴趣，至少是"博弈"的基本要素（赌博的本性）不会吸引你。我认识很多投资者，他们走进市场本来是为了赚钱的，他们告诉自己：我想要的就是钱，有了钱，我就不用为医疗保险发愁，就可以周游世界，买一艘新的单桅帆船，购置一座乡村别墅，收藏艺术品，到加勒比买一所豪宅，到那里躲过寒冬。他们也成功了，于是，他们可以坐在加勒比豪宅的阳台上享受和煦的海风，和艺术品商人们谈天说地，心满意足地欣赏新买来的单桅帆船，但没过多久，一切似乎有些无聊了。他们突然觉得，似乎丢了什么东西。如果你是成功的游戏玩家，这个过程也许还不乏魅力，让你感到满足和乐趣，从而全身心地投入于其中。但如果这个过程还不足以让你全神贯注，那你很可能就无法成为其中的佼佼者，因为你的竞争对手，是如此地乐在其中。

有了加勒比豪宅和新帆船，确实能让他们快活一阵子，不过，一旦发现失去了更重要的东西，留给他们的恐怕只有痛苦和郁闷了。尽管豪宅、帆船和艺术品依旧还在那里，但玩家们还要回归正轨，重新走进游戏。

因此，他们根本就没有多少时间去把玩这些宝贝。游戏使人更加愉快，但它未必会让你生活得更好。我甚至不敢肯定，它是否会有益于我们的人性。最多也只能像塞缪尔·约翰逊（Samuel Johnson，18世纪著名的英国文学家）说的那样，"致力赚钱的人是最无恶意的"。

具有讽刺意义的是，这是一场关于金钱的游戏，金钱是我们衡量得失的唯一尺度。但"博弈"的真正目的却不在于金钱，而是这场游戏进行的过程本身。对于真正的玩家，游戏是什么并不重要，只要有游戏可玩就行，即使你拿走全部战利品，他们也可以用塑料珠子或是鲸鱼牙齿取而代之，只要还有用来计算比分的手段，他们就要玩下去。

第 2 章
基金经理闭门密谈精神病医生

> 成功的投机者并不一定要在自己的头脑里勾勒出一个完整而清晰的真实自我,但是,一旦直觉与现实偏离常理,他们能当机立断,让自己立刻清醒。

在这场游戏中,财富只愿意和那些最出色的玩家约会。因此,教我们怎么玩这场游戏的书籍和文章层出不穷,这也不是什么值得大惊小怪的事。最初掀起的热潮是经济学、商业和商业周期类书籍。如果你要在这些话题上有所造诣,不用担心,书架上到处都是价格不菲的所谓简装本论著,其中确有一些大作。然后是货币 — 利率热,这些书试图从利率以及股票与债券之间的冲突关系入手,以更直观的图形描述市场运作。所有这一切的核心,就是在密切关注美联储动向的同时,随机应变,及时调整自己的市场策略。在这个问题上,伯顿·克雷恩(Burton Crane)的《老练的投资者》(The Sophisticated Investor)绝对是本值得细心研读的巨著。

最后,流行的则是证券分析方面的书籍,以本杰明·格林厄姆(Benjamin Graham)和戴维·多德(David Dodd)的《证券分析》(Security Analysis)为代表。如果真是格林厄姆和多德的学生,只要用计算尺就能找到价值被低估的股票。

但有一件事情是你应该清楚的。"理性"研究领域正在成为新兴的热点。1937年，纽约证券分析师协会（New York Society of Security Analysts）成立时，只有20名会员。时至今日，加上金融分析师联盟（Financial Analysts Federation）的全部特许会员，其会员人数已超过11 000人。但这并不等于说，这里有11 000位百万富翁。

对整整一代人来说，华尔街可不是什么风水宝地。这一代人的职业生涯始于1929年，终于1946年。在1937年，第一批不知深浅的证券分析师开始聚到一起，实际上，这个小集体只有三名哈佛商学院的毕业生，他们不顾家人和朋友的强烈反对，硬着头皮走进这条"邪恶街"。接下来的那特别的一年，纽约证交所前主席理查德·惠特尼（Richard Whitney）来到自己的新家——纽约州立的新新监狱，被堵在台阶上拍照。对于金钱交易来说，那并不是一个好时代。

在过去20年的好光景里，市场持续发展，华尔街的声望与日俱增。证券分析师乐此不疲地推出"新作品"，唯恐落在别人后面。大学校园里的研究生更是不甘寂寞，借助于最新的"IBM360"计算机系统，他们可以把想到的任何数字、任何价格和市场趋势，和他们想到的其他任何数字联系到一起。"IBM360"只需几毫秒的时间得出的结论，能够让人们随后忙活几个月。

不过，我们还是先冷静一下。资深的顶级市场分析师、《为投资生存而战》（*The Battle For Investment Survival*）一书的作者，杰拉尔德·M.勒伯（Gerald M.Loeb）认为：

在有价证券价值这个问题上，永远不会有绝对的终极答案。12个专业人士很可能会得到12个不同的答案。即使是对同一个人，只要形势发生了变化，那么，在片刻之后，只要还有机会重新审视原来的结论，他就会改变原来的结论。资产负债表和损益表只能部分地决定市场价值，市场价值更多地是由人类固有的期望与顾虑、贪婪与野心、无法抗拒的自然力量、财务压力、新发明和发现、市场潮流以及我们无法预知但又不可忽略的其他因素决定。

期望、顾虑、贪婪、野心以及无法抗拒的自然力量——所有这一切，都不是我们用三言两语就能说得清的。像一台无情的"IBM360"计算机系统一样，将所有东西程序化是非常困难的。有的学派认为这些因素全部可以量化，但实际上，数字研究本身就是理性化的，因为它只能从理论上去研究这种被称作"价值"的"真理"。价值的存在是不容置疑的，它就像森林里倒下的大树，无论是否有人听到，它总是要发出自己的声响，只不过它就像勒伯先生所说的那样：价值只是游戏的一部分。

不过，无论我们是否从金钱中发现真正的价值，但它总能为我们带来一件东西，这就是流动性（或者说货币）：可以实现随时买卖的能力。流动性是华尔街的基石。正是这种流动性，使得华尔街成为了全世界的金融之都，因为除了极个别的大恐慌时期外，华尔街基本上是一个真正的流动性市场。因为流动性，这个市场才有诚信，才能平稳顺畅地运行。

如果你是个有钱的外国人，既想能随时兑换现金，又想赚点资本收益，那么，你只有一个地方可以去——那就是资本市场。除此以外，你几乎再也找不到其他地方可以满足自己的愿望，而其中的奥妙，就在于流动性。当然，伦敦证券市场也是个流动的、诚信的市场，但那毕竟是英国的证券市场，不但对投资者的选择有诸多束缚，而且受到英国当前发展水平的限制。

盯着约翰逊的基金组合

我一点也没有贬低经济学、经济周期或是证券分析的意图。了解它们，也不能保证你一定成功，一无所知却可能蕴含着希望。在进一步讨论这个问题前，我们不妨先听听基金公司的一位主管作何评价。约翰逊先生经营着一类名为"富达"的基金。有段时间，富达基金就如同基金业内的"绿湾包装工队"（Green Bay Packers，纽约最大的橄榄球队）。他们不是常胜将军，但他们确实是一支大热门球队。因此，在我认识的很多基金经理中，对本职工作的描述几乎如出一辙："我们的工作，就是打败富达。"就像蒙哥马利将军（General Montgomery）喜欢在帐篷里摆上隆美尔(Rommel)的照片用来激励自己一样。我不知道是否有职业基金经理也把约翰逊先生的照片别在衣服上。有一点不容置疑：他们会紧紧盯住约翰逊先生的基金组合，寻找破绽，随时发起进攻。

与约翰逊先生在波士顿共进午餐后，一到纽约，我便径直来到奥斯卡餐厅，这家位于华尔街附近的酒吧餐厅极为红火，用餐的人络绎不绝。因为我想知道那天的华尔街发生了什么。只要坐在奥斯卡的餐桌边，你就可以知道那天下午何以会出现大规模的资金流动，股票何以会出现这样那样的波动。这张餐桌完全是被某些喝马蒂尼的大牌基金经理和他们的朋友捧红的。这些人当然不同于你我这些普通食客，他们都是手里掌控着数亿美元资金的大腕，他们承受着常人想象不到的压力。对他们来说，绝不允许有所闪失，只许成功，不许失败。因此，按照他们的说法，要用业绩展示实力。我知道，他们肯定对自己手里的钱精打细算，谨小慎微，绝不肯放过丝毫的机会。因为一听到我提起和约翰逊先生在联邦俱乐部共进午餐，他们就表现出异乎寻常的关心。他们确实想知道约翰逊先生的现实境况，于是，往日里充斥着愤世嫉俗的叫骂的餐桌，突然之间平添了一份严肃和敬意。当时的气氛宛如演出前的排练：作为演员之一的你，告诉剧组成员，你刚刚和乔治·阿博特（George Abbott，美国著名导演、制片人兼电影剧作家）打了一场网球，阿博特从头到尾看了一遍排练，而且有点想法。这样的场合肯定会让大家屏气凝神。

不过，在这个剧院里，根本就没有这个叫什么"乔治·阿博特"的人，我也从未听说过叫"约翰逊·爱德华"（Johnson Edward，16世纪英国著名作曲家）的人。但约翰逊先生也不是什么公众人物；他的名字从来就和杰克·德莱弗斯（Jack Dreyfus，共同基金的创始人之一）这样的基金毫无瓜葛，华尔街的普通人根本就想不起这个人。我的朋友查理（Charley）在购买速利基金时，居然要求卖方保证自己的基金一定和约翰逊先生有关系。因为"约翰逊先生"这个名字，会让他想到乌云背后的乞力马扎罗山，高耸屹立，不可动摇，或是西藏的活佛大师，总能指点迷津，让那些站在"剃刀边缘"的人茅塞顿开。

有些人的公司掌握着大量资金，绝非"约翰逊先生"手里那些区区45亿美元的基金。其中的部分原因在于，约翰逊先生的一只基金，富达趋势基金（Fidelity Trend Fund）一直在努力打造"业绩型"基金的品牌，实际上也是如此，它的业绩始终在各大基金中名列前茅。约翰逊先生所管理的两只基金"富达资本"（Fidelity Capital）和"富达趋势"的目标，则是在熊市里岿然不动。尽管它们最近的表现不尽如人意，但它们的前景依然光明。当然，约翰逊先生的传奇之处还不仅于此：即使是他的门徒也备受瞩目。有些人想，约翰逊先生肯定开过基金经理学院。就在两年之前，蔡志勇（Gerry Tsai）名镇四方，他创办的一只新基金吸纳了2.74亿美元的客户资金，这是一个空前绝后的纪录。在离开约翰逊先生的富达资本（Fidelity Capital）之后，他觉得，"我想有一个属于我自己的小基金"。现在，他的基金规模达到了 4.5 亿美元，但他对约翰逊先生的敬意丝毫不亚于其他深谙华尔街游戏之道的"老门徒"。想到这些，富达集团便会浮现在你的眼前：在一栋栋中世纪建筑里，人们坐在劈里啪啦的火炉边，烤着涂黄油的热司康饼，尽管窗外狂风呼啸，寒气逼人，但大家其乐融融，温馨无比，契普斯（Chips）先生让他们学会了希腊语，因为契普斯先生给他们朗读欧里庇得斯（希腊的悲剧诗人）的诗歌时，他们居然可以真正领会到其中的细微差别。

对于这位约翰逊先生，最让我着魔的是，他从来不按 GNP、减税或是汽车产量这些数字去讨论股票市场。他谈论的是，某一时刻的现实与时间是否相符，艾伦·沃特斯（Alan Watts）的《不安全的智慧》（*The Wisdom of Insecurity*）里是否有什么可以参考的东西，女人裙子到底能短到哪儿——他对这些问题的认真程度简直令人发指。他总会让自己的分析师去核实：眼前的市场谷底是否真实可信。

约翰逊先生说："**市场就像是一个美女，让人着魔，让人发疯，但又让人感到复杂难辨，她们总是变化无常，神秘莫测。**1924 年以来，股票市场就一直在深深地吸引着我，让我不能自拔，我深悟其中的真谛——它是艺术，而绝非科学。今天，尽管我们有了计算机和各种各样的统计工具，但市场依旧如故，认识市场依旧并非易事。它属于人的本能范畴，是我们对行为的感知方式。这里总有很多我们察觉不到的微妙之处。"

这正是约翰逊先生吸引我的地方，他的每一句话，似乎都是在寻觅真理。如果在《生与死的对抗》（*Life Against Death*）一书中对弗洛伊德的财富分析更深一步的话，股票投资这个行业在诺尔曼·布朗（Norman O. Brown）的眼里，也许就会变成一个把垃圾堆从一处搬到另一处的行当，索然乏味，毫无价值，约翰逊先生的出现，则为这个无聊至极的行业平添了一份尊严和高贵。这和沃尔特·古特曼（Walter

K. Gutman，华尔街著名市场分析师）的市场分析创作手法似乎有异曲同工之处。在华尔街，总有些人拜倒于市场巫师脚下，为他痴，为他狂，他们绝对是精神分析的最佳对象。但约翰逊先生和古特曼也不尽相同：约翰逊先生遍览群书，年近七十，手里攥着45亿美元，或许对"巫师"也略知一二，或许知道一些古特曼先生不知道的东西。

自从有了乔治·阿普利 [《波士顿故事》(*The Late George Apley*)，原著作者 Phillips Marquand，该书获得1938年普利策文学奖，并于1947年改编为电影。——译者注]，波士顿的主人就不再是约翰逊先生了。但是，如果只是绕着德文郡（Devonshire）、老州议会厅（The Old State House，是首次宣读《独立宣言》的地点，现为波士顿历史博物馆）或是波士顿议会大楼走，你肯定会忘记，这里曾经是爱尔兰人和意大利人的领地，因为在这里，每个路口的指路牌似乎都会提醒你：保罗·利维里（Paul Revere，独立战争时期的爱国英雄，1775年4月，英军准备袭击波士顿郊外的康考德弹药库，利维里得到消息后，连夜骑马前往康考德报信，使得列克星敦军民得以从容迎击英军，列克星敦枪声也是美国独立战争的序幕。——译者注）、约翰·汉考克（John Hancock，他是第一个在《独立宣言》上签名的人，因为他的签名非常醒目，因此，英文中的"John Hancock"就变成了"亲笔签名"的代名词。——译者注）曾拴马于此，约翰·汉考克曾在此扔下他的签字笔。约翰逊先生总是沿着父亲曾经走过的路去联合俱乐部。他的父亲做纺织品生意，肯定要比约翰逊先生多走一些路，但路线是一样的。无论是年轻同事还是年老同事，都对他毕恭毕敬，每次在联合俱乐部的扶梯上遇到他，都会主动打招呼："你好，约翰逊先生。"但是到了纽约，同样的路线，同样的俱乐部，不管你老爸在那里吃过多少顿午饭，这种情境都不会再现。如果是在纽约，他们会拆掉俱乐部，取而代之的是一座玻璃盒子般的摩天大厦。再把俱乐部搬回46层，深谙公共关系之道的服务生采取各种策略，目的就是让领班牢牢记住他们的名字。

每每谈起市场，约翰逊先生就会笑着说："哇。"他的笑容很温暖。这有点像电影里的那些教授，他们总会赶在大人物之前站出来说："嗨，教授，如果你不给那么出色的老'坦克'及格，他就不能参加星期六的洲际比赛。"约翰逊先生和电影的教授一模一样：扎一只漂亮的斑点蝴蝶形领结，戴一幅牛角框眼镜，系着一条红色袜吊，满头银灰色的头发，衬衫口袋里别着三支钢笔。这身装扮让不仅人觉得温暖，而且富有活力。

约翰逊先生最初在哈佛大学，也就是大家说的"学院"，任教于法学院。后来又到了剑桥，之后，辗转到了波士顿最大的律师事务所——Ropes & Gray 律师事务所。不过，他现在有点不务正业，被"巫婆"搞得神魂颠倒。1943 年之前，他始终是以律师的身份来参与基金管理行业。"经营富达基金的那个家伙连家都养不活了，于是，我就顺水推舟接了过来，"约翰逊先生说。

"当时，这个基金只有 300 万美元。不过，看着某种东西以几何级数地增长，那感觉真是妙不可言。这 10 年过得最好，因为它让我开始对基金经理产生兴趣。你绝不可能把分析师培养成基金经理。基金经理到底应具备何种素质呢？这是一种内在情结，一种本能，一种感觉，而所有这一切都不是能从学校里学到的。要成为一名出色的基金经理，首先需要认识你自己。只有了解自己，才能超越自我，像旁观者一样冷静地看待自己的一言一行。我一直觉得我不是一个善于培养管理人才的人，正因为这样，我才把自己定位于做律师事务所的合伙人。因为在律师事务所，每个合伙人各司其职，管好自己的客户，便万事大吉。

所以，我让基金经理自由发展，自己处理自己的基金，每个人都各司其职。如果想找人咨询，他可以到大堂，好好地聊一聊，但炫耀是他自己的事。绝佳之计是灵感的爆发，但它只属于某个人。一大群人坐在一起，七嘴八舌，肯定不会有什么奇思妙想。我认为很多投资业务是靠委员会决策的。所以说，一旦一个人走上通往自己愿望的征途，他就会全力以赴，无所畏惧，迸发出前所未有的活力和能量。即使实现了目标，他的锐气也不会减弱，就像闪耀了一个夜晚的星星，黎明时依旧不肯隐去。我们很幸运，因为我们的身边并不缺少这样的人。有了这样的人，即使是犯错也能让我们受益匪浅。失败乃成功之母。回首过去，我的生活似乎就是在无休无止的失败中前行。"

心理医生也有心理问题

我曾对约翰逊先生说，最令我感兴趣的，是他对市场的群体心理层面的关注。约翰逊先生说："作为一名律师，我没有时间去检验每一家公司。我只能凭借直觉去感受他们的行为模式。市场本身就是一个群体组合，如果你读过古斯塔夫·勒庞（Gustave Le Bon，1841—1931年，法国著名社会心理学家，群体心理学的创始人。——译者注）的《乌合之众：群体思维的研究》（*The Crowd: A Study of the Popular Mind*）一书，你就会发现，市场原本就是一个具有多重性格的复合体。实际上，一群男人的行为，无异于一个女人的行为。因此，群体的思维就像女人的思想一样，难以捉摸。不过，只要你有足够的时间去观察，去品味，你总可以在细微的举动和不成熟的诡计中间找到蛛丝马迹：她在耍小聪明。"

"你知道，我与很多精神病医生交谈过。市场是一个复合人，它的人性具有多面性，时而狂躁不安，时而压抑绝望，时而又萎靡不振，因此，精神病学家肯定可以为我们提供很多有益的启示。但是，精神病学家的问题在于，他们依赖的是演绎推理，但这样的手段却未必适用于市场。我认为，良好的市场机制就像成功的精神病治疗法，它必须依赖于情感上的和谐。市场没有所谓的先见之明。尽管市场不乏坚实的理论基础，但情感领域依旧是尚未开垦的处女地。所有的图表、广度指标和技术分析，无不是为了描述市场的情感状态。"

"我甚至想过，这些家伙也许用的是东方人的意识形态——就是艾伦·沃特斯的禅论，我想，也许在那里能找到某些答案。"

也许约翰逊先生就知道，禅师驾临市场！

"哦，不，不。市场不能缺少个人认知和情感。如果还记得《不安全的智慧》，你就能明白，我们需要成功，但挫折同样是不可或缺的。我们需要为了下一个目标，去承受艰难困苦，去披荆斩棘。在当前充分就业、甚至已经达到过度就业的情况下，一个国家竟然对股票如痴如醉，注定会让我们迷失方向。我只是个读者，禅师也绝非等闲之辈，但复杂的市场绝对不是圣贤高人所能指点迷津的。

"我认为，当今时代的一个突出特征便是非现实性。我们曾经听说的种种想象，都早已荡然无存。即使它们延续很久，肯定有几十年的时间了，但最根本的规则依然是：识时务者为俊杰。为什么说这个时代是非现实的呢？在历史的绝大部分时间里，十字军精神不过是一种堂吉诃德[西班牙作家塞万提斯(Cervantes)所著同名小说及其主人公]式的讽刺和幽默，但时至今日，精英时代已雄风不在，大众情结已经成为社会主流，不断挑战传统社会规则。越战和民权运动就是两个典型示例。我当然不是想对此品头论足，我只是想说，我们在看待这些问题的时候，似乎有点义无反顾的悲剧英雄式的态度，而这样的态度不过是一时冲动的结果，绝不能持久。市场向好的时候，固然也能赚到钱，但是在非现实的时代里，市场却告诉我们，'你经已不再了解我；在充分了解我之前，请不要相信我'。"

冒着热气的咖啡送到面前时，我和约翰逊先生正意犹未尽地谈论夏洛克·福尔摩斯和股票市场、西格蒙德·弗洛伊德和股票市场的瓜葛，甚至埃里克·霍弗（Eric Hoffer）的《变迁的磨难》（*The Ordeal of Change*）与马可·奥勒留（Marcus Aurelius，罗马皇帝，斯多葛派哲学家）有何干系。

此时的奥斯卡餐厅，突然变得寂静无语，人们紧锁眉头，我的一位朋友，一个来自对冲基金的枪手忍不住打破沉默："马可·奥勒留，我敢打赌，他曾背地里对某些来自穷乡僻壤的缺心眼的交易商说过马可·奥勒留，结果，这些家伙都血本无归。"

"那天，约翰逊先生的一只基金买进斯图卡（德国飞机制造公司），抛出费尔柴尔德（摄影器材公司），当时真让证券交易委员会发疯了，"另一位智者不无感慨地说，"不知道斯图卡后来怎么样？"

查理轻轻地撇了一下嘴。"越南战争就是一场彻头彻尾的十字军东征，林登·约翰逊就是暴君路易九世，"他小声嘀咕，"一群男人凑到一起还不如一个女人，唠唠叨叨。凭空想象的时代早已经一去不复返了。"

但查理先生的声音开始越来越大。"这家伙居然和约翰逊先生一起吃的午餐！他肯定带回点有价值的消息。一定有猛料！他的话一言九鼎，一定要听听约翰逊先生怎么说，看他怎么解释这些问题。他现在到底在干什么？我真等不及了，快点告诉我们！别跟我说什么荣格（卡尔·古斯塔夫·荣格，1875 — 1961 年，瑞士精神病学家，创建了分析心理学。在了解人类心智方面作出的贡献是提出了外倾型和内倾型的概念以及集体无意识的概念）和狗屁熊市！我想知道的是，约翰逊先生最喜欢的三只股票是什么？这些股票的前景怎样？"

"……"我告诉他。

约翰逊先生的语言才华绝对令人称道，他是这样说的："……这可不是什么科学，它是一门艺术。现在，尽管我们有了计算机和各种各样的统计工具，但市场依旧如故，了解市场依然不是件容易的事。要认识它，依然有赖于个人直觉和我们对行为的认知模式……"

但个人直觉也绝不等于说，一夜醒来，你就可以把晚上的黄粱梦变成精妙绝伦的投资决策。职业基金经理似乎总能灵机一动，作出胜券在握的决定，但是，真正帮助他们作出这个决定的，还是他们获取外部信息的能力，他们把这些外部信息与头脑中的现有信息融合到一起，再勾勒出事物的完整形象。

"一名优秀的基金经理应具备怎样的素质？一种发自内心的专注和凝聚，一种本能，一种感觉，所有这一切，都不是后天能学到的。我们必须具备的首要素质就是了解我们自己。"

先了解自己，这句话听起来确实很容易。当然，我们也可以说，不是每个人都要成为职业基金经理，所以，也就没必要了解自己啊。不过，这绝对不是理由。也许你可以对此置若罔闻，不过，一位权威人士曾说过，在投资这个问题上，绝对找不到放之四海而皆准的公式。既然找不到这样一个公式，你就只能凭借自己的直觉。既然只能凭借直觉——或者说判断，你就只能认可：你要做的第一件事，就是了解你自己。此时，我们已不再是所谓的理性人，而是一群有血有肉、妄自菲薄、喜怒无常的人。

只有认识到这些，你才能真正了解自己。成功的投机者并不一定要在自己的头脑里，勾勒出一个完整而清晰的真实自我，但是，一旦直觉与现实偏离常理，他们能当机立断，让自己立刻清醒。只要出现一两个意外，他们就会斩钉截铁地说，"我想象中的市场不是这样的，"或者会问，"我搞不懂到底发生了什么，你们呢？"然后，他们就会建立起戒备森严的防线。不管你信不信，总可以通过一系列的市场决策反映出一个人的个性。在某种程度上，我们甚至可以说，投资就是一种寻找自我和发现自我的方式，只不过这种方式的代价可能太大了。我的处世秘诀之一，同时也是最重要的"超常规法则"就是：如果你还不知道自己是谁,那这就是你最应该知道的东西。

一个股票组合,居然可以成为选股者的个性写照,这听起来有点离谱,但是,任何一个不甘心落伍的选股者都不会否认这种说法。我曾听说过一家私募基金,该基金聘请了4位基金经理,每个人管理的资金都在3 000万美元左右。他们每隔3个月轮换一次岗位,我的朋友说:"卡尔的组合总是渗透着卡尔自己的东西。或许他非常忌讳高风险项目,从来就不喜欢这样的股票。或许投资组合里蕴含着卡尔深思熟虑的结晶。因此,在我接手卡尔的投资时,不费吹灰之力就可以辨别出卡尔留下的痕迹。当然,泰德接替我的工作时,也会发现我的习惯方式。尽管回头看看自己留下的东西,再看看泰德的改造,多少会让自己有点难受,但那却是效率最高的方式。"

约翰逊先生则这样看待这个问题:

"不需要什么先见之明,尽管市场有自己的基本规律,但情感领域却是一个未经开发的处女地。各种图表、市场指标和技术窍门,不过是统计师们用来描述情感状态的手段而已。"

在和约翰逊先生吃过这午餐之后,我开始明白,在雷蒙德·达特(Raymond Dart, 1893 — 1988年,南非约翰内斯堡威特沃特斯兰德大学医学院解剖学教授,世界著名人类学家。——译者注)拿出南方非洲古猿的下颚骨时,罗伯特·阿特里 [Robert Ardrey, 美国人文学家,1971年出版的《非洲的创世纪》(*African Genesis*)一书的作者。——译者注] 为什么会作出那样的反应。真正让罗伯特·阿特里感到振奋的,是这只古猿下颚明显受到过重创,这促使他杜撰出这样的故事:人的祖先生来就是迷恋不动产的猎手。正是这一论调,使得阿特里的《非洲的创世纪》(*African Genesis*)和《领地法则》(*The Territorial Imperative*)两本书,在人类学领域引起轩然大波。这就好比我和约翰逊先生在超越非洲大草原时,我问:"这是什么,约翰逊先生?"约翰逊先生回答:"是巨型猎犬的脚印。"尽管市场的情感游弋也要留下痕迹,但遗憾的是,从来就没有人发现过解析市场秘密的下颚骨。

即使没有下颚骨,我也没有就此作罢。如果说情感领域还是尚未开垦的处女地,统计学则已经为我们所深刻洞悉,那么,我们何尝不能去探索这个未知领域呢?不幸的是,要进行这样的研究工作,似乎还需要一种跨学科的综合能力。于是,我开始研究那些偶尔会提到"集体受虐狂"(Mass Masochism)的人,比如说,"所有人都知道,对散户而言,零星买进就是一种群体受虐狂的表现"。但是每当我和这些貌似深谙市场的人探讨,他们的观点几乎是清一色的泛泛而谈,间或带上几个鸡尾酒会式的癫狂之论。于是,我开始求助于一些精神病专家和社会学家。在一个铁定存在商业价值的领域里,只要还有需要去探究的真理,就会有人不遗余力地探索。无数精神病学家在研究女孩子为什么会去卖淫,所有社会学家带着政府使命,迫不及待地飞到越南,去了解他们心目中的越南社会到底如何。因为我们对此一无所知,只能从零开始。

我就认识两位当过精神病医生的经纪人,当然,还有三位以前做股票的经纪人,现在改行到大学里担任心理学和社会学教授。这五个人都不愿谈及以前的工作经历,至少不想挑明这些往事。最后,我还是找到两位愿意帮忙的精神病专家。尽管他们对群体受虐狂不太感冒,但却想知道他们是不是应该买进卫星通信股票,我是否会抛出施乐股票。于是,我和他们做了一笔交易,我的条件就是和他们好好聊聊,亲身接触他们的患者,我们随后会认识这几位患者。

在我绞尽脑汁搜索我自己的"古猿"下颚骨时,有必要向你介绍一位精神病医生。别人向我介绍这位医生时,说他既了解股票市场,又熟知人类思维。他本人就是一名投资者,对股市颇感兴趣。更重要的是,他已经在股市上赚了很多钱。他的很多患者也是投资者。

但这位心地善良的医生并不想告诉我太多东西,他说,这是因为他自己也正打算写一本书,他还不想提前泄露这本书的内容。他承认,作为一名投资者,他是一个彻头彻尾的投机者。

"你为什么总攥着手呢?"他突然问我,"难道你还像小孩那样怕火吗?"

此时,你会突然感到,自己的手居然有这么大,那种感觉让人觉得有点不可思议。我回答说,我觉得自己并不像小孩子那样怕火,但即使是现在,我也不敢肯定。

"对市场,你也应该有这样的了解,"这位博学多才的精神病医生说,"我把全部资金都投入到一只股票上。这是赚钱的唯一必胜之路。这只股票已经从10美元涨到30美元,但最终一定会涨到200美元,你还有时间加仓。"

我想知道的,是这只股票为什么一定会涨到200美元。

"相信我的话,肯定没错,"他说,"我不仅了解市场,也了解群体心理,就足够了。我知道推动股价上涨的是什么。"

从小就虚心好学的我,当然不会放过这样的大好机会,我直截了当地告诉他,我非常想了解其中奥秘,但这位博学的精神病医生却不肯泄密。"怎么和你说呢?"他面带难色地说,"我在医学和精神病学方面接受过多年训练。我还写过几本书。我花了30年时间研究人脑的沟回。如果只用几句话,你让我怎么说清我知道的东西?你未免有点急进了吧?"

不过,这个故事的结局却非常圆满。我亲自查询了一下这位精神病专家用毕生研究所挑选的股票。不过,我似乎已经错过了好时机。尽管这只股票的收益增长非常可观,但多少有点随大流。我根本看不懂这家公司。但股票确实涨了,它涨到50美元的时候,精神病专家开始感到不可思议,他很想知道,到底是因为我的抵触情绪,还是其他什么原因，让我始终没有买进这只股票。

这只股票的名称叫"维斯泰克"（Westec）。它从 5 美元一路飙升到 60 美元，就在这个价位上，交易量开始停滞不前。很明显，公司当时有很多不合常理和误导性的披露，以至于该股票被所有交易所封杀。随后，便是一系列的诉讼和反诉讼，法庭和应诉方花了几年时间才了结官司，摆脱窘境。此时的公司已经被债权人搞得破产，在满足债权人的债权后，这家公司已经所剩无几，不会有太多的财富留给股东。更糟糕的是，对这些倒霉的股东来说，没有人再愿意接过这个已经爆炸的炸弹，他们只能让股票烂在手里，疼在心里。实际上，要在股票市场输掉全部投资几乎是不可能的，因为这是个流动性强的市场，你可以在任何一天的任何一个小时卖出手里的股票。但这位博学的精神病专家却在成千上万的股票里挑选了让自己赔掉所有身家的那一只。

如果说这个结局还算圆满，是因为他还在写那本书，这也许可以让我们学到些东西。此书即将出版，对于书中的见地，我真的有些迫不及待。

这让我对精神病学和股票市场有了新认识，也让我想起一个大家经常提到的故事，不过我从来没有去检验过这个故事，我担心有人会因为名称相近而对号入座，这显然有悖于故事的原意。德莱弗斯基金创始人杰克·德莱弗斯（Jack Dreyfus）也想到了研究市场中非意识性动机的重要性。德莱弗斯打造了一只业绩非凡的基金，他曾经是一名超级桥牌手，而他那打桥牌时的敏锐和嗅觉在股票市场中也发挥得淋漓尽致。多年以来，德莱弗斯一直和一位著名精神病专家私交甚深，后来，他觉得应该给这位专家在德莱弗斯基金里设个办公室，这样，就可以让他帮自己检验基金经理们是否高效工作。

一天，他把我认识的一位基金经理叫到办公室。准备就绪之后，他解开领带，脱掉外衣，然后躺到床上。那位精神病专家坐在他的专用椅子上，而基金经理则等着接受治疗。

"宝利来。"医生说。

"宝利来。"基金经理重复道。

"你不觉得这太高了吗？"精神病医生说。

基金经理有点糊涂，不知道医生到底是什么意思。

"我个人买了很多宝利来的股票，"医生说，"涨得有点太快了，我应该继续持有吗？"

基金经理坐起来，用安慰的语气说："没关系，一切都正常。你不用杞人忧天，最后会见分晓的。"

医生的动作稍微放松了一点。"不过我还是对宝利来有点担心。"他说出了心里话。

"让我们看看这个，"基金经理说，"看看你为什么如此担心，我想我能给你点帮助……"

因此，大众心理和市场的确需要我们去研究。不过，我们都看到了，迄今为止，还没有什么合适的人选研究这些问题，更不用说把它们作为一个学科领域探讨。部分原因在于，在学术界，沿着这样一个方向追求"真理"，商业味太浓，与主要社会问题的关联性却不大。或许如此，但如果我们对一种动物的共性不闻不问，个体成功所需要的前提也就只能停留在假设的层面上了。

第3章
墨迹泄露你的投资天赋

> 如果真正了解市场的运行,它们就会进入你的意识,这样,了解市场就会变成本能,它们的一举一动便尽在你的掌握之中。

也许是因为忙着按自己的思路重建越南社会,社会学家似乎根本就没有精力寻觅"市场动物"的"南非猿人"到底何在。但我认识的一位心理学家至少已经开始提出问题,并最先作出若干假设。这些假设的出发点不是群体心理学,而是个体心理学,因此,我们需要在第4章着重探讨群体。一些在波士顿从事基金管理的朋友建议我深入了解一下哈佛大学的查尔斯·麦克阿瑟(Charles MacArthur)博士,因为他们都在聘请麦克阿瑟博士担任投资顾问,帮他们寻找优秀的证券分析师。通常,麦克阿瑟博士只在富丽堂皇的约瑟·玛利亚·塞特的办公室测试自己的学生,于是,几个波士顿人开始想,既然可以用多选题和笔迹测试识别不合格的学生,那么,或许也可以用同样方法挑选基金经理。也许是触类旁通的结果吧,现在,麦克阿瑟博士开始抽出部分时间,用墨迹法研究那些自认为能管理数亿美元资金的家伙。

于是,每次我在哈佛教职员俱乐部(Harvard Faculty Club)吃午餐,都不会少了马肉。假如校长派你到那里见某个知识界名流，或是因为其他任何缘故到那里，我都建议你点一份马肉。这表明你是我们中的一员。自从"二战"以来，肉类短缺，马肉就一直是这里的家常菜，因此，哈佛的行家们经常会对新口味感到不可思议。在他们眼里，马肉比牛肉的味道更鲜美，吃起来也更有趣。尤其嚼着马肉，然后再就着澳大利亚比诺白香槟一口咽下去，那种感觉其乐无穷，美妙至极。于是，马肉便成了菜单上的招牌，永不褪色的当家菜。马肉似乎已经成了开放和求索的象征，而这正是哈佛人最喜欢的标签。

不管怎么说，麦克阿瑟博士也有自己喜欢的口味和风格。他一直谦虚地指出，自己的试验样本还太少，还不足以说明问题。这就是说，如果他把眼下的结论作为在标题的中间带冒号的学术论文拿出去发表，心理学家和社会学家们也许会群起而攻之。寻找能赚钱的性格！这么"肮脏"的东西肯定会让他们笑掉大牙。在知识分子的眼中，钱就是一种诅咒，除非是政府或者基金会给你的钱（最好是政府）。

在麦克阿瑟博士的研究中，一个重要的问题是：善于选股的人和那些善于依靠把握时机来管理整个投资组合的人相比，他们在性格上有所不同。证券分析师擅长发掘信息，从中寻找蛛丝马迹，告诉自己到底应该卖出什么，买进什么，但他们未必能给整个乐队当好指挥。如果起初是木管演奏师，他们往往会把整首交响乐当作木管独奏那样去倾听，因此，使管乐和弦乐步调一致，显然需要另一种不同的特长。

那么，到底应该怎样发现一个好的证券分析师呢？性格测试师的第一个招数就是斯特朗测试（Strong Test）——它也是寻找指挥家的好办法。这个名字源于设计该测试的斯坦福心理学家。也许你曾经接受过某种职业偏好测试，因此，它不会让你感到陌生。只要你诚实回答，就可以通过这个测试了解自己的喜好，测试采用类似如下的多项选择题。

假如，明天是节假日，你可以做任何自己想做的事情，那么，你最喜欢做的是：

1. 乘飞机出行；
2. 读一本书；
3. 好好地睡上一大觉；
4. 到附近酒馆，找几个朋友痛痛快快地玩一场；
5. 到花园修剪花草。

测试就是由诸如此类的问题构成。随着测试的深入，你可能会深涉其中。

有人准备组织一次到亚马孙河上游的探险。在这里，水里的霸王是水虎鱼，而陆上的统治者则是邪恶的野人。你会做何种选择：

1. 带领此次探险；
2. 为这次科学探险筹集资金；
3. 与探险队同行，回来后写一篇探险故事；
4. 不想参与。

你会亲自带领这支前往亚马孙河上游的探险队吗？这听起来饶有兴趣，但更有可能是一次危险的奇异之旅，回到家坐到桌子边阅读故事报道的时候，你肯定会感到腰酸腿痛。如果你的选择是"3"，我们也许会请你为每周股市评论写篇文章，但你最好还有其他一技之长。

聚会回家之后，你和妻子大吵一场，这场战争的核心是：

1. 你最后催她离开是什么时候；

2. 她（你）到底喝了多少酒；

3. 她（你）在长沙发上和旁边男士（女士）到底干了些什么；

4. 金钱；

5. 孩子。

在这场吵闹中，更有效的解决办法是什么：

1. 一言不发，让她说个够；

2. 一定要让她理解自己的看法，这也是为她好；

3. 一定要确定到底谁说了算，斩钉截铁，毫不留情；

4. 想尽办法，和颜悦色，决不撕破脸皮。

如果你选择的是，你想先催妻子离开宴会，她确实已经不胜酒力，这场争论是为了钱和孩子，你就和81.1%的被测试者站到了一起，欢迎加入我们的组织。因为你毕竟比妻子更清醒，你希望妻子也能明白这些，这也是我们推崇的态度。

偏好测试已运用多年，目前已接近于标准格式——让那些从事不同职业的人直接在打孔卡上打孔回答问题。通过斯特朗测试，发现证券分析师基本都属于V组和IX组。V组的人适合从事社会服务性行业，他们的特长就是告诉人们怎样做有利于自己。IX组则适合从事销售，这些人性格外向，通情达理，善解人意，强调以人为本，而不拘泥于理论。对于这个行业来说，如果无法让他人接受，再好的想法也没有意义。

基金经理则是另一类动物，他们已经和适合办公事务的VIII组人断然分开。以前的基金经理几乎和注册会计师属于同一类型，因为他们往往是出身于信托行业的管理人士。在公众眼里，这些佩戴"绿眼罩"（1950年，这种物品作为办公用品，由会计、审计员、记者和编辑等佩戴，以示身份）和袖箍、嘴里尽是甜言蜜语的"审慎人"，仿佛就是安全和稳健的化身。但真正的基金经理，骨子里就藏着投资组合，这些野心勃勃的投资家，更像是企业家：有想法，有主见，他们喜欢新的创业理念，再一呼百应，创建新企业或是开办新项目。信托管理者讲究细致入微，对细节精益求精，基金经理却很少有这样的耐性。在人们的心目中，所有基金经理都应该身体强壮，但野心勃勃的基金经理似乎更喜欢打壁球、网球或是划船，因此，他们根本就没必要依靠别人。注册会计师类型的基金经理也许更适合参加接力赛跑或是足球队，或是其他依靠集体努力的工作。这些雄心勃勃、不甘寂寞的新型阶层绝对是新新人类。我们将在随后章节里讨论这些人。

还有一些书面测试稀奇古怪。比如说，约翰有 4 个苹果，玛丽有 3 个橘子，他们共同登上一列在 2∶10 开出、时速为 40 英里（1 英里 =1.609 344 公里）的火车，到站时，约翰有 2 个苹果，玛丽有 6 个橘子，请问，那时是几点？

分析师都擅于推理，他们会把问题分拆成若干部分，各个击破，最后，再通过归纳得出最终答案。久经沙场的基金经理会兴致盎然地面对问题，他们喜欢动脑。但激进型基金经理则会不屑一顾地说："什么愚蠢的狗屁问题，和我赚钱有什么关系？"于是，只要妻子不离开宴会，他们就会一如既往地大闹一场。他必须找出其中的"奥秘"，或者说解决方法，否则，他就永无安宁之日。

尽管证券分析师擅长解决问题，但他们在数学上经常犯错。这一点和孜孜不倦、力求万无一失的会计师有所不同。但好的分析师对文字和数字却是同样敏锐。他们的口才绝对是一流的，不过，一旦遇到抽象问题，无论对数字还是文字，他们的才华都会黯然失色。

可以说，在这个领域，每个人都聪明绝顶。他们的智商至少都有 130，否则，他们就是这个圈子里的白痴。总之，这是一个天才云集的智慧殿堂。有些人就是彻头彻尾的天才。那么，你做好接受墨迹测试的准备了吗？下面的图片就是一个墨迹测试示例。

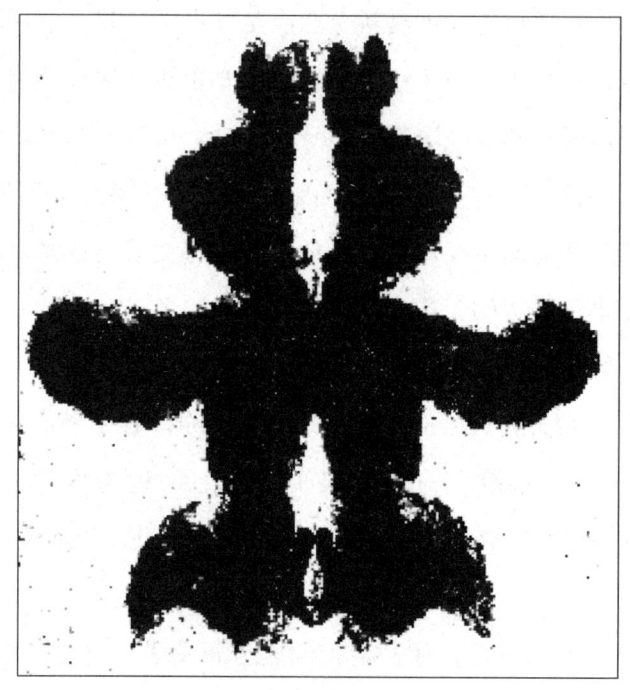

你看到了什么？你从中发现了多少东西？它到底是一个完整的墨迹还是整个墨迹的一部分呢？你用多长时间发现了其中的奥秘？

很多人看到的是甲壳虫、动物的毛皮或是张开的手掌。但作为基金经理，你看到的不应该仅限于这些俗不可耐的东西，因为你必须要做到与众不同。所以说，你最好在20秒的时间里有自己的发现。

墨迹测试的关键不在于墨迹本身，而是你对墨迹的反应。你对证据的要求有多高？或者说，在你得到结论之前，你需要看到多少能证明这个结论的现象？

尽管分析师喜欢推理，但那些真正给基金经理当枪手的分析师却没有时间三思而后行。他们一定要激情四射，甚至近乎反应过度，此时，冲动和刺激才是他们的原动力。分析师确实想做到万无一失，他们的唯我独尊意识也需要通过自己的正确决策而实现，对于他们来说，这就是一种快乐，他们更看重的是如何作出正确的判断和决策，而不是赚钱。激进型基金经理却不同，只要最后盘点的时候能赚钱，他们根本就不在乎是否能够在每个判断上都做到万无一失。从本质上看，**要赚钱，就必须作出正确判断，他们没有犯错的理由，但他们似乎更依赖于直觉**：在一连串近乎白热化的连胜之后，他们往往会一厢情愿地以为，自己的决策不太可能犯错。实际上，他们正在做的，只不过是不自觉地用意识本能中的"统觉团"［aperceptive mass，近代德国哲学家、心理学家赫尔巴特（J.F.Herbart，1776 — 1841 年）认为，在意识活动中，只有与意识中的观念有关的事物、资料或知识才容易进入意识，被意识融化，这个进入与融化的过程就是所谓的"统觉"过程：任何观念要进入意识，必须与意识中原有的观念的整体相和谐，否则就会被排斥，这个"观念的整体"就是"统觉团"。——译者注］，去检测每一个决策动机，而他们的意识本能，无非包含了多年来让他们屡试不爽的所有"认知理解"（Cognitive Perception）。

显然，这些雄心勃勃的基金经理绝不会让那些传统的委托人安然稳坐。不过，正如我们说过的，这样的基金经理并不多。实际上，他们只是一小撮对冲基金和共同基金经理的写照，决不代表为数众多的信托管理人或大型机构管理者。

这些以业绩为主导的基金经理绝对是新新人类，以至于他们的游戏还只能停留在尝试阶段。但他们已经经受住一些考验。那么，这些能对信息作出快速反应的投资与见风使舵、听到小道消息便急于买卖的散户投资者之间，到底有什么不同呢？散户投资者对信息作出的反应是非理性的。他们的反应背后没有"统觉团"，基金经理则截然不同，他们能记住几百家公司的利润率、股票对各种市场形势的反应和自己的实际情况。一旦了解了这些情况,即使他们远离市场,也能感知市场的脉搏,并在市场中找到属于自己的位置。总而言之,如果真正了解市场的运行,它们就会进入你的意识,这样,了解市场就会变成本能,它们的一举一动便尽在你的掌握之中。此时,唯一需要的,就是"统觉团"、150的智商和一堆每股收益数据。此时,你根本就不必理会报纸上各种各样骇人听闻的标题,因为一切已尽在你的掌握中,几个月前你便已未卜先知。

对基金经理来说,有一个要求是绝对不可逃避的,这就是第一个"非常态规则"告诉我们的:如果你还不了解自己是谁,不要轻易涉足,否则就要付出惨重代价。这个要求的本质就是情感的成熟性。

查尔斯·麦克阿瑟博士指出:"一定要合理把握自己的情感,使之发挥积极作用。你的情感必须支持自己追求的目标。在目标上,绝不容许有半点疑问和冲突。只有这样,才能通过目标的实现,满足自己的情感需求。总之,无论在什么环境之下,都不要丧失冷静,更不能让自己被情感左右。一定要沉着冷静,坦然面对。"

心理测试不可能说明你是不是赚钱高手。它只是对现有各类投资人的描述,有些还需要进行后续测试,测试在位期间的业绩、工作满意度和目标实现度。你也许游离于这些主流投资模式之外,但依然有可能成功,环境变化也有可能会导致原有模式不再合理。但是在现有环境下,这却是"游戏"的既定规则。有些分析师也许不适合管理自己的资金;有些基金经理应该换一种风格去经营;有些投资者或许应该回家看花园,让更聪明的人帮自己打理钱财。

测试的结果也许会显示你是个赚钱高手,但真正的考验是当你站在众人的对立面,你会作何选择。我们对某些个别投资类型知之甚少,对于群体——迄今一直让我们捉摸不定的"南方古猿",我们更是一无所知,对群体心理的研究也无从下手,可市场真的是一个群体吗?

第 4 章
市场真的是一个群体

> 古斯塔夫·勒庞说:"群体无时无刻不体现着妇人之道。"说到这里,我们肯定会记起约翰逊先生说的话:一群男人的行为,和一个女人没什么两样。

19世纪30年代,弗莱德·凯利(Fred C.Kelly)曾在自己的一本名著《输赢之故:投机心理学》(*Why You Win or Lose: The Psychology of Speculation*)中写道,"群体往往是输家,因为多数人的观点往往是错误的观点。而群体之所以会犯错,是因为他们总是墨守陈规"。

群体(或者说公众)行为和市场行为大多属于投机行为——从投资历史上看,群体的行为基本都是错的。这个规则的笃信者太庞大了,以至于足以把他们视作一个群体,但这个群体中的每个人当然都认为自己不属于那个总犯错误的群体。1841年,戴维·麦凯(David Mackay)发表了第一本研究群体心理学的传世佳作——《非同寻常的大众幻想与群众性癫狂》(*Extraordinary Popular Delusions and the Madness of Crowds*)。伯纳德·巴鲁克(Bernard Baruch,1870—1965年,著名投机大师)说,麦克先生的书帮他赚了大钱。一家著名的华尔街投资公司甚至把这本书当作圣诞礼物送给大家。任何一位客户读了这本书,都会让他们感到荣耀，觉得自己高人一筹，因为一个世纪前荷兰人哄抬郁金香种球的伎俩，现在看来似乎有点愚蠢荒谬。遗憾的是，在他们想到这些荷兰人的时候，很可能会认为，对郁金香的需求是永无止境的，于是，他们就会不假思索地去买进最时髦的计算机股票，因为这个世界对计算机的需求也是无限的。这里面自然有其合理之处，如果说购买计算机的道理比买郁金香的理由更容易理解，这也许仅仅是因为我们还不了解郁金香这个故事的来龙去脉。

每个投资者都曾从经纪人嘴里听过这样的话：占便宜的还是买进者，因为投资大众尚未意识到这个赚钱机会。市场真的是一个群体吗？显然，在这个人声鼎沸的大庭院里，所有人同唱一首歌是不可能的，因为大家都赚钱或是都赔钱绝对是不可能的事。我们唯一拥有的，就是一张记录市场运行的自动收报机纸条，但却有无数人围坐在分布在这个国家各个角落的办公室里，全神贯注地盯着市场的这些运动。但是，更多人根本就不会关注这些运动，他们只是在每天早晨看体育新闻的时候，抽空看看报纸上股市价格变动的信息。医生、商人、律师和大厨，这些分布在各行各业的人们真的能构成一个群体吗？

19世纪末，法国著名社会心理学家、群体心理学的创始人——古斯塔夫·勒庞，发表了其代表作《乌合之众》。此外，古斯塔夫·勒庞还在种族特征方面进行了大量研究，而且作品颇多，不过，这些成果大多随着时间的推移而被人们淡忘了。唯独这本诞生于1895年的《乌合之众》成了传世佳作，历史验证了这本书的预言——直到很久之后，整个世界才意识到哪些群体、或者说哪类人能为希特勒或墨索里尼所诱惑和操纵。对古斯塔夫·勒庞来说，群体决不仅仅是聚集在某地的一群人，它也有可能是数千名相互隔离、分散在各个地方的个体。这些被他称作"心理性群体"（Psychological Crowd）的个人，注定要经受"理性个性的丧失以及情感和思维沿不同方向的发散"。古斯塔夫·勒庞博士指出，一个群体最显著的特征在于：

> 不管构成这个群体的个体是谁，也不管他们的生活方式、职业、性格或智力是否相同，有一点是不争的事实：他们已经被改造成群体的一员，这个群体使他们拥有共同思维，使得他们的情感、思维和行为模式，完全不同于他们在孤立状态下的情感、思维和行为模式。

按照这个定义，我们就至少可以在形式上，从这些两眼紧盯数字的散户投资者身上，对"心理性群体"的内涵略知一二。那么，我们对群体到底有哪些了解？这位善良的古斯塔夫·勒庞博士认为，我们关于"群体"所知道的：

第一个要素是"力量感"（Power）。当群体成员意识自己属于这个群体时，就必须得到"一种拥有无限的力量感，这种感觉会让他本能地服从于这个群体的约束，即使是在没有外界强制的情况下，他也会不自觉地遵守这些约束……还有一种始终控制个体的责任感，让自我完全融化在群体的海洋中"。

第二个要素就是"感染力"（Contagion）。情感的转移和沟通，他在自己的书中写道，这个要素很难解释，必须把它们作为一种催眠现象来认识，按照它们在催眠方面的作用大小进行理解。

第三个要素是"可暗示性"（Suggestibility）。这是一种"处于被迷惑的状态，它让被催眠者感到自己受制于催眠者"。我们一旦拥有这种群体责任感，就为接受"感染力""可暗示性"以及"无法抑制的冲动"行为做好了心理准备。

简单地说，古斯塔夫·勒庞博士认为，群体并不是一个需要个体亲身参与到其中的有形实体。他指出，个体一旦成为群体的成员，就会"在文明的秩序上倒退若干轮",其原因在于,群体思维并不是对个体思维进行平均的结果,而是一种全新的共性思维,它服从于这个群体的本性意识,而不是个体的非意识性冲动。既然群体在"智力上逊色于孤立的个体",那么,群体的素质就有可能超过或是低于个体的,具体取决于它所接受的"暗示"本质如何。

所有这一切,是否真的如此?不要忘记,我们所探讨的是一个特殊的领域:股票及其价格的变动,成千上万理性的证券分析师,还有不计其数满腔热情的本科生和研究生,更有新型的计算机做帮手,在这里求索挖掘。十万多名才华横溢的经纪人——也就是官方所说的注册代理人,把市场信息传播给2 600万名投资者。不计其数的统计工具、报表、数学公式和令人炫目的推理,让这个过程显得井然有序。

但是,上涨的股票迟早会下跌,即使聪明绝顶的投资者也会掉进陷阱,每年,都会有一些股票的价格扶摇直上,因为每个支持者都笃信未来一片光明。1961年,就在保龄球正风靡全球的时候,布伦斯维克(Brunswick)的股价却在1962年从74美元狂跌至8美元,而所有这一切都是在没有任何前兆的情况下发生的。1965年,整个世界又开始迷恋于彩色电视机,但是就在不久之后,海军上将(Admiral)、摩托罗拉、真利时(Zenith)和玛格纳沃克斯公司(Magnavox)等电器巨头的股票便开始像泄洪一般一落千丈。显然,这样的事情还会发生。

在这些股票下跌(我坚信,在未来还将出现这样一些股票)的同时,我们看到的则是不计其数的表格、数字和统计数据。在摩托罗拉的股价从233美元跳水到98美元的过程中,投资者的手里绝对不缺少各种各样的报告。有些报告居然有百页之多,这些报告充斥着存货分析、市场供求总量、成本结构、可支配收入和消费意图等。我一直保存着这些报告。这些报告总是喋喋不休地唠叨:先是说到212美元的时候可以买进,然后又说到184、156、124或是110美元时仍可买进,总之,它们就是想让你买进这些股票。对我来说,这些报告的启发力和预见力,远不如戴维·麦凯对17世纪荷兰郁金香狂潮的评价。事实上,无论是在股价上涨还是下跌的时候,这些股票的买卖都要通过经纪人之手。因此,在股市上,公众对任何股票表现出的狂热,都不完全是自发的,很大程度上,是那区区5万经纪人擂鼓助威的结果。

股票市场中,市场的价值是无可替代的。市场也不是赌场的轮盘。好的研究和观点对市场来说是绝对不可或缺的前提,在我们彻底揭开市场这只猛兽的老底之前,信息依然是我们的最佳投资工具。但是,或许还有其他什么工具可以帮助我们。我们不妨回头看看古斯塔夫·勒庞博士的观点,尽管他的话有点让我们难堪。

古斯塔夫·勒庞说:"群体无时无刻不体现着妇人之道。"说到这里,我们肯定会记起约翰逊先生说的话:**一群男人的行为,和一个女人没什么两样。**我认识一位非常出名的资深合伙人,他认为,研究女性是进入市场的最佳准备。好在招聘一个助理去认真研究一番女人,还不算困难。古斯塔夫·勒庞博士说,群体并不是以理性支配行为,它只是觉得自己在理性行事;实际上,它所做的只是在接受一系列的"形象",这些形象与现实之间未必存在合乎逻辑的关联。这就可以解释,相互矛盾的观点何以会同时存在。群体更易受形象诱惑,而形成这些形象的,则是经纪人的"花言巧语和晦涩难懂的数学公式"。在艺术般的把玩下,每个人都拥有一种从前只有魔术师才拥有的神奇力量。对此,古斯塔夫·勒庞博士想到的,不过是"自由""民主"或是"不死即战"之类的词,但"成长"或是"施乐"这样的词或许更能说明问题。但其中最重要的,则是要认识到"与这些口号相联系的神奇力量,似乎它们包含了所有问题的答案。它们融汇了许多不同的下意识的追求与现实的希望,使之成为共同的目标"。

对"游戏"的诸多玩家来说,所有一切都不新鲜。在华尔街,这是一个不需要明说的潜规则：一个公司或股票所代表的"形象"，会影响到它的股价，即使在影响公司收益率和已投资资本回报率的理性因素消失殆尽，依然会让股价继续攀升。如果一家公司享有"持续创新"或是"善于创造独有市场"的声誉，这绝对能给他们带来额外实惠。在整个过程中，大量公共关系公司的参与是不可或缺的。古斯塔夫·勒庞说："群体有点像古希腊神话中的斯芬克斯（在古希腊神话，斯芬克斯是一个带翅膀的狮身女面怪物，传说她经常让过路的行人猜谜，猜不出的人就会遭到杀害。——译者注）：只要他们在心里给自己提出问题，就一定要找到答案，否则，他们绝不饶恕自己。"或是像约瑟夫·鲁德亚德·吉卜林（Joseph Rudyard Kipling, 1865 — 1936 年, 英国作家及诗人，曾获 1907 年诺贝尔文学奖。——译者注）说的那样："在每个人都责骂、抱怨你的时候，你依然能镇定自若，很可能是因为你被消息蒙蔽了。"

《乌合之众》对西格蒙德·弗洛伊德颇有启发，他把这本书视作自己创作《群体心理学与自我分析》（*Group Psychology and the Analysis of the Ego*）的灵感源泉。我一直非常喜欢这本书的德国版书名，因为这个名字听起来就像著名漫画《捣蛋鬼》（*Katzenjammer Kids*）中的汉斯和弗里茨。此外，弗洛伊德还研究过威廉·麦克格尔（William McDougall）的《群体思维》（*The Group Mind*）。麦克格尔认为，群体的主要特征就是其中每个成员都会表现出"情感的提升和强化"。弗洛伊德指出，人只有在童年阶段和睡梦中才会出现这种情感的强化，成年人却因为受到抑制而无法实现。

如果你认为古斯塔夫·勒庞博士对群体有偏见，不妨听听威廉·麦克格尔是怎么说的：群体就"像是一个没有教养的孩子，极度感情化，易于冲动，反复无常，前后不一，犹豫不定而又容易走极端……极易受外部影响所干扰，粗心大意，判断草率，思维推理方式简单而且漏洞百出"。但威廉·麦克格尔所说的群体，与我们所说的那些整天盯着股价的投资者群体不同,因为我们的群体需要一个有组织的结构,竞争的群体也是如此。

由此可见,西格蒙德·弗洛伊德认为群体是一种性欲冲动的观点并不奇怪。在他看来,这是一种以"爱"为名义的本能力量。当然,这里的爱并不局限于男女之爱,它涵盖了每一种形式的爱,它们把这个世界上的万事万物汇聚到一起,因此,这种爱也包含着对有形目标和抽象观念的追求。在西格蒙德·弗洛伊德所说的群体中,个体与特定的目标相互结合,并以这个目标替代他们的自我理想,于是,所有拥有这个自我理想的个体,就会不自觉地形成一个群体,他们以这个共同的理想相互看待对方。一旦脱离这个目标,个体就会感到无所适从。这表明,在自我和自我理想的融合过程中,"**人不会因为自责而感到烦恼,而胜利和自我满足的感觉,则会让他们摆脱压抑、外界纷扰和良心谴责**"。之后,西格蒙德·弗洛伊德又谈到了最原始的部落式群体:英雄式领导者和一大群争权夺势的子民,显然,这样的群体会让我们感到有点血腥。总之,西格蒙德·弗洛伊德认为,群体不过是"人的性体系发展演化的沉淀"。这个观点有点不太好接受。尽管我们不是讨论西格蒙德·弗洛伊德,但他的观点却对我们有所启发。

听了这些观点,恐怕没有人再想成为群体的成员了,但作为群体的成员的确也是一件惬意的事。实际上,只要我们不钻牛角尖,就不会被西格蒙德·弗洛伊德这些耸人听闻的观点吓到。不管怎么说,大家肯定会同意,舒服总比不舒服好。

在纽约郊区有一家业绩显赫的基金公司,那里的环境优雅,犹如田园一般。这家基金公司的操纵者从未打算搬进纽约。他觉得纽约就像是一个大下水道,"每个人都挤着同一列火车来到纽约,每天看着同样的东西,说着差不多同样的话"。这位基金管理的舵手两耳不闻窗外事,既不和任何人激辩,也不看任何东西。他觉得,"大家说的无外乎是价格，但市场的80%却是心理。那些情感操纵行动的投资者最有可能掉进陷阱"。尽管他的业绩一直不错，但很多读着同样东西、说着同样话、一同乘坐宾州铁路的人，业绩也不比他差多少。

我们必须承认那里存在着这样一种群体，而且有必要了解和认识这种群体。如果一个群体变化无常，优柔寡断，缺乏理智，那么，摆脱这个群体就一定能带来成功吗？坚持自己的观点，就一定能作出理性的分析和判断吗？凯恩斯爵士对此的总结非常精辟：

> 美国人总喜欢无端推测一般人对于一般人的看法，这个民族性的弱点，也表现在股票市场上……读者也许要提出异议，聪明人对这种流行的消遣游戏嗤之以鼻，相反，他们会尽其所能，进行名副其实的长期性预测，再根据这种预期继续投资，那么，在长时期中，就肯定会从其他玩家手中获利颇丰。对于这种不同意见，我们作答如下，世上肯定不乏此种思维严谨的人，那么，无论他们的力量能否影响到市场的博弈者，投资市场都将大为改观。
>
> 但我们还须补充一句，在现代投资市场上，还有若干因素限制了这种人的优势。根据真正的长期预期进行投资实在不易，几乎是不可能的。因此，那些想尝试这样做的投资者，较之仅凭猜测其他群体如何动作的群体，自然要付出更多，而且风险更大，如果两者智力相当，他也许会面临灭顶之灾。

因此，即使是在最细微的层次，我们经常会听到这样关于"群体"合理性的传闻，"我最大的客户刚刚大手笔抛售，据绝对可靠的消息来源，富达目前的形势非常糟糕啊，千万不要告诉别人啊"。

第 5 章
你觉得这就是金钱的本质

> 假如三个人创建一家小公司，发行股票（相当于纸币），赚到 5 万美元，如果我们能让市场相信，每张股票的价值是发行价的 20 倍，股票市场给我们带来的就是 100 万美元。

"聪明的投资者，"我的一位华尔街哲人朋友说，"他们知道如何在华尔街上谨慎行事，他们的业绩非常不错。而有些人只是买进股票，然后就扔到一边，他们的业绩或许也不错。但是，在那些真正时时刻刻紧盯大盘并紧随市场而动的投资者中，90% 的人根本就不关心自己是否赚到了钱。"

因此，我们有必要讨论一番这些激情四射的投资者到底关心什么。但首先需要说的是，在这个行当里，所有投资者的终极目标并不是为了赚钱。如果我们能认识金钱的本质，哪怕只是出于本能，这或许就是我们长久以来听说过的最有益于身心健康的事。如果这 11 000 名证券分析师、数万名债券经纪人和 IBM360 计算机系统里安装的所有程序，都废寝忘食地研究合理的数字组合，或许我们就可以拨开迷雾，一窥金钱的内涵。一旦认识了金钱的本质，我们也许就能像约翰逊先生说的那样，跳出自我的园囿，回首往昔。如果我们能对自己和金钱有所认知，至少可以认识那些影响我们行为的本能。

有关群体心理学和市场心理学的论著也许不多，但探讨人与金钱的书却不计其数。诺尔曼·布朗(Norman Brown)的《生与死的对抗》(*Life Against Death*)绝对是有史以来最精彩的心理学分析作品之一。为了寻找灵感，他不得不通读艾尔弗雷德·诺思·怀特海德（Alfred North Whitehead，现代著名数学家、哲学家和教育理论家)、埃米尔·涂尔干(Emile Durkheim，法国社会学家，社会学的奠基人之一)、克洛德·列维·斯特劳斯(Claude Levi-Strauss，法国著名的社会人类学家、哲学家，结构主义人类学创始人)、马塞尔·莫斯(Marcel Mauss，法国著名人类学家，现代人类学理论的重要奠基者之一，有"20世纪法国民族学之父"之称)、弗洛伊德、马克思、赫斯科维茨（M.J. Herskovits，美国文化人类学家、劳姆(Laum)、约翰·罗斯金(John Ruskin，英国文艺批评家)和弗雷德里希·尼采(Friedrich Nietzsche)的著作。所有这些顶级学者无不认为，金钱不仅仅是放在你钱包的一张张绿色纸片而已。钱只是一种带神秘气息的符号，最原始的市场是神圣的宗教场所，最早的银行是寺院，发行货币的人则是牧师和教主。某位权威人士认为，金和银因传统而维持着稳定的兑换关系，在占星术中，金和银分别代表着太阳和月亮，因此，它们之间的兑换比例就决定于运行周期的比例关系。如果你感兴趣的话，我甚至可以告诉你这本书的名字。不过，我对此不太感冒。我也是道听途说，不管怎么说，黄金在上，白银在下的太阳 — 月亮式的老把戏，我们已经习以为常了。他们觉得，因为有太阳的影响，黄金就一定应该在上。不过，黄金与白银，太阳与月亮，绝对是两码事。

这些名人的共同观点无非是：货币本身是没有用处的。也就是说，作为货币的东西，其本身一定是没有任何用处的，不管这种货币是密克罗尼西亚雅普岛的石头车轮、犬牙、储存在诺克斯堡(Fort Knox)

美联储金库里的黄金,还是不能吃的东非牧牛(因为吃牧牛就等于吃掉自己的资本),无一例外。这里的主导思想完全背离了经济学鼻祖亚当·斯密的观点,斯密经济学的基本假设就是:货币有实用价值,而人是理性的。市场的无形之手把鞋匠的皮靴拿到市场上,与农民的卷心菜相交换,这样,鞋匠就不必种菜,而农民则不必修鞋。亚当·斯密眼中的经济人是理性人,而主流经济学也认为,人从事经济活动的基本思想是实现利润或产出的最大化。但是,假如我们能意识到人并非总是理性,就应该看看货币本身无价值或其无用的观点,到底会给我们带来怎样的启发。

导致人类无限度积攒这种无用货币的动机根源,就是所谓的"工作强迫性"(诺尔曼·布朗所言)。

> 工作的强迫性源于人的物欲……它把人类的生存动力归结为贪婪和竞争(侵占和占有)……而对金钱的欲望则取代了人所有的真正需求。因此,赤裸裸的积累财富成为人类本性名副其实的进化,而适当的道德规范则是对人性和欲望的撇弃——禁欲主义。最终的结果,就是以理性的经济人(Homo Economicus)取代人性的总体特征,这就使人的本性非人性化。

财富是一种可以压缩和储存的无用物质。在西格蒙德·弗洛伊德的星期三晚餐心理学研究会中,有一位名为多尔·费伦齐(Sándor Ferenczi,1873 — 1933年,匈牙利心理学家,早期精神分析的代表人物。——译者注)的成员,在《金钱欲望的个体发生论》(The Ontogenesis of the Interest in Money)一文中,他把货币比作人体的排泄物——"不过是一堆毫无味道的脱水污物、但却被装扮成圣物的垃圾而已",在这里,他说的实际上就是黄金。不过,在大声痛斥之前,不要忘记的是，现实中的我们只能在非理性层次上摸索前进。亚里士多德说过，货币的制作是对自然的颠覆。货币是神的代名词，对路德(Luther)而言，它是永恒的，因而是神圣的，是魔鬼撒旦的杰作。

既然货币无用，人们为什么还要去追求它？因为创造剩余财富的剩余劳动力，原本就是出自于被压制或是被误导的精神动力（这又是西格蒙德·弗洛伊德的观点）。诺尔曼·布朗则在西格蒙德·弗洛伊德的基础上更进一步指出"整个货币体系都统统植根于罪恶的心理"，而黄金是这一切罪恶登峰造极的绝对化身。货币是"财富的浓缩，而浓缩的财富则是罪恶的浓缩。但罪恶归根到底都无法掩盖其不纯洁的本质"。圣诞节的区区赠礼，只不过是他们为了弥补一年里累计起来的所有罪恶而做的点滴救赎。这里的罪恶是指人格结构中的某一部分，并非特指。弗洛伊德认为，"人永远……不要让自己被误导，用思维中被压抑的创造解释现实中的行为规范；一旦这样，就有可能低估幻想在症状形成(Symptom-formation)中有多重要，而这些根本就不是现实……一个人注定要使用所在国的通用货币；对我们谈论的这个问题来说，这种通货就是神经症通货（西格蒙德·弗洛伊德认为，神经症患者有其独有的思维和逻辑，他们只不过是生活在另一个世界，这个世界有着不同于我们所说的逻辑和社会秩序，当然也有其特有的通货，这种通货即他所说的神经症通货。——译者注）"。对此，诺尔曼·布朗进一步补充，"所有货币不过是表现各异的神经症通货而已"。

由此可见，这样一种财富的概念，截然不同于各种流通纸币或铸币所代表的财富。比如说，价值 7 000 亿美元的普通股或是 6 000 亿美元的债券，因为在那个世界里，根本就不存在这样的财富。显然，我们都知道，货币绝非毫无意义，因为我们可以用金钱建造新厂房，支付工资，制造设备等。但诺尔曼·布朗强调的却是收益（资产回报），他甚至这样说过："毫无价值的物质变成人类趋之若鹜的上帝，货币变成了贪婪的恶魔……于是，现代经济中的金钱，拥有了古典经济中永远不会看到的心理价值。"成为自己的父亲，这显然是一个天真至极的奢望。所有这一切，促使诺尔曼·布朗认为，城市就是满足人类积累财富的欲望，是人类追求不朽的尝试，也是逃避死亡的挣扎。布朗的言外之意，就是人类根本就没有能力接受死亡。

所有这些观点，听起来似乎都有点像旁门左道，尤其当你冷静下来的时候，更会觉得它们荒诞不经，但我觉得它们极具煽动性。我对这些观点的介绍显然过于简洁，这样做对他们来说也不公平。我们所涉足的整个"货币游戏"，或许和这个被浓缩、毫无价值、罪恶的货币毫不相干。为什么要这么说呢？既然说它是"游戏"，它就应该是一种"玩笑、嬉戏、趣味和娱乐"，它更应该体现"生"的一面，而不是"死"的一面。有些时候，诺尔曼·布朗确实让我觉得，消磨下午时光的唯一方式，就是喝啤酒和钓鱼，这样，就可以不被由罪恶驱使着的强迫性工作所折磨。而我曾在私下里认为，我钓鱼的时候，他可能正在创作另一本著作。诚然，要为你的游戏再多赚几个筹码，就不得不工作更长的时间，只有这样，你才能赚到足够的筹码钱，但是，你用来玩游戏的钱，却不是工作，它只是进行游戏的筹码，你怎么能把他看作工作让它帮你赚钱呢？

我认为，诺尔曼·布朗所忽略的，不仅是"游戏"的思维，还有货币市场纸质化的概念，按照基础经济学的观点，货币是一种乘数，是经济活动的增效器。假如我们所从事的强制性工作和赚到的强制性金钱是一一对应的（即强制性工作所赚到的钱，全部用于强制性的支出，且工作时间与支付成比例），那么，每多干一个小时，我们就可以为"游戏"换到一个筹码。但是，假如三个人创建一家小公司，发行股票（相当于纸币），然后又赚到 5 万美元，如果我们能让市场相信，每张股票的价值是发行价的 20 倍，那么，股票市场给我们带来的就不止是 5 万美元了，而是 100 万美元。显然，这是一笔不劳而获的财富，而我们恰好就生活在为数不多能让这种美梦变成现实的美国。

这里就有一个问题，联邦储备委员会一直在发行货币。他们手里握着买卖票据的生杀大权，只要他们挥动手里的这根大棒，就能创造出前所未闻的新型货币。我们还美其名曰：调控货币供应量。但这样的机制和印刷崭新的美元毫无二致，美联储甚至根本就不必到其他什么地方找这些钱，再把钱输入到他们的金融体系中，他们自己就能造。或许联邦储备委员会的委员们也会有罪恶感。

按照这样的逻辑，所有进入市场却不想赚钱的投资者，就不会体会到因赚钱而带来的罪恶和焦虑，正因为这样，他们在踏进市场的时候，就没有想着发财致富。真的不想赚钱吗？我可不信。如果他们真的想超脱世俗，摆脱罪恶与焦虑的困扰，他们就不会出现在这场"游戏"里。肯定还有别的什么在诱惑着他们。

我猜想，这其中一定存在着一种均衡，因此，我们还不会遇到凯恩斯引用《爱丽丝梦游仙境》台词所说的那样，"明天有果酱，但今天永远不会有果酱"（英国作家卡罗尔在小说《爱丽丝梦游仙境》的续集中写道，爱丽斯到白色女王那里打工，工资是1天2便士，还有一份奖金——果酱。规定是，明天有果酱，昨天有果酱，但今天永远不会有果酱。实际上就是永远也不会有。比喻不能兑现的许诺或是可望而不可及的许诺。——译者注），或是像诺尔曼·布朗所言，"**资本主义的生存动力，就是把快乐推迟到永远向后推迟的无限未来**"。不过，大多数精明熟练的"游戏"老玩家都不会轻易拿出辛辛苦苦赚到手的钱。但是，如果他们逃避了拿到第一个白色筹码（代表价值最小的赌注）时所经历的心虚和紧张，他们就永远也不会体验到这场"游戏"的快乐了。

第 6 章
究竟因何而投资

> IBM 是一种信仰！所以，不要碰它，绝对不要碰它。这是一种最纯正的资本主义形式，现实当中不可能存在，或许只是未来的典范。但斯密家族的每个后人都会告诉你，任何卖掉 IBM 股票的人都会后悔。

"90% 的投资者真正关心的不是能否赚钱，"我曾在一次吃午饭时，请教过一位从事精神病研究的朋友——哈罗德，"他们说投资是为了赚钱，当然，赚钱就是游戏的代名词，城里的专家却说，他们根本就不想赚钱。你认为他们投资是为了什么？"

"我可不知道，"哈罗德嚼着露出牛肉的三明治说。当时，我和精神病医生哈罗德偶然相遇，在曼哈顿西街的一家小咖啡店吃午餐，他的办公室就在附近。他说："实际上，我的所有患者都在炒股，每个人都会有不同的想法，所以，我的方法也需要因人而异。其实，他们不想来找我看病，因为他们是投资者，他们的问题在于市场。但是，能找得起精神病医生的人，当然也能雇得起股票经纪人，因为金钱属于感性范畴。所以说，我能解决的，只是他们的个人问题。我能不能让他们找你谈谈市场呢？"

我一直惦记着揭开市场"南方古猿"之谜，于是顺水推舟地接受了这项任务。于是，我开始接触哈罗德医生的患者，经过一段时间之后，我甚至开始与这些患者的部分朋友开始谋面——当然，这些人也是别处的患者。最后，我差不多成了这些精神病人的专职作家：每天中午都要安排时间约见他们的医生。最初，这些人总是先和哈罗德或是其他人唠叨一个小时，然后来到咖啡店，接着和我聊。本来我是想从中归纳出一点值得推敲的结论，不过，就在我开始整理笔记的时候，他们却一反常态，采取了一种怪异的腔调，就像丹尼·凯（Danny Kaye，1913—1987年，美国喜剧明星）参加西格蒙德·弗洛伊德的星期三晚餐研究小组时的腔调，不知所云："哦，我已经开始注意到这个患者的奇怪症状了：好家伙，她脱掉衣服……"因此我还是让你们作出自己的结论吧。

高雅的直觉型投资者

"我确实对股票这东西一无所知，"坐在餐桌对面的一位明眸善睐的小美女说，"但我喜欢市场。我认识的所有男人都喜欢谈论市场，如果一个女孩能听着他们谈论市场，这些男人就会幸福得忘乎所以。"

"于是，你就会和你约会的男人谈论市场，"我说，"而且那也是你找到投资对象的好去处。"（我从哈罗德那里学会了这招。实际上，你根本就什么都不用说，你只要温柔地接受对方的观点，或是跟着对方的思路，接着提一个简单的小问题就足够了。）

对面的这位天真烂漫的小美女说："有时候，我也不甘寂寞，按照他们的推荐买一些。不过，最后的结果基本上是有涨有跌。现在，我手里只握着一只股票，但这只股票完全是我自己的决定。"

"你自己选择了那只股票（瞧，你明白这种谈话技术了吧，只要你顺着她的话往下说，就会有结果），你自己选择的那只股票是什么？"

"卫星通信，"小美女说，"你觉得卫星通信怎么样？"

"你自己觉得卫星通信怎么样呢？"我反问。

"我只是喜欢这只股票，"小姑娘说，"所以就买了，是首次发行时买进的，而且是在发行的第一天。这只股票一直上涨，一个劲地涨。我就是喜欢这只股票。"

我想知道，为什么卫星通信让人如此喜爱。

"你知道啊，它是卫星啊，"小女孩摇着手里的小饰件说，"它是火箭，那才是人类的未来。我是在 22 美元的时候买进的，现在已经是 70 美元了。买卫星通信全是我自己的主意，全凭自己，没有任何人告诉我什么。我感觉他们发射的每一颗卫星都是我的卫星，它就是我的小宝贝！"

"你了解卫星通信公司的前景吗？他们是靠什么赚钱？是不是赚到了钱？"

"不知道，我不关心这个。我对他们一无所知，什么也不了解。我只是喜欢通信卫星公司。我永远也不会抛出这只股票。即使股价下跌，我也不在乎。"

"你不在乎股价下跌？"

"是的，不在乎。我永远也不会卖掉卫星通信的股票。我相信，即使暂时下跌了，总有一天会涨回来的。即使在股价不高的时候，它的表现也让我觉得兴奋。只要跌下去，就一定会涨回来。"

"和你一起出去聊天的男士，他们怎么看通信卫星公司的股票呢？"

"哦，他们手里都有其他股票，但你知道，通信卫星确实是你没有办法不赞成的股票啊！"

"高雅的直觉型投资者啊！"

"是啊，因为这都是我的主意。"

大约在这次午餐的一个月之后，我接到哈罗德医生的电话。

"我想你现在应该想再次见到她，"哈罗德在电话里说，"她刚刚又买了一只股票。"

于是，大眼睛美女和我再次相约咖啡厅。

她告诉我："我买的是麦道飞机，你觉得麦道怎么样？"

"你自己觉得麦道怎么样？"我反问她。

"我觉得麦道太让人振奋了。他们做的都是像导弹、战斗机这类令人激动的产品。"

"卫星通信公司的股票怎么样了？"

"卫星通信还是老样子。我依然喜欢卫星通信。我永远喜欢卫星通信。但你知道，你不可能总是只有一只股票啊！"

聪明地逃避股票

我和爱德华的会面不是在咖啡厅，而是在他位于市中心的俱乐部。爱德华经营一家管理咨询公司，而且经营情况非常不错，爱德华看医生并不是因为自己的生意，至少我觉得和这家公司没有关系。他对股票市场非常感兴趣，无论是坐出租车还是他自己的投资，只要和股票市场有关，爱德华都会变得神经质。

"我遇到了一个大麻烦。"爱德华说。

"你遇到了大麻烦，"我顺着他的话说。

"是的，你看，我继承了一笔价值200万美元的雅芳股票。"

"我可以看看问题出在哪里。"

"我还没告诉你问题在哪呢。"

"抱歉。"

"我知道自己即将继承这笔财产的时候，就去了一家银行工作，我想学学理财方面的知识。我还很年轻，刚刚毕业走出大学校门，我刚开始学习证券业务。当时,雅芳的股票一直在跌,它是我唯一的投资啊,我心急如焚。于是,我背着银行和打理家族基金的投资顾问,卖出了很大一部分股票。你知道当时的情况。"

"是的,我知道,抛出之后,这些股票差不多涨了10倍。"

"这样的结果令我始料未及,我简直是不知所措,心情非常糟糕,因为这毕竟是我们家族留下来的股票,我的祖父就曾在雅芳公司任职。"

"你可以把这些股票买回来啊。"

"我没有这样做。我觉得我甚至根本就没有这样想过。你知道,雅芳是我们家的股票,并不是我自己的股票。在银行工作的时候,我曾经发现一只好股票,实际上是两只。其中之一是先灵(Schering),当时的股价是50美元。我向我的家庭成员推荐了这只股票,但谁也没有买。只有我自己买了一大笔。这只股票的表现非常出色,为我赚了不少钱。我还持有其他股票。"

"你做得非常漂亮啊,不过还是要和雅芳股票一起考虑才行。"我建议。

"不知道,"爱德华说,"我从来没有全盘计算过,我也不想算。问题的关键在于,不知道为什么,我好像从来就没有参与过对雅芳股票的这笔投资,它是本来就存在的。我真正喜欢的,还是自己研究一家公司,分析公司的管理情况,了解这家公司的一切,当然也包括它存在的问题,自己作出决策,然后再把自己的研究结果告诉其他人。只有这样选择的股票,才是我的股票。"

"你现在还在这样做吗?"

"不,我确实没有时间。我只是偶尔研究一下,但大多数情况是由银行替我操作的。今天,他们就替我选择了几只非常成功的股票。其中包括市价30美元的里斯科数据(Leasco)和20美元的莫霍克数据(Mohawk Data)。"

"难道你不喜欢做这些事情吗？"

"虽然说赚钱是一件乐事，但我自己的生意也非常不错，我确实不在乎，至少不在乎我自己选股票采用什么样的方式，也不想说服别人认同我的观点，更不会盯着这些股票是不是会涨上去。"

后来在吃甜点的时候，爱德华说："你知道，如果你遇到一个女孩，而且这些女孩恰好也迫不及待地想和你上床，你还是退避三舍的为好，因为她连你到底何许人也都不知道。此时，你想做的是约她共进晚餐，和她聊天，让她了解你。至少你希望彼此沟通一下情感，稍微含蓄一下，不至于这么直白。然后，双方才会有所感觉，对吧？"

对前面说的那位美女来说，也许根本就没意识到通信卫星对自己意味着什么，但爱德华却更清楚股票市场对自己来说意味着什么，也许这就是他逃避股票的原因吧。

不管做什么，都不要卖掉 IBM 股票

下面是我对一位股票经纪人的笔录，这位经纪人恰好也是哈罗德医生的老熟人，哈罗德可以保证，这位经纪人的故事完全属实。

以前有一位非常精明的绅士，我们姑且叫他斯密先生。斯密先生太聪明了，以至于很多很多年以前，他就开始投资于一家叫"国际制表"的公司，该公司是 IBM 的前身。斯密先生对这家公司信心百倍，而公司也顺风顺水地变成了后来的 IBM，利润丰厚，发展迅猛。斯密夫妇有几个孩子，几个孩子都非常争气。斯密先生对孩子们说："我们家拥有 IBM 的股票，它是世界上最好、成长最快的公司。我最开始为 IBM 投资了 2 万美元，现在，这 2 万美元已经让我成了百万富翁。如果我有不测，你们千万不要卖掉 IBM 的股票。"斯密先生本人从来没有卖出过一股 IBM 股票。当然，IBM 发放的股利非常微薄，于是，为了支

撑这个越来越大的家庭，斯密先生不得不废寝忘食地打理自己的小公司。但是，他还是为这个家庭留下了一大笔财产。后来，他成了祖父，就把股票的红利当作礼物送给孙子。在感恩节上，他郑重宣布："如果我发生了什么不测，不管你们怎么样，都不要卖掉 IBM 的股票。"

斯密先生去世了，他的孩子们分割了他留下的 IBM 股票。孩子们只卖出了一小部分 IBM 股票，变卖的收入全部用于支付遗产税。今天，这些孩子们也有了自己的孩子，但他们依然严守父亲留下的遗言，再也没有卖过 IBM 股票。IBM 不断增长，早已弥补了他们为缴纳遗产税而卖掉的那点股票。随着 IBM 的发展势头越来越好，每个孩子都像斯密先生一样的富有。但是，由于家族也越来越庞大，而且他们的唯一财产就是 IBM 股票，因此，斯密先生的孩子们依然不得不辛苦操劳自己的产业。其中有一个孩子，甚至不得不以 IBM 股票做抵押，借钱支付房地产抵押贷款的首付款。这些孩子们的忠诚和守信，也因为 IBM 股票的不断翻番和增长而得到了回报。斯密先生最初的 2 万美元投资，已经变成了几百万美元。

今天的斯密家族已经成为第三代 IBM 股东，这一代又告诉他们的下一代："不管做什么，都不要卖掉 IBM 股票。"只有有人去世，子女才会卖掉一点仅够支付遗产税的股票。

总之，整整三代人，斯密家族一直像那些一贫如洗的朋友，努力工作，辛苦劳作，尽管斯密家族的所有后代都非常富庶宽裕，但他们的生活却和赤贫者一样含辛茹苦。他们依然紧紧握着 IBM 的股票，百般呵护，细致浇灌，静心伺候，把它们奉为家族的庇护神，每天清晨大家还在酣睡的时候，他们都会比别人早早爬起几个小时，耕耘自己的生意。IBM 也一直没有亏待他们，尽管经过一代又一代人的分割和一轮又一轮的遗产税，他们几乎人人都是百万富翁。

或许斯密家族还会这样继续下去，辛勤耕作，还清抵押贷款，欣喜地看着他们的 IBM 股票，虽然经常开花但却从不结果。这是一种最纯正的资本主义形式，现实当中不可能存在，或许只是未来的典范。但斯密家族的每个后人都会告诉你，任何卖掉 IBM 股票的人都会后悔。

脑科医生，边做手术边想着股票？

"你的处境有点怪，"哈罗德一个做股票经纪人的朋友说，"那些不亲自炒股、而且对股市一无所知的顾客认为，只要你愿意，就能通过某种神奇的力量为他们赚到钱。"

"我在聚会上遇到一个女孩，我告诉她我的职业时，她非常感兴趣。第二天，我约她去了酒吧。"

"我想让你帮我到股市上赚 50 美元，"她说，"而且只能挑一只马上涨 50 美元的股票。"

经纪人说："我认为我们可以比这做得更好，因为最先赚到的 50 美元可能要先支付佣金。"

"你不明白，"她说，"我很爱我丈夫，这就是我到这里和你见面的原因。我想为他买一件夹克作为生日礼物，但我手里没有钱，又不能向他借钱给他买礼物。所以说，我想问你能不能帮我弄到 50 美元。"

经纪人说："我们最好想办法比这再多赚一点，我不反对再努力一下，但她非常坚决。"

"我只想要 50 美元，"她说，"我根本就不想再多要一分钱。"

经纪人说："我觉得我真该接到她的电话时就告诉她，我给你 50 美元算了。干脆对她说，我已经在股市赚到了 50 美元。但是，当我想超过这 50 美元的时候，她放下酒杯，对我说了声再见，然后就径直而去。"

"当时，我还有一个做外科医生的客户。他手里一直持有几只业绩相当不错的长期股票，他自己打理得又非常出色。有一天，他找到我说，希望我能给他开个账户，然后通过这个账户每天替他买卖股票。我问他为什么，"经纪人说。

"我每天都乘地铁回家，"外科医生说，"我发现其他人都在看股票专栏。了解当天发生的事情。但我认为股市没有任何值得我看的东西。"

"于是，我为他又开了一个账户，他每天都要盯着这个账户，而且效益还算可以，于是，查询股票账户成了他的一件乐事。账户里尽是一些频繁波动、激烈起伏的股票，这多少让他有点烦躁。他经常会在大清早的时候就给我打电话。"经纪人说。

外科医生说："我的天呢，我得进手术室干活，而且10分钟之后就要进行手术，不过我脑海想的只有加州计算机股票，昨天下跌了，不知道今天会不会上涨？"

"我劝他先冷静下来，他走进手术室，给患者进行手术。而且交易账户的情况也非常不错，他说要送给我一件礼物。我告诉他，我不需要什么礼物，佣金已经非常丰厚了。但他还是坚持要送我礼物，而且他的确说到做到了。"经纪人说。礼物装在一个小盒子里，是一个医生在做手术的时候从病人身上切下来的腺体，他自认为这是他最好的作品。他确实没有开玩笑，但是，谁喜欢把自己的前列腺被放在这样一个小盒子里？

老太太的股票、朋友和孤独

提供这篇记录的绅士就职华尔街，而且买卖股票异常频繁。

他说："我祖母简直就是诺曼·洛克威尔（Norman Rockwell, 1894 — 1978年，美国著名插图画家）笔下那个活脱脱的慈眉善目、和蔼可亲的老妇人。银灰色的头发，戴着一幅小眼镜，一身黑衣，脚穿一双小巧的老人鞋。你知道，我祖父曾就职于华尔街，他留下的信托财产和其他零零散散的东西足以让祖母享受殷实的生活。尽管她和祖父在一起生活了近 52 年，但她却分不清什么是股票，什么是债券。一天晚上，祖母告诉我，她想和我一起开个账户。我告诉她，我投资的股票和她不一样。她手里肯定有每股 1 美元的杰西公司股票，但她坚持要这样做。我提醒祖母千万不要告诉任何人，因为家里的其他人不会同意的。"

"于是，我和祖母开了一个账户，并且告诉她我准备买进的下一个波动性股票。祖母显得很诡秘，对我说：'太好了，我能告诉罗萨林德吗？'罗萨林德是她最好的密友。祖母 79 岁，罗萨林德 81 岁。我告诉她当然可以，可以给罗萨林德打个电话。'能告诉哈里特吗？'哈里特是她的另一个好朋友，83 岁。这三个老太太都不缺钱，摩根银行负责打理她们的丈夫去世时留下的信托基金，他们的孩子自然也是衣食富足。孙子孙女经常在周日来看望她们，但此时此刻，她们在一起追逐最热门的计算机租赁业股票。"

"真不错，形势非常顺利，她们的投资也干得不错。当时，我突然有了一个真正的发现，这是一家收益不错的小型电子公司，发行的股票数量也不多。但不知是什么原因，很少有人注意到这家公司。'哇，这太让人激动了。'连祖母买到这只股票时也不禁大喜过望。现在，祖母已经习惯买 1 股赚 4 股了。于是，她用自己特有的神秘诡异的表情问我：'能告诉罗萨林德吗？'你在施拉夫餐厅经常会看到她们这些可爱的老太太，在阳光和煦的下午，坐在餐馆里，喝一杯苏打水，黑衣，黑鞋，我说可以告诉罗萨林德。"

"我说过，值得买的股票并不多，突然之间，我发现很难找到可以买进的股票。股票的要价是 24 美元，我买进 200 股，之后，股价上涨到 28 美元，太令人兴奋了。给交易商打电话，四处搜索——我开始逐渐抛出手里的股票。其他人则在囤积原来属于我的股票！太美了，已经涨到33美元了！于是，我开始相当谨慎地在华尔街上打探，但没人听说过这只股票，我的信息非常有价值，也确实有人在买进这只股票，但就是没有人知道是谁在买进。"

"你猜，这只股票就在刹那间出现在我面前。祖母已经告诉了罗萨林德和哈里特，她们又分别告诉了自己的另外两个朋友。于是，一大群老太太聚集到施拉夫餐厅，她们的手里积累了大量股票，这完全破坏了我自己的游戏。我有点恼羞成怒，给祖母打了电话。这些老太太的购买力一点也不比英格兰银行差。"

"我在电话里说：'祖母，我只说你可以告诉罗萨林德，只能告诉一个朋友，那就是罗萨林德。可你们现在已经把这只股票从我手里抢走了'。"

"'但爱迪尔和多罗西也想买点啊。'祖母说。"

"'但你们得把我的股票留给我呀，'我说，'其实你们根本就不应该买进这只股票。'"

"'为什么不行啊？'祖母问我，'我手里总得有成长股啊。我只是想为我这个年纪的人找个依靠。'"

"我到登记处查询了这些老太太们的股票。'摩根银行干得非常棒。'我说。"

"'我查询过摩根银行管理的这些股票，'祖母说，'太气人了，这些股票根本就没动过。'"

"'听着，奶奶！'我用稍微因为激动而高亢的声音说，'如果你和你的朋友还不撒手，我以后再也不告诉你们任何好股票了。'"

"'别这样，千万别这样，我的孩子。'祖母略有生气。"

"'那你就得听我的。'我说。"

"祖母说：'等你80岁的时候，你也会感到孤独。我确实一直在烦你，我知道这个。但我只是想让我的朋友经常给我打电话。这是最近几年来我觉得最有意思的事情。千万不要拿走我的股票，好吗？'"

"唉，这种情况下，我还能说什么呢？"

赚黑心钱，赌徒可以？盗贼可以？经纪人也可以？

这位撒切尔先生说："经纪人就是彻头彻尾的寄生虫。他们绝对是世界上获得过高回报最多的人。他们不做什么事情，也不能拿出任何东西。他们既不会系鞋带，也不会给你讲解法律，也不能指挥交通。他们只是像个秘书一样接收指令，仅此而已——但你再看看他们拿到手的佣金。太荒唐了！只要交易量一减少，他们就会像疯子一样狂呼尖叫，他们就是想提高佣金。但是当交易量从每天500万股增加到1 000万股的时候，我们听说过佣金下降了吗？从来没有。经纪人就是坐在那里空手套白狼一样的敛财。"

"显然，你对自己的经纪人不满意。"我试探着撒切尔先生。

"我现在就认识这么一个经纪人，"这位撒切尔先生说，"他和小偷没什么区别，和其他经纪人相比，甚至还不如贼。现在的监狱太小了，根本就容不下这多的股票经纪人，否则，他们全都应该呆在那里。就说说股票消息吧。股票经纪人得到一条消息时，他会立刻给我打电话吗？肯定不会。他首先会买上一点，然后，或许会给我打电话。每次他在电话里向我吹嘘这只股票有多好的时候，我都会问他，'你自己买了吗？'如果他自己还没有买，我也不会买。当然，如果是我打电话找他想了解某只股票，多半是找不到他的。"

"电话那边的回答基本是，他很忙。"

"他总是很忙,这个让人讨厌的吹牛大师。卖出股票时又会怎样呢？你觉得他们会告诉应该在什么时候卖出吗？绝对不会。首先，他们会卖掉应该出手的股票，然后，你就会看着股价一天天的下跌，但你打电话却找不到这些混蛋。最后，等你终于找到他，他会说：'近期形势不太明朗，很难确定，但要想长期持有，就不应该频繁买卖。'他们一次次地敲诈，吸食着你的血，但永远不会满足。他们的意思无非是说，'查理，我上周四就抛出了，但忘了你手里还攥着这些垃圾。'你知道他们所说的长期到底是多长吗？也许是500年，也许是700年。但不管发生什么，有一点是毋庸置疑的：在进进出出之间，他们赚到了钱。无论你是否赚到钱，他们肯定拿到佣金。如果你把自己的股票扔到一边，他们就会给你打来电话，向你兜售某只股票。因为如果你什么也不做，他们就赚不到钱。他一定要让你不断地买进卖出，否则，他们就要饿死，那就是这个体系的毛病。他们必须推着你交易。他们的回报并不是因为工作做得好，这就像脑外科手术一样，只要做就能赚钱。他们可以为你推荐几只可以通过长期持有而涨到10倍的股票，但若真那样，他们就得饿死。只有在你不断买进卖出的时候，他们才能拿到佣金。因此，他们一定要让你忙个不停。这个系统的另一个问题是这些做经纪人的人。谁能整天坐在那里盯着数字，拿着电话到处坑蒙拐骗，昧着良心赚取大把大把的黑心钱呢？赌徒可以，贼也可以。其实，他们都是贼。"

"我猜想，你在股市的收获不是很大。"

"实际上，我并不比任何人差，不管怎么说，如果有人告诉你什么，至少有一半是不可信的。尤其是股票经纪人，更不值得信赖。如果你问股票经纪人问题的时候，你听过股票经纪人对你说'不知道'吗？绝对不会。他们总能找到答案。如果你问他们，'我股票为什么会下跌呢？'他们会不假思索地回答，获利完成了。如何你问他，'市场为什么会下跌？'他们会毫不迟疑地说，因为税收提高，或是总统今天下午要开新闻发布会，或是某个地方正在发生战争。他们绝对不会告诉你任何直截了当的回答，因为他们已经习惯了撒谎，习惯了胡说八道。"

"就说我的Syntax股票吧。我本应该起诉那个诓骗我买这只股票的懒贼。那是他的最后一次机会。股票的走势一直不错,从每股80美元一直涨到110美元。我告诉了这个懒贼,我说,一旦股价下跌,我就想清仓。他说前景看上去似乎还很乐观。最后,股价跌到了70美元。我赔钱了。跌到70美元的时候,他才突然间醒悟,发现大事不妙,这个愚蠢的损贼。在110美元的时候,他不想让我卖出,到了70美元的时候,他倒反而建议我抛出。"

"很自然,我解雇了这个蠢货。但后一个股票经纪人也不比他好多少,最初,这个混蛋忽悠我买了几只股票,但我很少交易,他又劝我卖出。后来,我提到我在乡村俱乐部听到的一只股票,联合水果公司,这是一家从不生产香蕉或是类似水果的公司。当时的股价是28美元,当股价涨到35美元,这个混蛋开始鼓吹我卖出。之后,股价一直上扬至55美元,这个损贼居然还让我抛出。后来,他又让我买进他极力吹捧的几只垃圾股。"

"听起来,你需要一个好点的股票经纪人。"

"根本就没有什么好经纪人。他们统统都是混蛋,是骗子,他们唯一用心的就是骗到佣金。假如说还有一个好经纪人,他就不会继续呆在这个行当里。圣彼得会抓走这个千载难逢的好人,如果说还有诚实的经纪人,那他也只会对天使献殷勤。请相信我,我已经找过五六个经纪人,他们没有一个不胡说八道,招摇撞骗。即使他们偶尔是对的,但更多时候,他们会把原本走在正路上的我们引入歧途。"

"你还是应该按照自己的逻辑来。"

"确实应该这样,但你知道,我是个很忙的人。要是有时间,我有7种方式让这些经纪人在股市上俯首称臣,可我没有时间,我自己的生意也需要我去打理。"

"听起来,你应该只通过经纪人执行交易指令,而不听取他们的任何建议。"

"是应该这样,的确应该如此。假如没有这些混蛋鼓动我总是不该卖出时卖出或是买进错误股票的话,我早就成了富人。"

投资者可能扮演很多很多角色,南方古猿的下颚还是没有找到。或许就像专家说的那样,投资者在市场中寻找的是另一种东西。他的一个朋友经营着一家股票交易清算所,他是这样说的:"我不在乎他们是大投资家还是小投资者。只要他们能赚到一点钱,他们就高兴;如果只是赔一点点小钱,他们也不会太伤心。他们想做的,就是给你打个电话。他们想告诉你:'我的股票怎么样啊?是涨了,还是跌了?收益情况怎么样啊?合并进展得如何?今后会怎么样?'他们每天想做的就是这些,他们需要一个朋友,他们想找个人接自己的电话,他们希望能影响到'今后会怎么样',假如你让他们选择,要么能让他们在百分之百地赚钱后退出,要么体面地继续呆在游戏中,任何人都会选择继续留下来。这听起来有点不合情理,或者至少不符合我们想象中的情理,但这就是没有道理的道理,存在的就是合理的。"

第 7 章
百万富翁的烦恼，穷光蛋的身份

> 如果我有钱，一切是否都会为我而变，我的生活是否也会因此而变呢？

美国是个精彩纷呈的国家，但它也让人们感到重重压力。原因何在？假如你的邻居越来越富有，那么，我们是否也应该越来越富有？如果不会，为什么不会？当然，你可以说，一切都听天由命，那是命运的安排，或者说，这不过是一场游戏。事情却并非一贯如此。我们相信，万事万物都是变化的，只有不断前进才是永恒的。

很多科学实例告诉我们，市场对不同人而言有着不同的含义，它是一个大舞台，每个人都在这个舞台上扮演着自己的角色。

对那些在这个游戏中较真的人来说，这里却隐含着巨大危险。这并不新鲜，事实上，在一个以工作为核心的社会中，这些危险是固有的。因为在这样的社会里，身份取决于职业以及成就所带来的社会认同。如果一份工作让你收获颇丰，你不用花大气力就能赚到大钱，这份工作肯定会伴随着烦恼和忧虑，因为无论代表多大成就的金钱都很容易离你而去。即使不看戴维·雷斯曼（David Riesman）等同类作家的新作，我们也能明白这一点。不过，戴维·雷斯曼的《一位著名纽约商人的罗曼史与悲剧》（*The Romance and Tragedy of a Widely Known Business Man of New York*）绝对会让我们对此深有感触。在这本出版于1905年的书中，作者化身为主人公拉塞尔（William Ingraham Russell）。拉塞尔先生不仅渴望拥有金钱，而且渴望别人认可他的富有。他能赚大钱，也能花大钱，然后再去挣大钱。他为自己建造了一座拥有超大图书馆的豪宅，然后又失去了这座豪宅，最后竟然赔得一无所有。朋友因此离他而去，即使他因为小生意失手而被控告，也没有一个人出来帮他一把。真是赤裸裸的嫌贫爱富啊！于是，他耗尽自己最后的一点精力，写下了这本书，献给那个始终没有抛弃他的"小美人"。实际上，通过拉塞尔先生的故事，我们可以再度体会马克斯·韦伯（Max Weber）在《新教伦理与资本主义的精神》（*The Protestant Ethic and the Spirit of Capitalism*）一书中最先提出的问题。

但是，崇尚自由的资本主义已不再像拉塞尔所经历的时代那样，贫富界限清晰严明，或许不也会再像他的朋友那样，墙倒众人推。市场开始变得更加诚信，不会再像狄更斯小说里描述的那样，抛弃落难之友。另外，今天的"小美人"们也很少像拉塞尔夫人那样坚强勇敢。很多残缺不全的故事告诉我们，今天的拉塞尔先生们要留住朋友并不难，至于出手相助自己的同行（证券经纪人），恐怕比帮自己的老婆还容易。但这是这个时代不可分割的一部分，与金钱关系不大。

市场血液里的焦躁因子

在市场上，最强烈的心理和情结便是贪婪和恐惧。一旦进入牛市，贪婪大潮便汹涌而至。从市场跌入谷底到开始反弹，通常需要6个月到1年的时间。**你手里的股票才开始上涨，与此同时，你朋友手里的**

股票却翻了一番；或你手里的股票翻一番，朋友的股票却翻了三番。贪婪的欲望便开始瘙痒你的头脑，正是这种贪婪，把股市推到了牛市的最高峰。在理性的情况下，没有人愿意买高，现在开始有无数的人不断买高，一再把股价哄抬到顶峰。他们怎样管理自己的投资？决定这一切的，肯定是勒旁在"群体"定义中提到的感染元素以及人们紧跟时代的意愿。时间范围和资金目标的变化方式是神奇莫测的。在经过市场大洗牌之后，投资者可能会试探性地出手，买进他们希望能在18个月内上涨50%的股票。但随着大盘的加速上涨，原来18个月增值50%的目标似乎有点太低了，因为有些人手里的股票在6个月里就涨了100%。于是，这场游戏变成了一场精彩纷呈的小夜曲晚会，不过，你要想在这场晚会上玩得尽兴有个前提：尽早离开，切莫恋战。

同样的事情也可能反其道而行之。当股价开始下跌，投资者大多倾向于等待，直到曙光初现，他们才会杀回股市。随着股市持续走跌，犯错误以及自己的判断已经背叛自己的想法，会让他们心惊胆战，以至于他们宁愿再等一等。最终，信心开始蒸发。在他们看来，如果股价在昨天下跌10%，今天就有可能下跌20%。如果某一天，所有消息都不利于股市，你只能放弃那些曾经残忍折磨过自己的恶魔和毒瘤。假如你没能事先预见到，最终的结局同样是一场毫无快乐可言的浩劫。

对任何一个投资者来说，无论他最初扮演的角色是什么，在非此即彼的大环境里，他注定要融汇到以贪婪或恐惧为本质的群体角色中。要摆脱变化无常的身份变换，而不会在危机之中最终陷入群体的淤流，唯一的可行对策，就是为自己寻找一个坚定而不动摇的身份，以至于不会因为市场环境的喧嚣而摇摆不定。刚刚去世的纽约投资顾问林哈特·斯蒂尔斯（Linheart Stearns）曾就投资和焦虑的问题写过一篇小品文。在他看来，焦虑是对身份和地位的威胁。显而易见，斯蒂尔斯先生的客户也曾遭受过我们刚刚谈论到的打击，以至于变得神经兮兮的。

其中的一个人表示永远不再买债券,因为一谈到债券,就会让他联想到死亡。不过,想想弗洛伊德位于弗吉尼亚东部城镇维也纳的"星期三晚餐心理学学会"(Wednesday Evening Psychological Society,上班族在星期三的情绪往往是一周中最为低落,也最容易产生焦虑),这样的想法并不为过。一位服装制造商始终认为,股票和服饰并没有什么不同,有可能的话,"销售都是为了赚钱,但是在过季之前,即使赔钱也要削价甩卖"。斯蒂尔斯先生肯定认识某位善于心平气和而又循循善诱的投资顾问,因为他的观点是:投资的终极目标就是内心的平静,而实现内心平静的唯一途径,便是避免焦虑,而要避免焦虑,首先就要你了解自己到底是谁,你在干什么。

你会看到,所有这一切,都促使我们想到斯密的另一个"非常态规则":务必把投资者的身份和投资行为的特征毫不留情地截然分开。当然,你可以毫不迟疑地认为:很久以来,你就一直是个出类拔萃的决策者,或许你生来就是个天才,即使有点飘飘然,也无损于你。但这绝对是一种危险,市场总有办法来愚弄人。即使是最聪明的学生,也会在市场面前低下骄傲的头颅。要了解你的所作所为,你就必须走出自我的园囿,客观审视自己。如果你一直把通信卫星公司的股票当作自己的心爱,甚至认为"它就是为我而生的,我的买进价格非常低",认识自我恐怕就更不易了。

从任何一个实践的角度看,股票只不过是放在银行仓库里的一张纸片。你很有可能永远也看不到你买进的那只股票。它或许有内在价值,或许一文不值。它在任何既定日期的价值,完全取决于这只股票的买卖双方在那一天的博弈。这里的关键之处也非常简单:股票永远都不知道你是它的主人。所有那些神奇或恐怖的故事,你对某只或是某些股票的感觉,或是股票所代表的金钱,所有这些,都不可能通过某只或是某些股票本身实现相应的对价。如果你愿意,你可以爱上某一只股票，但这只股票永远也不可能爱上你。这种没有回报的爱，也许会转化为受虐狂或是自恋，更糟糕的是，转化为市场上的损失和没有回报的仇恨。

今天，假如没有市场为你验明正身，可以给你找个人，随时提醒你"股票永远都不知道你是它的主人"，这样的做法听起来似乎有点滑稽。但是，这些身份甚至可以成为你脑袋里的按钮："我是IBM的所有权人，我的股票已经涨了80%"；"飞虎股票一直让我受益匪浅，我喜欢它"；"当初我买进Solitron设备公司的股票时，你们的都笑话我，看看现在的我吧"。

此时，你头脑里最大、最重要的按钮则是"我是百万富翁"或者"我非常精明，所以才能让我的投资组合涨到7位数"。这个百万美元的诱惑，再加上每个人似乎都能触手可及的梦想，是如此的神奇，以至于只要给书起一个《我如何成为百万富翁》《你也能成为百万富翁》之类的书名（我有收集这些书籍的爱好），即使内容再空洞无物，这些书也能畅销于市。不过，在看待市场这个问题上，它们却是最危险的。在这样的书中，总难免用某些机械化的公式来以偏概全。对于此类书籍，不管你是谁，也不管你的能力和才干如何，翻到第三章看看就足矣了。

假如你能意识到，股票根本就不知道你是它的主人，那么，你在这场游戏中就已经领先一步了。之所以能领先一步，是因为你能及时转变自己的思维和行为，至于你昨天做了些什么，想了些什么，并没有意义。就像约翰逊先生说的，你可以从头开始，而不拘泥于成见。每一天就是新的一天，在市场的博弈中，每一天都能提供一系列新的、可以衡量和比较的选择。你当然可以遵循所有那些古老的市场格言，你可以减少亏损，可以让利润滚滚而来，它甚至不会让你的疤痕有丝毫的痛痒，因为无私会让你无所畏惧。

我的本事，就是认识那些能在市场上赚到大笔钱的人，有些人已经成为百万富翁。其中的一位就是哈里，他不仅赚到大钱，还能用赚到的钱再去赚钱。哈里一直梦想着成为百万富翁，而且他真的成了百万富翁。在这个问题上，我觉得林哈特·斯蒂尔斯先生的观点一针见血，他认为，投资的终极目标应该是内心的平静。如果你觉得赚到百万美元就会让你感到稳定，你可以做两件事。第一件事，就是去找一位医术精湛的脑部医生，看看你是否能解释，成为百万富翁就会让你内心平静的原因何在。这就需要你躺到床上，回忆一下自己的梦，谈谈你的妈妈，当然，这需要每小时花上40美元。如果进展顺利，你就会意识到，你并不想成为百万富翁，而是这百万美元所代表的其他东西，比如说爱、力量、母亲或是你憧憬的其他事物。抛弃金钱的束缚，你就会摆脱生意的烦恼，不再忧心忡忡，而这一过程中唯一让你失去的就是所花费的小时数和40美元的乘积。

你能做的另一件事，就是继续前进，去赚取梦想中的百万美元，然后，找到内心的平静。这样，你不仅拥有了百万美元，还拥有内心的平静，只要你对这百万美元没有丝毫的内疚感，就不必在你的财富中，扣除本会为此而花掉的小时数与40美元之积。

听起来很简单，但实际上这里却内藏玄机。假如百万美元如约而至，内心的平静却遥遥无期，你该怎么办？也许你会说，嗨，那有什么，你担心的不过是什么时候能得到，即使不能马上得到，你相信自己也能应付过去。或许是吧，与传统观念相反，金钱带给我们的好处确实要多于它的阴暗面，至少它可以让我们有更多选择。但问题在于，一旦你得到了自己朝思暮想的100万，还会去梦想下一个100万，因为你大脑里有一个按钮，它随时提醒你"我是百万富翁"，只有百万富翁的身份才符合你；突然之间，你会注意到，很多人的大脑里都安上了这样一个按钮："我是两百万富翁。"

我得告诉你，现实生活中并没有哈里这个人，他只是虚构的，或者说,是现实中很多性格的结合体。我之所以提到这些原因是在这个故事最早面世时,出现了很多关于哈里身份的猜测,而这些猜测的基础还是那个古老的法则投资组合是反映人性的一面镜子。有两个哈里打电话给我。一个告诉我:我为他选到了正确的股票,但他自己的判断却出现失误;另一个则对我大发雷霆,说我是个无赖,浪费了他的大好时光,无论如何,他永远也不会再买这些股票。最近,在曼哈顿的一家豪华酒吧,我和一位企业高管共进晚餐。席间,他对我说:"你知道,哈里又赚回来了。"他说的实际上完全是另外一个人,而不是上面说的这位哈里。我想了半天之后才意识到,这个时候的股市大盘正是好时候,所有的哈里都赚回来了。实际上,每时每刻都会出现各种各样新哈里,他们在股市上的区别就在于,数字总和的多寡。

哈里的麻烦,并不是他自己到底赚了多少钱或赔了多少钱,不是此时此刻是否会出现哪位新的哈里,也不是在下个月或明年重蹈老哈里的覆辙。真正的问题早已不是哈里的问题,也不是华尔街的问题;这是一种弥散在整个国家的毒瘤,因为身份证上说的已经不再是鞋修得如何、歌唱得如何(真正的劳动能力),而是一组由计算器加总得到的数字(股票投资代表的财富数量)。他们听到的胜利,只能来源于这些计算器显示出的金钱,但是,即使是那些依赖数字生存的人,也会因为这些数字而消失。无论如何,用这样一种只能显示金钱多寡的计算器书写我们的墓志铭,是一件恐怖的事情。用市场来衡量人,无疑是这个时代对我们的惩罚,但假如某些学者能告诉我们为什么这是必然的,那么,我们都会对自己多一份了解。

哈里的百万之梦

我看见哈里坐在爱丁堡酒店的酒吧里,这家伙曾经是我们这一代华尔街人的传奇人物，只不过他看起来不像是个传奇人物：身穿一套"登喜路"西服，略微秃顶，身材纤瘦，表情忧郁，他似乎是想在盛满"杰克丹尼"红酒的酒杯底下找到真理。或许每个传奇人物都要走过这个舞台，保罗·豪宁（Paul Hornung，20世纪60年代的著名橄榄球运动员）和卡斯·克莱（Cassius Clay，20世纪60年代美国职业拳击运动员）却根本没有去过那里，所以，他们都没能成为当时的顶级人物。他用调酒棒搅和着酒杯里的冰块。我已经有两年多没有见到他了，于是，我走过去，问他近况如何。他依然用调酒棒搅着冰块，硬邦邦地回答："我从头开始了。"我没听懂他的意思，他又做什么了？我已经很久没见他了。这一次，他几乎是在咆哮："我又在做了！我重新开始了！"酒吧的客人都瞪大眼睛盯着他，刚才的欢颜笑语一时间被寂静替代。

哈里从口袋里掏出一张纸，这是一张由计算机打印的纸。上面有很多小标志，最后的数字是00.00。此时，我才稍稍有所感悟：哈里做过的事情，就是告别市场上的100多万美元，这笔钱曾经来到他的眼前，现在又离他而去，所以，现在的结果依然是00.00。

"我又失败了。"哈里说。听到他的话我感到心里一阵酸楚，但还是强作欢笑，一无所有没什么大不了，那是每个人的起点。不过，我想知道的是，哈里现在在做什么，最近看到了谁，读了些什么，以及如何看待现今的市场。但哈里唯一能做的，就是用手掌猛力拍击着这张纸，大声叫喊着："我失败了，什么都没有了。"他不看任何人，也不做任何事，极度萎靡不振，似乎每天早晨睁开眼睛、从床上爬起来都要让他耗费极大的气力。我对此不以为然：因为在华尔街，每天10:00拉起帷幕的时候，都预示着一场新的演出。他听了之后，竟然对我大声咆哮："我破产了！"毫无疑问，破产的已经不仅仅是哈里的银行账户，还有哈里这个人，就像一个人被解雇、离婚或是其他原因而被剥夺了身份。此时，在这场身份和烦恼的对抗中，烦恼成为最终的胜利者，而自我则被失败击得粉碎。在这种情况下，告诉他们不要自暴自弃根本就没有用。这就像告诉一个瘫痪的人走路时一定先迈出一只脚，然后再迈出另一只脚一样。

"我必须马上作出决断。"哈里说。我觉得事情还不算太糟糕，因为如果你能作出一个决定，就还能作出下一个决定。"最重要的决定就是到底还应不应该活下去，阿尔贝特·卡缪（1913 — 1960 年，法国作家和哲学家，1957 年诺贝尔文学奖获得者）不就是这么说的吗？"卡缪也许说过这句话，但这绝不是我们应该在每天茶余饭后谈论的话题，对于两个在酒吧里相遇的人来说，这样的话题的确太令人恐惧了。为了缓和一下紧张的气氛，我又要了一份咖啡。就像他们说的那样，**有些名字（股票）和数字（股价）的确可以让新入道者大赚一笔，但冷冰冰的市场规律是无法更改的。恰如民谣歌手所说：你们这些稚嫩的匪徒还得听我把歌唱**（意为市场规律不可动摇，初入道的投资者注定要付出年轻的代价）。

我是在 10 年前第一次遇到哈里的，那时，他还认为登喜路是一种香烟的品牌，和 57 大道（纽约商业中心所在地）上 300 美元一件的高档定制服装根本就沾不上边。哈里在一家商业区的大型投资公司就职。在那个时候，人们之间的差距还不像今天这么明显。一个精力旺盛的年轻人完全可以在华尔街拼上 10～15 年，但是，在今天的华尔街上，却有戴着形形色色袖标的人，把各个"阶层"断然分开。哈里是一名证券分析师，和当时的很多年轻分析师一样，他手里不仅管理着好几个账户，而且对这份工作也充满激情。大合伙人总是去看大公司，做大额承销，进行大手笔的并购。哈里只能去看一些小公司，因为只有小公司供他选择了。他们有宽敞的办公室，哈里的办公桌就放在宽敞办公室的中央，在他的周围，是很多和他一样激情四射的年轻人。哈里每年能赚到 11 000 美元，但妻子和他离婚时，让他花了一小笔补偿金，因为她觉得哈里也就这点出息了。哈里负责对自己管理的小公司进行调查，调查之后需要撰写调查报告，不过，合伙人很少让他在报告上签字。每次报告得到发表的机会时，哈里都会感到激动万分，以至于合伙人让他在报告上签字的时候，他总会体验到一种由衷的自豪感。尽管他不知道自己的工作到底意味着什么，但财富的祥云会在他的头脑中汇聚层叠。然而，在合适的时间出现在合适的地点，才是这场游戏的高潮。

在每一个经济周期中，总会有一些行业的股票不仅仅是在上涨；它们可以变成原来的5～7倍。过去几年里，航空运输业就是这样的情况：西北航空公司、布兰尼夫（Braniff）、戴尔塔（Delta）、增值率到达了600%、800%甚至是1 000%。人在一生当中，这样的机会只要有一次就足够了。掰开手指简单算算，你就明白了。

回到20世纪50年代，哈里或许可以攒下5 000美元，在西村买一套一居室的公寓。他和所有人一样，凭着炒股赚了一小笔钱，约会那些硬着头皮想在外百老汇二流剧院露一脸的女演员；没事就到游泳池去游泳；夏天去火焰岛，找个阴凉的地方下一盘象棋。生活还不算糟糕。当时，苏联发射了人造卫星，乔·艾尔索普（Joe Alsop，肯尼迪的总统顾问）发现了古巴的导弹。一时间，风云四起，所有能制造仪器仪表、计算机零部件或是外太空燃料的企业，都变成了市场的宠儿，成为人们竞相追逐的对象。

现在想起那些股票，它们就像是周末晚上和我们一起去看足球赛的女孩，昙花一现，早已成为过眼烟云。还记得通用晶体管公司（General Transistor）吧，它现在在哪呢？普莱卡塑料司（Polycast），还在记得它从3美元疯狂涨到24美元时的英姿吗？菲尔莫姆胶片（Filmohm），他们用2美元买到了它，可它在上市的第一天就变成了11美元，后来却落到了纽约的斯卡斯戴尔小镇（Scarsdale），它现在过得还好吗？

而市场的其他领域陈腐不堪，尽显疲态，年轻的小老虎们靠着科学的奇迹继续抗争。这不仅仅是有人大谈特谈"回波振荡器"，名为FXR的股票就从12美元涨到60美元那么简单。每个人都在废寝忘食、满腔热情地去了解回波振荡器到底为何物，而他们的武器却仅仅是高中学到的那点物理学，而且每个人都只有这么点小聪明，但回波振荡器可不像福特作出的福特汽车那么好理解。

哈里当然也没有错过这个风头。他一直爱好科学，当哈里开始探讨这种新晶体管将会怎样改变时间的时候，整个世界都为之一振。这可不是因为哈里的运气，如果哈里走运，他也许早就飞黄腾达了。实际上，他确实预料到了未来趋势。这里有一个例子：哈里曾经说，计算机必将飞速发展，迅速普及；计算机也必将发挥巨大的作用。但我们在开始的时候，却会因此而丧失信息和日常生活间的联系，而是把这些信息转化为只有计算机才能理解的东西。我们在加油的时候，只需要把"美孚"加油卡交给服务员，但是，这里还需要收银员用笔来告诉"美孚"的计算机怎样计算收费账单。于是，哈里开始着手研究，寻找这个可以让我们每个人都发财的"缺少的一环"。

他遇到了一位发明家，这位发明家说，他家里的阁楼里有一台能"阅读"的机器。哈里迫不及待地去拜访发明家，他想验证一下这台机器到底会不会阅读，能不能告诉计算机它在读什么。如果真有效，美孚的收银员恐怕就要被解雇了，或是去做其他更需要他们的工作。哈里的上司对这台阅读机暗自窃窃暗喜，因为它还没有被IBM占有，他们还有机会。事实证明，这确实是名副其实的阅读机！发明者是一位名叫劳伦斯·哈蒙德的男士，他的叔叔曾经发明了哈蒙德电子琴，劳伦斯在教这台阅读机拼读一些稀奇古怪的数字时，突发奇想，把自己的公司命名为"智能机器"公司，后来，这家公司又出售给另一家名为"法林顿"的公司。这让后者的股价一路飙升，从每股10美元大涨到260

美元,哈里也因此而赚到了25万美元。哈里又拿着这些股票去银行抵押,用借来的钱又买来一些股票。

"你是否曾停下忙碌的双手想想,100万美元到底是什么?100万美元就是每股200美元的5 000股宝丽来股票啊,这就清楚了吧。这是100万美元,整整100万美元啊!它能改变你的全部生活,100万美元啊!"尽管我也同意,100万美元确实能改变一个人的生活,但是在股价上涨的时候,依我的小胆量,绝不会去借钱买进更多的股票。如果你用价值100美元的股票抵押借来30美元买进,如果股价下跌30%,那么,你在还清30美元借款后手里还有一份筹码。但是,如果你留下这30美元并继续买进,然后继续借钱增持,那么,一旦股价大跌,你手里就没有任何资金储备,原来的增值也会灰飞烟灭,甚至会让你的全部投资荡然无存。哈里对此心知肚明,但是,他衡量风险的标准是生命的长度和一生想实现的目标。换句话说,他的人生哲理就是不成功便成仁,决不平平庸庸地活着。

"你有2万美元或6万美元,那有什么区别?"哈里问道。"虽然你可以买更多东西,但是要买到自由还远远不够,更不足以改变你的生活。如果你没有选择当一名工资奴隶,就得去努力。要实现飞跃,你就得奋争。我们为什么会来到华尔街?不就是为了赚钱吗?如果你挑了一只上涨3倍的股票,你就会跟别人差不了多少。假如你开始投入1万美元,经过一系列成功的运作之后,这笔钱变成了3万美元,这绝对是大手笔,但你却为之付出了一生的精彩。在华尔街,很多人对赚到手的区区资本收益念念不忘,有人赚到了2万美元,有人赚到了3万美元,于是,他们就会感到智慧超群,开始自鸣得意。但总有一天,他们会从梦中醒来,发现自己已经是50岁的人了,手里仅有的不过是一两万美元的股票,这就是他们赖以生活的全部财产,但这也是他们的必然结局。"

于是，哈里开始下手，佣金收入也蜂拥而至，他的工资也顺势涨到1.2万美元。他游历国内各地，宣扬他的6万美元思想，还有一个有待揭开的奇迹：把阅读器用于每笔交易，以及因为过于复杂而需用其他计算机才能设计出的计算机。此时，我们走上探索的道路，接触即将改变生活方式的科技突破。

哈里带着他的新股票，到银行借钱。而他关于60岁的演说，也得到了异常火爆的反应。哈里激情洋溢地鼓吹，人们则义无反顾地信任。这种比利·格林汉姆（Billy Graham，美国当代著名基督教福音布道家，第二次世界大战以后福音派教会的代表人物之一）式的金钱让人们狂热着魔。我曾参加过哈里的一场演说，那是一个晚上，地点是一座体育馆。人们全部起身欢呼，每个人都想摸摸他的袖子，沾点他的财运。人们都想能从大师的嘴里得到几句锦囊妙计，都想拥有能改变自己生活的股票，让父母住进安逸舒适的养老院，让孩子的成长更顺利，扔掉不开心的工作，找一份惬意舒服的好工作，找个年轻漂亮的女人，和令人讨厌的老婆离婚，得到自己想得到的任何东西。归根到底，只要能在股票市场上赚到足够多的钱，这一切就水到渠成。

去掉银行借款，哈里的净资产和股票总价值每隔几天、甚至是每天都在增加。银行为他的财富冰山奠定了基石，而这个财富冰山的山顶则是越来越高。哈里问他的计算机："谁是这里最聪明的家伙？"计算机告诉他："那个有90万美元的家伙。"一天晚上，哈里打电话告诉我：计算机说他已经有了99.2万美元。"如果市场形势良好的话，明天上午10:30，我就成了百万富翁了。"他说。他轻轻地重复了几遍"100万美元，100万美元，100万美元"。第二天中午，哈里搭出租车来到登喜路时装店，定做了几套袖口带钮扣孔的西服。之后，他又来到英斯基普汽车行，买了一辆尾部配酒吧间的栗色豪华劳斯莱斯汽车，还雇了一名外表古灵精怪的匈牙利司机兼管家随同他一起采购。劳斯莱斯前车门印着哈里名字的第一个字母，和一面小游艇旗标。虽然哈里不是一个伟大的水手，但他每个夏季都会去航海度假。他买了一艘46英尺（1英尺＝0.9144市尺）的单桅帆船。此外，他的住所也从西村搬到50大道，而门口两个累得筋疲力尽的装饰工，让这里似乎更像是公园大道劳务介绍所的接待室，还有宽敞明亮的玻璃窗和镀铬门柱，巴塞罗那的椅子和马萨伊的石膏像。名车、豪宅和游艇，招来了不计其数的美女、空姐、护士和女演员。似乎每个从欧洲来到美国的女孩，都必须来到哈里的家，让他在自己的签证上签字。这绝对是休·赫夫纳尔（Hugh Hefner，《花花公子》的创办人）所说的福音。

在美国这块土地上，总有一些令人不可捉摸的奥秘：金钱让美国人堕落，但更快乐的人，却是那些回到印第安纳，为高中篮球赛呐喊助威的真正的美国人。劳伦斯大主教对此最清楚，他是 J. P. 摩根的教士，每到星期日，他就要给华尔街的大亨们去做私人礼拜。每到此时，这些叱咤风云的富豪坐在个人专用的靠背长凳上，聆听他的福音："愿上帝和富翁永在，只有品行高尚的人才配与财富同在。物质的极大丰富让我们的国家更美好，让我们更快乐，更无私，更慈悲善良。"当然，当代历史学家会窃笑不已，因为这种带着些许加尔文教徒式救赎味道的主教意识，恰恰是长凳上这些家伙最想听到的东西，因为他们最关心的仅仅是收盘价。金钱也许会让某些人堕落，但是对哈里来说，却恰如劳伦斯主教所言：让他变得更美妙，更快乐，更无私。对任何需用钱的人，哈里都会伸手相助。他为那些在西村认识的艺术家提供捐助，不求任何回报，只为了能让他们潜心艺术。他还创建了一家基金会，提供艺术资助。

今天，每一个在美国无线电理事会（RCA）、喜万年（Sylvania）和通用电气从事新型材料的工程师，都会到哈里的豪华公寓，禀报工作进度。彬彬有礼的匈牙利男管家会送上饮品，女管家则会在艺术收藏中寻找最具潜力的佳作。于是，哈里开始琢磨：为什么不留下这些工程师，找个地方创办一家小企业，然后再上市，让自己做一个像约翰·勒博或是查理·艾伦这样的大亨，而不仅仅是选股人呢？那就不仅仅是钱，或是第二、第三个百万美元了。对这家公司，哈里就是一个手里攥着 12 000 美元热门牌的大玩家，哈里想做个大人物，行业的教父、政治家、演说家，或许可以在《名人录》里引起适度的反响。于是，哈里把钱交给最亟需的工程师，成了一些初创公司的股东。

1962 年，股市开始下跌，哈里卖了一点股票，但不是很多。他怎么能为了保本而损坏自己的名声呢？于是，日益加剧的竞争让某些小企业的丰厚利润逐渐被摊薄，其他问题也接踵而来：仅有一套漂亮的小玩意还远远不够，还要有正确的价格，合理的营销，并且要随时做好准备应对市场的起伏，但是，那些手里攥着这些漂亮的干活工具、迷茫不解地坐在哈里公寓的工程师，对此却知之甚少。对于哈里持有的股票，市场空间极其狭小，而竞争却迫使价格屡屡下跌。于是，哈里手里的财富，就像迅速融化的冰山，原来的盘算似乎都变成了黄粱一梦。银行为了赚取利差收入而大肆甩卖。这让哈里的钱数变成了 00.00，还有刚刚创建的那几家小公司的股票，但这些股票根本就卖不出去。

哈里呆坐着，那个关于 60 岁的著名演说回荡在耳边。当然，今天的复印机可以记录下所有交易账单，阅读机（扫描仪）可以阅读这些数据，还有哈里所说的计算机：其他计算机设计出来的计算机。但是，人们根本就不关心这个。他们只关心股票到底会不会涨，他们毕竟要赚钱，要送孩子读书，把老人送到疗养院。

一个精神病医生买进了哈里的劳斯莱斯车。事实上，就在哈里打广告卖掉汽车时，就有四个人出价，他们都是精神病医生，不知道这到底是什么意思。迈阿密的波特拉姆（Bertram）购买了哈里的游艇。

一个希腊人购买了他的豪宅和巴塞罗那椅,但他后来因为"中美洲"股票而破产。两家美术馆买走了他的首部藏画。管家们像一群因为嫩枝折断而受到惊吓的小鸟,一哄而散,另觅高枝。哈里手里剩下的公司也不得不另觅新路,于是,他也就此失去了工作,而市场的败落,让他原有的公司也举步维艰。残酷的现实,不亚于威廉·荷加斯(William Hogarth,1697—1764年,英国绘画家和雕刻家)笔下的伦敦死刑场。

1963年,哈里的一位工程师找到哈里。控制数据公司对他们设计的一种产品非常感兴趣,他们正着手与控制数据公司互换股票。哈里的手里再一次有了赌博的筹码。坊间也再次传出"哈里回来了"的声音,但哈里的魔法已不再。不过,他还是赶上一波如火炉般噼啪作响的大涨——只要手里赚着老通用汽车的股票,你就能让自己的钱翻上一番。这一次,哈里开始小心谨慎,稍有赚头,他就会存到银行,而银行也让他戒掉了挥金如土的毛病。

"时间越来越少了,"哈里说,"我马上就快40岁了。你不得不去做自己打算做的事。所有专业投资者都在借款。你也别无选择,否则的话,你就会变成芸芸众生中的另一个失败者,有些人在华尔街摸爬滚打了30年,目睹形形色色的市场,最后也只剩下一两万美元。走进华尔街,不需要什么理由。"

这一次,哈里在西区找了一间房,这和他以前的奢侈无度形成了鲜明对比。现在,他开始给原先的老朋友做投资顾问,在研究了诸多行业之后,他发现,总有那么一天,90%的美国家庭会拥有彩色电视,但现在的彩电普及率却只有15%。因此,跟随哈里投资于美国影视公司(National Video)、真利时(Zenith,瑞士著名手表厂)、海军上将(Admiral,英国体育用品公司)和摩托罗拉的投资者,手里的钱就会变成原来的4倍、5倍甚至是7倍。

"在你见到的人里面,得到回报最多的是谁?"哈里问自己的计算机，计算机告诉他，"752 000 美元。"回忆起当时的感受，仿佛有 100 万美元在他面前晃来晃去。有一天的早晨，当哈里在计算机上打出他的咒语"om mane padme om"时，计算机的回答是"1 125 000"。但哈里依然不罢休，他还想让自己的回报率再高几点，让自己的盈利空间再大一点，而此时，最大规模的熊市又不期而至。8 月，华尔街弥漫着无缘无故的恐慌；银行账户里没有任何钱，平日里如同流水线上棘轮一般忙碌的债券招标也销声匿迹。于是，摩托罗拉的董事长加文（Gavin）先生出面了，他告诉证券分析师：市场需求就摆在眼前，总有一天，每家每户都会拥有彩色电视机，但与此同时，利润问题又出现了。每个经营投资组合的年轻投资者，都像饥饿的小狗一样，为压低彩电股而奋勇争先，却让散开的鞋带绊倒了自己，尔后投资委员会才想起：他是自己的股东。

哈里呆呆地听着最新股市报告，报告里说：总有一天，每家每户都会拥有彩色电视机。但是，人们根本就不关心这个，因为他们的孩子还在公立学校读书，老妇人还住在女佣室，养老院的价钱一直在上涨。电话铃响了，哈里知道打来电话的是谁：投机银行家，他们只是顺便问问哈里早晨能不能去一趟，带去签名的股权证。

哈里点了一下计算机，计算机的回应是"00.00"。

"一般都会有反弹。"我说，随手示意酒吧服务员再来一杯。

有一段时间，希望就像树林里的仙女一样出现在哈里面前，那是一直未被发现的喜悦：10 倍的市盈率，50% 的综合收益率，这让他激动万分，让他去追逐，去占有，那是一种属于职业投资者的胜利。但眼前的仙女只是昙花一现，转瞬即逝。

"不，"哈里说，"最糟糕的不是钱。最糟糕的是我不相信自己。我不知道继续推动股价的动力源于何处。以往真实的事情不再真实。一切都变成白纸。"

"树林阴森幽暗，到处是猛虎。"哈里说，他心中的猛虎是 28 美元的股价，它们的胸中满是怒火，充满了比利·格林汉姆式的信念：明年会发生什么。每个人都期待着成为亿万富翁，但华尔街的女巫却变化无常，按照游戏的规则，他们中的某些人最终只会坐在酒吧的高脚凳上，手里拿着计算机打印的纸条，上面写着"00.00，别无选择"。

你会说，赌徒期待的只能是这些。凯恩斯爵士自己就是一个成功的投机者，他不是也说过："职业投资这场游戏的枯燥和烦恼是无法忍受的，对一个没有丝毫赌性的人来说，赌徒的敏感和反应显然过于激烈；但赌徒却必须为自己的赌性而付出适当的代价。"这难道不是代价吗？但哈里并不是一个真正的赌徒。要辨别那些赌性未泯的人并不困难：如果股票价格永恒不变的话，他们就去会玩西洋双陆棋；如果不玩西洋双陆棋。他们就会拿足球赛下赌；如果这些都不能用来下赌，他们就会去赌冬天里的哪个雨滴先落地，总之，他们一定找到能下赌的东西。但他们了解自己，他们的身份也不在任何一个雨滴里。

当身份卡告诉我们，"他按 16 美元的价格买进 Sperry"，或是"他去年赚了 20 万美元"，或者"他的身价至少值 100 万美元"，那么，问题的萌芽便随之而来。我都知道百万富翁的含义是什么，当计算机对你说"100 万美元"的时候，你想到的肯定是一个神采飞扬的富翁，当计算机打出"00.00"时，本应不会有任何人与之为伍，因为它代表着破产和灭绝。但问题是，计算机打出"00.00"时，总会有一个人伤心地去面对这个让人无法忍受的数字。

第 8 章
创业、融资、上市、超级金钱

> 赚到大钱的人到底是谁？当然是那些公司的内部持股人，只要市场把公司的收益再变成资本，他们便能赚到外部投资者无法想象的大钱。

在讨论图表分析师或是随机游走之类的实务投资者之前，我必须说明几件事，否则，你会以为自己正在学习如何一夜暴富。当然，你也许能学会怎样在一夜之间成为百万富翁，但假如你还算聪明，你或许也能从本杰明·富兰克林的《穷理查德的年历》（*Poor Richards' Almanac*）中学到很多。

有一点是千真万确的，外部投资者不可能通过股票市场赚到真正的大钱。这也许会让你觉得是泼冷水。可能你并不以为然，因为我所说的"真正大钱"，是几百万元，而不只是一百万。作为一个外部投资者，只要你有足够的智商，给你足够的时间，情感上具备足够的超然，又有足够的运气，再加上电话那一端还有一个聪明的人点拨你，就有可能在股票市场上实现10倍、20倍的回报率。

那么，赚到真正大钱的人到底是谁？当然是那些公司的内部持股人，只要市场把公司的收益再变成资本，他们便能赚到外部投资者无法想象的大钱。我想给大家讲一个小故事，这次，我不打算改变当事人的姓名和真实数据，因为我觉得这个故事太精彩了，不过，仅此一次。

以前，纽约有一个名叫麦克斯·派里维斯基（Max Palevsky，英特尔公司的创始人之一，芝加哥大学人类学系教授）的小伙子。他父亲领着全家来到美国，在他眼里，这是一个遍地黄金的国家，但他们没有找到黄金。为了维持生计，他父亲做了画师，但他作画的背景不是画布，而是房屋。麦克斯长大后，进入芝加哥大学研修哲学。他父亲觉得难以理解，"什么，哲学？麦克斯，学哲学能赚到一分钱吗？"麦克斯也不知道，但他想学哲学，于是，他义无反顾地选择了哲学。在研究生期间，麦克斯继续研究哲学，特别是逻辑学。在研究院苦苦追求了17年后，麦克斯开始对这里的学术环境有些厌倦。于是，有一天，麦克斯来到邦迪克斯（Bendix，全球最大磨擦材料制造商），担任逻辑研究员。当时，邦迪克斯正准备涉足计算机领域，麦克斯的工作就是设计计算机的逻辑思维，因为计算机可不知道什么是逻辑。

后来，麦克斯又来到帕科德·贝尔公司（Packard Bell，荷兰PC制造商），这家公司也正打算进军计算机行业。一天之后，麦克斯决定创办自己的公司。在那个时候，IBM已经主宰了计算机领域，但即使是IBM也没有完全垄断这个领域。麦克斯认为，在小型计算机领域，还存在着一个IBM尚未涉足的小空间。麦克斯找到了阿尔特·罗克（Art Rock，著名投资家）。罗克不仅很有钱，而且在海登斯通（Hayden Stone,著名投资银行）还有一些朋友。当时,阿尔特已经搬到了旧金山,并在这里创办了一家创业投资企业——戴维·罗克（Davis Rock）公司,这家公司的理念就是投资像麦克斯这样的创业者。麦克斯从罗克手里拿到了8万美元，阿尔特·罗克的朋友们则为麦克斯提供了92万美元的资金。就这样,在这一张张美元的铺垫下,科学数据系统公司(Scientific Data System）诞生了。

事实证明，这个想法是正确的，而这些人更是能力非凡。科学数据系统公司凭借着小型计算机开始赚钱了。一大群承销商为他们向公众兜售股票，上市的第一天，SDS 的巨大收益率使得公司市值达到了 5 000 万美元。这让麦克斯手里的股份价值也逼近了 1 000 万美元。经过一系列令人瞠目结舌的胜利后，市场告诉大家：SDS 的市值约为 5.4 亿美元，而麦克斯的身价也变成了 5 000 万美元。

毫无疑问，如果一开始你没有一大笔钱，就不可能在股票市场上求得这样的运气。

不过，故事最精彩的片段还没有开始。春天的一个晚上，我来到麦克斯在中央公园南的酒店套房，我们悠闲地坐在屋里，看着中央公园的灯光一盏盏地点亮。我问麦克斯，这 5 000 万美元给他带来了什么变化。麦克斯想了一会说，没有什么区别。他还住在原来的住宅，还是原来那些朋友。不过，他确实也遇到一个问题，因为他的孩子们经常会在报纸上看到，自己的父亲有 5 000 万美元，他不想自己的孩子在成长过程中受到任何错误价值观的干扰。当然，创建一家公司而且是一家能打败 IBM 的公司，确实给他带来了快乐和满足。

"区别还是存在的，"麦克斯说，"这让我父亲很高兴。他说：'我做得对啊。毕竟我没有犯错。'我问他：'什么对啊？'他回答：'我来到美国之前想的是对的，这里的街道上到处都是黄金啊。'"

所以说，如果我们谈论真正大钱，还是忘记股票市场吧。当然，千百家其他企业也在以各种各样的方式复制着麦克斯的故事。2.4 亿美元也许只是账面价值，但假如你手里拿着这样一张大票子，你就可以用它换到你能想到的任何现实事物，即使是市场大跌，你手里还能剩下不少。工程师最清楚这些：因为他们对股票期权的变化轨迹是最敏感的。假如你手里赚着股票，那么，只要市场上还有这种股票的买家，你的股票就相当于钞票。你可以从 RCA、斯佩里·兰德公司（Sperry

Rand）或是通用电气挖来工程师，因为在这样的大公司里，工程技术人员不可能做到最高层，即使他们手里握有股票期权，但与整个公司的规模相比也只是九牛一毛。因此，只要你手里的设备或是程序有现成的市场，你就招揽几个工程师，这就是你挣大钱的路子。

有时候，在一个魅力无穷的领域里，这个收益资本化的过程根本就不需要什么启动资金，也不仅仅限于计算机技术这种神秘莫测的行业。我们不妨看看 Cosmo Hair Cream 广告公司的三个家伙：一个是公司电视广告的制作人，一个是创意总监，还有一个是财务主管，也就是说，这是公司的三个大管家，公司每个人都装在他们的口袋里。在那个时代，如果这三位英雄每年能挣到 6 万美元就已经足够了。现在，三个人聚到曼哈顿的一家餐厅，餐厅领班的一举一动就像个眼镜蛇，每顿午餐都要向客户要 10 美元的小费。我们的三位英雄决定创办自己的公司。那么，他们的花销和风险有哪些？不多，他们只需要租一间办公室，再雇几个人，他们的计划是就是带走 Cosmo 的客户，他们只要承担这点费用就足够了。除了要带走客户，他们不需要任何设备和存货，也没有任何让他们头疼的问题。两年之后，我们的三位英雄就会再增加 10 个客户，公司将会有不菲的利润，他们的公司就可以上市。他们自己手里的公司股票，如果按 20 倍市盈率卖掉，每个人都足足值几百万美元，这让每年 6 万美元的梦想不足挂齿。实际上，只要股票一上市，他们就能实现这个梦想。

在你买进云肯 — 布林肯 — 诺德（Winken, Blinken And Nod，一家新成立的广告公司）或是数据杀手（Digital Datawhack）的股票，就有机会赚到非常可观的回报率。但企业市值和上市的魔术，足以让原始投资人手里的钱翻上 60 倍。当然，企业家并不总能得到如此丰厚的回报，因为也许你未必总能卖出计算机，也许 Cosmo 夺回了自己的老客户。

无论上市的是销售公司，还是广告公司，都没有什么区别。很多经纪公司都如饥似渴地等着他们上市这一天，一旦上市，他们不仅可以卖别人的股票，还能卖自己的股票。但是在这之前，你会听到，华尔街的巨大资本需求只能通过外部融资才能满足，当下的佣金率根本不足以弥补他们的花费，纽约证交所的一半成员都会破产。但还是有一家不守规矩的公司准备上市，众人皆举手欢呼，这样，纽约证交所的成员就能拥有价值一两百万美元其他公司的股份，让自己公司的价值变成两百万美元，而不仅仅是一两百万美元其他公司的股份和自己的一张股票。正如美国新闻记者、演说家林肯·斯蒂芬斯（Lincoln Steffens, 1866—1936 年）所言："我已经看到了未来，未来会解答一切。"

归根到底，医院和律师事务所不能上市，没有任何原因。或许它们上市需要的时间太长，但是在某些时候，聪明的律师会发现，如果 Bardell，Pickwick，Motley 和 Slick 是一家公司，而不是一个律师事务所，他们就可以按 20 倍的市盈率售卖股。实际上，迫不及待的承销商早就建议他们这么做了。在市场见好时，总有如饥似渴的承销商，在市场转危时，每个人都如饥似渴，大家都在声嘶力竭地高喊：该提高佣金率了。只要这些律师能让"脑外医学公司"安全上市，你就耐心等待，经纪商会把最美妙的称号送给它——"亲身参与医疗事业迅猛发展、享受联邦政府补贴、关注全民健康和认识精神分裂症增长趋势的最直接途径"。

在这里，我并不想作出任何有价值的判断。因为这就是事物的本来面貌，这场"游戏"一直是如此成功，以至于它会像任何事物一样，将会变得越来越成功，直到终点——失败到来了。一位学识渊博的经济学家曾经把我们的经济体系称之为"为富人服务的政府社会主义"。如果说社会主义也是一个国家主要机构和一种国民产业，也许我们只是在以另一种更独特的方式去实现社会主义。

第9章
斯密先生亦难逃偏见

> 没有任何东西总能行得通，也没有哪一种方法能适用于每一种市场。这也正是那些宣扬"你能成为百万富翁"的系统和书籍的错误之处。

既然我已经为大家指明了真正赚大钱的道路，那么，把市场当成赚钱工具的思想或许不会再让你感兴趣了。如果你依旧意犹未尽，我只能承认自己的缺陷和偏见了。既然这样，我们能做的，就是纠正这些偏见，而纠正这些偏见不仅是本章的主题，也是贯穿本书的主题。一旦纠正这些偏见，那个原本模糊不清的南方古猿就能更清晰地展现在你面前。我当然没有能力把这个清晰的影像放在你面前。我所能做的，就是记下我自己的曲解或错判。在市场上，赚钱的方式各种各样，实际上，我们都是服从于某种行为模式的生物体。如果我们因为在铃响时按下红色按钮而受到奖励，那么，我们就会以特有的偏好去看待这个红色按钮，直到再次按下红色按钮让我们受到重重一击。这个例子也许会让你觉得有点拐弯抹角，实际上，我想说的，就是我自己的红色按钮。如果红按钮不灵，你就得退到安全的地方躲避一下，或是找个擅长黄色和蓝色的人。

认清你的偏好按钮

我自己也有一种偏见，而且这个偏见太要命了，所以，还是想马上告诉大家，因为它完全有悖于一个最常见的思想：只要你买到好股票，再把它们放起来，从长期着眼，你就不可能犯错误。正如凯恩斯曾说的那样，"往远处看，我们都将逝去"。民歌里的一句话与此不谋而合，"每个人生来便是为了死"。至于反对"买进好股票然后存起来"的最有力论据，则是来自班克罗夫特（Timothy Bancroft）的一位后人。班克罗夫特绝对是个精明透顶的人，他成功躲过1857年的"大恐慌"，他对这场灾难是这样诊断的："罪魁祸首就是德雷德·斯科特案（Dred Scott，美国历史上最著名的关于宪政和种族平等案件之一，该案从初审到终审历时10年有余，对美国内战产生了诱导性作用。——译者注）的大败、以往几年的廉价货币政策以及西部州政府对铁路和农场的过分自信。"班克罗夫特先生建议，投资者应该"买进好股票，然后存起来，忘记它们"。当然，这些好股票的发行公司应该"经营那些在联邦政府和全世界都有大量需求的必需品"。这听起来确实太有道理了。班克罗夫特先生死的时候给后人留下了价值 1 355 250 美元的遗产。请不要忘记，这还是 19 世纪中期的免税的金额，当时在代尔莫尼克餐厅吃一顿 8 道菜的大餐还不到 1 美元，如此看来，这的确是一笔不菲的资产。但班克罗夫特先生错就错在"锁起好股票而且置之不理"的想法，因为等到他的后人接手这些投资的时候，班克罗夫特先生手里的南方锌矿（Southern Zinc）、金带采矿（Bold Belt Mining）、新罕布什尔州卡莱尔石油公司（Carrell Oil Company）和美国闹钟公司（American Alarm Clock）的股票价值都是 0。实际上，他留下的遗产也一样大打折扣，这促使他的一个后人提笔写下了与祖上截然相反的观点。

没有任何东西总能行得通，也没有哪一种方法能适用于每一种市

场。这也正是那些宣扬"你能成为百万富翁"的系统和书籍的错误之处。最重要的是一定要认识到,既然是"游戏",它自然要诱惑你。如果玩这场游戏让你快乐,你就很难放弃这场游戏,即使你的某个按钮让你烧到了指头,你也不会罢手。反复而来的电击会让你感到焦虑,而焦虑又是身份的敌人,没有了身份,你就没有了宁静。如果把本章写成一部歌剧,前面这句话就是这部歌剧第一幕的最后一句结尾词。如果你确实喜欢玩这种游戏,任何行为也许都比什么也不做要好,但有的时候,在你权衡了所有能权衡的方案后,也许会发现,什么也不做才是最适当的选择。

如果说一个决策的最终结果就是不作决定,这与开始某种行动的决策差不多。我从切斯特·伯纳德(Chester Barnard)的《高管的职能》(*Functions of the Executive*)一书中体会到这一点。很多年前,伯纳德曾担任新泽西贝尔电话公司的总裁。在很早之前,我就读过这本书,我唯一记住的内容,就是有关不作决定之决定的章节,也正是它们,让我在很多关键时刻明智而愉快地选择放弃或是推迟。

首先,我们来看看其他一些非红色按钮。

有些人通过预测市场周期在股票市场上实现盈利。即使那些最伟大的成熟型美国企业也并不是每年都在盈利。在业务顺风顺水的时候,他们能赚到很多钱;市场形势不佳的情况下,他们就少赚一点。至于在这场游戏中玩得怎么样,取决于他们是否能敏锐评价并把握市场态势。以汽车业股票最令人失望的那两年为例。在确定了废品率、汽车的平均行驶年数、个人可支配收入、进入特定年龄段的新买主数量、现有汽车信用赊销款的平均账期及其他几个因素,我们就能合理地预测出:在整体经济形势转暖或维持现状的情况下,汽车业在下一年度的情况是否会更好。很多知名经济学家指出,只要对经济形势作出预测,我们就可以在三个选项之中选择其一,而三种选择也是我们的全部选择。其他因素与通用汽车公司有关。通用汽车是业内的领军者，因此，保守型投资者自然会选择这条最安全的投资之路。克莱斯勒则是杠杆程度最高（最依赖债务）的汽车公司，因而是最危险的企业，也最依赖于主要因素中的各次级因素：其具体车型是否会被市场广为接受。但是，假如一切条件都顺利，它也是利润率最高的企业。福特则介乎于这两者之间。

这种被称为"周期性收益上升基本趋势"（Rising Base of Cyclical Earnings）的方法在实践中会形成多种变异。通用汽车的收益具有周期性，这一点已经为市场承认。也就是说，企业收益会随着经营形势的变化而在各年度之间上升和下降。但是，就像20世纪60年代初一些分析师所说的那样，现在也有一些明智的分析师指出，尽管通用汽车的收益具有波动性，但每5年内高峰和谷底的平均值却超过上一个5年内的平均值。换句话说，这条连续波动曲线的中值线是上升的，因为整体市场在不断扩张，按照现有的市场份额，稳定或者不断改善的利润率必然会带来平均利润率的上升。于是，市场认为，不应该像出售铜业公司股票那样，在市盈率为8~9倍时就出售通用汽车的股票，而是应该在接近于道琼斯收益率（14~15倍的市盈率）时出手。

尽管人们对计算机行业的增长感到欣喜若狂，但只要股价上涨30%或40%，通用汽车的总市值增加量就会超过计算机企业的总增加量。目前，通用汽车的流通股总数为28 600万股，因此，30点的上涨就对应着近90亿美元资产的增加量。而伊泰克航空（Itek Air）、飞虎快递（Flying Tiger）、艾美利空运（Emery Airfreight）、西北航空公司和当时所有热门股的增长量总和还不到90亿美元。

但是，如果现在才开始买进通用汽车股票，好时机显然已经过去了。对于像通用汽车这样的股票，应该做的是继承。尽管这90亿美元的净增加资产只能让眼下的持有者受益，但如果在公司采取任何一项重大举措前，你能把握好时机及时买进，一样能实现40%或50%的收益率，虽然这不会让你一夜暴富，但是对于继承这笔财产的人来说，这绝对是令人满足的。

还有一个非红色按钮。有些人还能通过预测利息率的变动而赚钱。有一类股票对债券市场的波动和联办储备委员会的政策极为敏感，这也是我们预测货币升值或贬值的依据。只要你能敏锐察觉这类动向，就能通过银行股、金融公司股、储贷机构股和公用事业股大赚一笔。这些股票的变动往往要比代表经济周期的大盘成分股明显，但是，要真正把握这样的时机，你不仅要了解利率的预期变化，还需要把握市场对这些变化的反应。

还有一些投资者依赖于商品型有价证券赚钱。比如说，投资者预测到，未来几年内的铜需求量将超过供给量，但铜产量却不会出现同比例的增长，因此，铜价不可避免地会出现上涨，使得某些铜业公司利润上升。与此同时，未来的利润增长还尚未受到市场的关注。

而风险最低的投资形式无疑是"倒手"（Turn-around），也就是说，公司资产的质量不断下滑，于是，市场开始抛售它的股票，而且是不断抛售。最后，所有卖家都意识到，不良资产已经被完全剥离，股价开始趋于平稳，并悄然无息地进入休眠状态。然后，公司引入新的管理层，并采取一些整合手段：剥离亏损业务，收购新业务，调整经营战略和经营理念。如果买进经过长期休眠后的"倒手"公司股票，你几乎不会承担什么风险；不管是什么变化，你基本都会坐收渔利。但是，要找到这样一个宠物也不容易，的确需要花费一番工夫和气力，一定要保证：你听到的故事是真实的。当然，你还要保证，这家公司确实已经触底，而不是还悬在半空之中，下面依然是万丈深渊。近几年中，最成功的"倒手"示例就是斯佩里·兰德公司，管理层把一个濒临绝境的公司重新掌控在手，让旗下举步维艰的Univac（即通用自动电子计算机)再次走上正轨。而最不成功的例子则是马赛·弗格森公司(Massey Ferguson),他们的管理层似乎不乏起死回生的本事,但公司的经营却一路下跌,不可收拾。尽管投资者的耐心带来了一再的宽容,但最终还是失去了仅存的信心和兴趣。

在未来甚至是不远的未来上下赌注,也能为投资者赚钱,例如,投资者可以持有100%的黄金股票,或是押注货币汇率的波动;也可以买进12%的政府债券,然后在预测到波动出现时进行杠杆操作。

所有这些事例(当然不是全部事例)都需要一定的经济常识和证券分析技术。掌握了经济分析技术和证券分析技术,我们对经济形势和证券市场就有了一个更理智、更清醒的认识,因此,只要这些黄色或蓝色按钮符合你的判断,就可以紧随而入。**方法本身不会对我们微笑,更不会对我们唱歌,它们不属于我,也不会出现在我的人生历史之中。在瞥见它们在纷乱之间一掠而过时,我的心跳也不会因此而加速。**

在五十几岁时,我结识了一位华尔街合伙人,他也是"复合收益率"(Rate of Compounding Earning)这一概念的创始人之一。我想这个概念的意思就是"成长",尽管"成长"这个词几乎已经泛滥到这个世界的所有事物。我的这位朋友对成长性收益坚信不疑,他对这个思想满怀激情,无异于一个虔诚的圣徒,在共同基金和养老金基金等各个领域疯狂宣扬自己的思想。在去世时,他已经有了一大批追随者,而且他自己也拥有了一大笔财富。我们既能从中找到快乐,又能赚到一点小钱,只要我觉得"复合收益率"还算可以,就会体验到一种温暖的感觉:那种感觉就像是"普雷斯顿老虎"足球队聆听合唱团吟诵《回到拿骚殿堂》(Back to Nassau Hall,拿骚,巴哈马首都)时的那种轻松愉悦。

当你翻开自己的股票投资指南手本时,看到如下这样一行收益率数据,你肯定会有所感应:

1964年	1965年	1966年	1967年	1968年
0.16	0.33	0.66	0.88	0.99

这是一家公司收益率的逐年增长情况，表现为缓慢增长的态势。公司绝对不能出错。这个例子恰好与索利特罗设备公司（Solitron Devices Inc）不谋而合。索利特罗的股票市价在1962年狂跌至1.25美元，而到1967年竟然又飞涨到275美元。1962年，索利特罗的全部市价还不到100万美元，1967年的市价却超过了2亿美元。索利特罗的收益增长超过10倍，但市场对这种收益增长的态度却让股价升值了250倍。任何一个在1962年买进这家公司的股票，而且一直持有到1967年的人，都会欣喜若狂，换句话说，如果任何一个人在1962年最黑暗的时刻把1万美元投资于索利特罗，然后一直持有到1967年，那么，他在1967年不仅收回原来的1万美元，还能净赚250万美元。这就是股票市场创造财富的方式。

以下是三个超级成长明星的复合收益率——IBM、宝丽来和施乐：

	1964年	1965年	1966年	1967年	1968年
IBM	4.10	4.52	4.83	5.81	7.71
宝丽来	0.58	0.93	1.51	1.81	1.86
施乐	1.91	2.78	3.75	4.48	5.18

只需用一点数学知识，你就能算出，收益增长的比率是复合性的。比率越高，市场在价格上作出的补偿就越大。也就是说，股票市场对收益的乘数不仅随着收益增长而增加，而且还要依收益增长率而增加。考虑到其他一系列假设（我们暂不考虑这些假设）既定不变，市场对30%的收益增长率给予的回报要高于15%的收益增长率，对50%增长

率的回报要高于 30% 的增长率。如果市场发现 100% 的增长率，这只股票在市场上的表现就会使人欣喜若狂，它已经突破我们所能理解的规则界限。

现在，我们再来看一下"程序仪器"公司的情况。看看空白处漏掉的词应该是什么：

要想发财，你应该找到一个 ____ 以极可观的 ____ 复合成长的股票，那么，当这只股票一路飙升时，你就走上了发财之路。

如果你的答案是"收益"和"比率"，持有"程序仪器"公司的股票也许就能给你带来一个美好的未来。但实际上，你已经深陷危机，因为这是一个怪题，真正的正确答案应该就是把整个问题判断为"错"。现在，请用 25 以内的字写一段话，说明这段话之所以错误的理由。如下：

_____

_____

如果你的答案是："因为记录只代表过去，而市场只在乎未来"，或是类似的语句，这说明你还没有误入歧途。

下面是另一个例子：

	1954年	1955年	1956年	1957年	1958年	1959年	1960年	1961年
布伦斯威克	0.11	0.25	0.68	0.79	1.19	1.83	2.20	2.56

*资料来源：标准普尔

看上去还不错吧？但还是先看一下以后的情况会怎样吧？

	1962 年	1963 年	1964 年	1965 年
布伦斯威克	1.36	0.27	0.03	-4.21

发展趋势出现了逆转：最后一年变成了负数。以前，布伦斯威克确实在保龄球自动服务机行业有过非常光辉的历史，也有不错的运气。但是在保龄球机制造业的繁荣里，便酝酿着自我毁灭的萌芽，这就是物极必反的道理。保龄球娱乐业的繁殖如同老鼠一般，本来只能容纳一家保龄球馆的场所，现在不得不接受另一家，于是，他们开始抢夺一碗粥，惨烈的竞争让整个行业分崩离析。为保住市场，布伦斯威克不得不采取赊销方式销售保龄球机，但是，在很多客户经营失败的情况下，留给布伦斯威克的，就是一大堆稍加使用过的设备和巨额亏损，这就让复合增长率走到了尽头。股价从 74 美元跌至 8 美元，这也是布伦斯威克历史上最急剧的一次大跳水。贯穿经济界，你还可以找到几个与众不同的企业，他们似乎都曾拥有黄金铺就的收益成长之路，最终却都以失败而告终。20 世纪 60 年代初的半导体股票便是这样。

所以说，不管你是否承认，索利特罗辉煌的复合收益记录已经成为不可否认的现实。投资者需要的，就是那些能在未来几年里达到这种水平的企业。为此，你不仅需要确保公司走在正确的道路上，还要了解什么是正确的道路，以及这些收益为什么具有复合作用。即使整个行业都在发展，市场持续扩张，收益也不会自动增长。最近的 10 年里，复印业基本处于高速发展的态势中，但还是有很多复印企业股票会让投资者叫苦不迭。有的时候，由于整个行业形势非常好，没有竞争对手的介入，因而不用考虑削减价格，也没有人争抢销售人员，因而也不会出现有利于顾客而损害利润的恶性竞争，收益完全有可能会持续增长多年。

任何一个收益持续增长（更重要的是，很有可能会持续增长）的企业，都有某种与众不同之处。竞争对手也会注意到这些令人惊叹的收益记录，而丰厚的利润自然是对竞争对手的最大诱惑，没有人不喜欢如此丰美的果实。因此，一家拥有与众不同之处的企业，必然也有着竞争对手无法在短时间内掌握的东西。不管这个与众不同是什么，它都构成了一层把丰厚利润隐藏于其中的玻璃墙。

还是以上面提到的增长三明星为例：施乐、宝丽来和IBM。很多企业生产复印机，但只有施乐才能制造在任何类型纸张上进行复印的复印机。静电复印技术领域涉及到500种专利，很多拥有"布朗宁"或"丹尼森"复印机的管理者，在把资料交给秘书的时候，依然会习惯性地说："给，把这个给我Xerox（复印）。"在英语，"施乐"（Xerox）这个词已经变成了动词，成为"复印"的同义词。这表明，施乐已经主宰了这个领域。当其他人也能像施乐一样"施乐"时，施乐已经准备把自己的下一个奇迹搬出实验室了。

很多公司生产照相机，也有很多公司生产胶卷，但只有一个公司——宝丽来，制造能在10秒之内为你生成照片的照相机和胶卷，拍摄和冲洗同样是一个涉及诸多专利技术的过程。IBM是计算机领域的主宰者，而计算机行业本身也体现出令人瞠目结舌的增长。它并不是第一个克服重重障碍制造出计算机的公司，也不是每一台计算机都一定会成为这个领域最高技术的代表。IBM的与众不同之处在于它的营销广度和市场深度。顾客想要的并不是机器设备的某一个特定零部件，他们只想查清存货的数量、解决自己的问题或是自己到底有什么。IBM的销售人员拥有各种各样深奥莫测的商品，这也会带来各种各样的问题。但IBM的客服人员总能随叫随到，让问题迎刃而解。

一家企业的真正与众不同之处，并不是它的专利或产品。宝丽来最初的专利权早已经过期，任何人如果想制作1948年那种棕黄褪色的宝丽来照片，都能做得到。但每个企业的与众不同之处往往又是相同的：这就是人，富于聪明才智的人才。有些时候，这些人创造的是专利，有时创造的是服务声誉。但最重要的是，他们所创造的东西很难被他人复制。比如说，在雅芳产品公司，最难为竞争对手复制的就是无数挨家逐户推销雅芳化妆品的女士。

在任何新发股票的招股说明书中，都有一段内容用来告诉投资者：公司的优势很脆弱。招股说明书是一份由华尔街律师编写的法律文件，它的目的就在于哭穷，这样，投资者就不会在将来的某一时刻因为受到误导而起诉公司。如果变换现实生活晦涩难懂的法律术语，这段内容通常会这样说：

"本公司已在 Digital Datawhack 系统设备上获得 244 项专利权。但是，本公司的竞争对手规模更庞大，拥有的融资资源比本公司更雄厚。本公司保持盈利和持续经营的能力取决于技术人员能否在技术上保持领先，并创造出新的产品和服务。尽管本公司不能保证未来一定能实现这一目的，但必须保证采取一切措施争取这一目标。"

显然，当 IBM 开发出比 Digital Datawhack 600 更便宜、运行速度更快且适合于 IBM 机型的设备时，Digital Datawhack 也许只能坐在那里查点自己的专利权了。如果不能另有创新，Digital Datawhack 的复合收益也难逃此厄运。

费雪"闲话"成长股

但是，即使你凭借什么魔法找到自己喜欢的股票，而且又能预见她的未来增长率，也不可能知道市场将会如何利用这个增长率，如何把企业的增长转化为股价的上涨。有时，市场会让年复合增长率为30%的企业实现20倍的收益；有时，市场又能给同一个企业带来60

倍的收益；有时，市场会经历疯狂的快速增长，尤其是在债权和更传统的有价证券难以提供有诱惑力的回报时，更是如此；而在另一时刻，其他投资渠道却有可能具有十足的吸引力，抽走原本追逐成长股的资金。所有这一切，都取决于当时的市场心理。显然，以复合收益的较低倍数买进股票（即低市盈率）更安全，原因在于，假如你按18倍、14倍或者11倍市盈率的价格买进股票，那么，你的投资回报也相应提高。但是，你不可能是唯一的投资者，因此，你的投资成本不可能做到永远最低，总会有这样那样的因素，让你的投资对象略显昂贵，比如说：竞争正在悄然而至，股价已经涨高，或是股市正在急剧恶化。

　　如果施乐、宝丽来和IBM拥有这种必不可少的"与众不同之处"，我们就能买进它们的股票，然后再束之高阁吗？当然，过去，无论是在大盘不再让人着魔时买进，还是在诸多投资工具同时增长以至于市场无法区别其收益能力时买进，总之，在市盈率较低时买进，投资者都有可能发财。但在我们前面谈论的布伦斯威克的例子中，它同样有其与众不同之处，甚至是非常与众不同之处：机械式保龄球自动服务机。不管产品本身多么不可思议，任何企业都无法完全避免管理层的失误。从法律定义上说，一个企业应该是冷酷无情、永恒不灭的，但任何事物生来便要走向死亡，即使法律定义本身就难逃此运。拥有与众不同之处的公司往往不会一头撞上灾难。更多的情况下，他们只是初出茅庐的新手，曾经拥有花一样美好的豆蔻年华，但时光不再，尽管风韵犹存，已成了令人尊敬的中年妇人。在一段时间里，市场还会让她们继续保持溢价；美丽的记忆依旧强烈，以至于那些曾被它们的美丽所折服的绅士们，居然没看到悄然走近的起伏和危机。不过，当新的绅士走来时，就会有新的美女迎接他们，记忆还不足以让这些半老徐娘成为他们眼里的美女。这样，他们自然受不了什么风吹草动，因为市场乘数（市盈率）将会降低。以化工行业为例，20世纪50年代一直体现为溢价出售。到了现在，不仅溢价早已消失，市场价格也远远低于道琼斯平均指数。

值得说明的是，这个行业审视历史和看待今天的方法，实际上，就是一种数学方法。同样，我们的三个明星或许可以说明问题。这个说明的关键在于，增长得越多，保持增长率的稳定或提高就越难，因为基数开始变得越来越大。如果一个企业已经实现了 1 000 万美元的销售额，并拥有与众不同之处，则可以在一年之内实现利润翻番。但是，一个销售额达到 10 亿美元的公司，庞大的规模使它根本就无法在一年之内让利润增加 1 倍。每一次加速增长都需要时间、资源和资本，而所有这些因素又不是无限的。IBM 的流通股为 5 600 股，在创作本书时的市值总额超过 300 亿美元——300 亿美元啊！对 IBM 来说，要实现市场价值的翻番——也让你手里的 IBM 股票翻上一番，需要动用本国和其他国家专业与非专业投资者的激情和心血，因为它要让这样一个庞然大物再增加，需要同样庞大的购买力。另一方面，市场流通股不超过 100 万股，市值只有 1 500 万美元或 3 000 万美元的企业要完成这个目标，只需要一两个或是几个拥有机构买家的专业投资者。因此，我只能对小企业俯首称臣了。如果上市公司的流通股不超过 100 万股，其交易相对较为冷清，其股价波动也会较剧烈，但这丝毫不能减弱我对它们的激情，只能让我稍加谨慎而已。波动性带来的刺激足以让我们去追求更大的风险。虽然大企业漂亮安全的"倒手"能带来令人满意的收益，但是要确认这种收益则需要一定的时间，在这个漫长的等待中，你也许会焦躁不安。因此，你肯定还需要另一种"游戏"，或者至少是在等待时找到别的事来打发时间。在熊市大潮里，交易呆滞的市场会毫不留情地背叛投资者，因此，在某些市场，投资者根本就不想接触交投冷清的股票。你必须了解市场的现状，因为市场与其他生命一样有着自己固有的生命周期。

如果你想走一条到处散布地雷的投资之路,而且你认为这是唯一能带来安慰的道路,那么,还有一条规则是你必须牢记在心的,这就是要"集中精力",仅仅以禅宗之道把握万物显然是不够的。尽管市场青睐于把鸡蛋放在不同的篮子里,除非你只想赚取平均收益,否则不要分散投资。我所说的"集中",是说只专注于几只股票。在任何时候,拥有最大增值潜力的股票只有为数不多的几个。对我个人来说,我又没那么聪明能干,根本就没能力同时打理几只股票。有的时候,整个市场跌入熊市时,你反倒有可能赚得比别人多,因为小盘股逃得更快,一旦形势不妙,便可以逃之夭夭,而且你又不可能持有太多这样的股票。这样,当熊市到来时,你的损失也不会太大。但这样的时期并不常见,属于例外事件。罗彻斯特大学曾经拥有全美经营业绩最优异的捐赠基金,在我上次研究这个总额 4 亿美元的基金时,它还只包括 27 只股票,如果把公共事业的股票算作一只股票,那么,它就只包括 20 只股票了。

"集中投资"论最著名的支持者就是赫顿公司(E. F. Hutton Inc.)的合作人之一、《投资存亡战》(*The Battle for Investment Survival*)一书的作者杰拉尔德·勒伯(Gerald M. Loeb,20 世纪最著名的华尔街投资家)。尽管勒伯的书只是多年之前的一系列报纸连载文章的合集,但是在说明市场现状不是理性状态这个问题上,本书却包含着很多脍炙人口的至理名言。勒伯说:"最好的安全性措施,就是把所有鸡蛋放在一个篮子里,然后静心地看管伺候这个篮子。"勒伯说的并不一定是一个篮子,但至少不能太多。怀特·维尔德公司(White, Weld & Co.)合伙人、《普通股的增长机会》(*Growth Opportunities in Common stocks*)的作者温斯罗普·诺顿(Winthrop Knowlton)建议,10 万美元以内的投资不应超过 5～6 只股票,100 万美元的投资不应超过 10～12 只股票。对敢于闯红灯的冒险型投资来说,这个数字也许有点多。如果只集中投资于少数几只股票,就必须随时把每一只股票和随后出现的新机会进行对比，再据此踢开排在最后面的股票——也就是业绩最差的那只股票，从而让整个投资组合更具前景。某些时候，你可能只投资于一只股票。这种闯红灯的高风险投资方式不适合遗孀和孤儿，但我认为这种说法显然有点偏颇，绝对不应该成为我们的投资教科书，好在我既不是遗孀，也不是孤儿。

当贪婪驱使你寻找另一个索利特罗时，你就在一步步地走近破产。你已经走出了自我，认识了你自己是谁：股市镜子里的那张脸，分明就是一张赌徒的脸，冷酷而坚定，永不停息地衡量着每个可以衡量的方案。到底应该怎样去寻找这样一个能让你发财的投资对象？每个人都想得到下一个索利特罗，下一个施乐，一个始终能创造复利的企业，一个能让市场疯狂热爱的企业。这样一种东西到处盘踞何处？到底是何方神圣在守护着这个东西？

我无法告诉你谁是下一个索利特罗。尽管我可以给你很多找到它们的指导，但这些绝对不是我的发明创造。在这个问题上，《普通股的增长机会》和菲利普·费雪（Philip A. Fisher，1907—2004 年，现代投资理论的开路先锋，成长股价值投资策略的创始者）的《怎样选择成长股》（Common Stocks and Uncommon Profits）都可以让你受益匪浅。大家都知道，任何一个理想的投资对象，都应该有其与众不同之处：某种其他人难以做到和实现的东西。在市场不断增长的同时，它还在持续创新，通过创新创造属于自己的市场。它拥有人才，不仅包括财务投资方面的人才，更有技术和设计方面的人才，这样，它不仅拥有稳健适当的财务状况，还能实现非凡的经济指标。它的管理极具深度，以至于一两个关键人员的缺失，也不会给公司带来任何损失。作为一个企业，它的岁数会随着时光的流逝而变大，但创新却让它永葆青春；越来越多的销售额来源于它的产品、流程或是新的理念。还有一点，它还很青春，以至于每个投资者都想娶到这样一个妙龄女郎。

我们可以把这些描述称之为"我如何找到像你这样的爱人"。她绝对美丽动人,有着婀娜多姿的身材,她热情大方,她善良温存,她青春靓丽,毫无盛气凌人之势,她聪明智慧,魅力无穷,浑身散发着迷人的激情和活力,她的身上弥漫着你所喜欢的一切优点,而且她还告诉我,她听说过很多关于你的事。虽然你知道自己在寻找什么,但仍然不知道到哪儿去找到它们。我们不妨听听菲利普·费雪是怎么说的。当然,这位身处旧金山的大投资顾问非常谨慎,只接待他熟悉的那十几个客户,不会接纳你。菲利普·费雪素以发现刚刚进入新领域、并能从小做起、逐渐发展成为商场大鳄的企业而闻名。

多年以来,菲利普·费雪一直提倡利用他所说的"闲话"法,去寻找和定位新的投资对象。你听说一家公司,了解它的竞争对手,与它的供应商和顾客进行交流。比如说,如果一个工程师对自己正在使用的振荡器赞赏有加,这就会促使你去了解这种振荡器的制造商。人们喜欢谈论自己的工作。假如你造访一家外围计算机设备制造商,按照我的经验,那里的人不仅会向你全面介绍他们的外围计算机设备,还会谈及其他主要计算机制造商的所有传言。不仅如此,他们还会告诉你这种计算机设备中的零部件,因为他们的朋友和计算机工程师告诉过他们哪个部件最令人振奋,很多鸟儿(投资者)在股票市场上飞翔,和你一样,苦苦寻觅着他们心中向往的性感股票。那个领你视察工厂的家伙还会在公司餐厅里告诉你,他刚刚对自己的股票期权行权,全部兑换成本公司的股票,现在,他手里已经全是"帕慕斯数控设备工具"公司的股票。

此时,你只有一个问题:如果你把全部时间都用于和计算机工程师闲聊,什么时候才能去做你必须做的事情呢?假如你没时间去掌握所有相关的闲话,你就会遇到另一个问题,这个问题就是:这些工程师同样会变得和股票经纪人一样让你胡思乱想,而且优美高效的计算机也未必出自最赚钱的公司之手。而且帕慕斯数控设备工具公司可能很快就被它的竞争对手——科尔尼 — 特雷克（Kearney&Trecker）和吉丁斯 — 刘易斯（Giddings & Lewis）所吞并。

当然，菲利普·费雪是一个言而有信的投资家，有一天，他坐下来，对以往成功的投资建议来源进行了一番研究。在搜寻和评价投资建议这个行当里摸爬滚打了许多年，并在各个行业里建立起令人不可思议的关系网和信息渠道之后，所有这一切促使他认识到，只有1/6的好投资建议是真正来自这些"闲话"织成的网络。那么，其他5个好的投资建议来自何处呢？"我走遍美国，逐渐认识了为数不多的几个人，他们在选择成长股方面创造了令人称道的业绩，这使我对他们充满敬意……因为他们是经过专业学习和培训的职业投资家。无论是遇到麻烦，还是重大问题，他们大多会在最短的时间内给我提出建议……所以，我总是想方设法地腾出时间，洗耳恭听这些投资家的建议……"

换句话说，他找到了一些聪明人。这也是最重要的"非常态规则"之一：寻找聪明人，因为假如你能做到这一点，你就可以忘记其他很多规则了。

我自己的体会是，从任何数据指标来看，菲利普·费雪的建议都是最具普遍性的，尽管其观点言语不多，但有数据支持其结论。有一段时间，我不仅自己去打听闲话，还是积极的闲话传播者。每当我拿起电话的时候，就会听到这样的话："我听说，法切尔德公司给IBM360/72系统供应的平界面集成微型芯片业务在收入方面遇到麻烦。他们刚刚给合金无限公司打过电话，让他们暂停夹层材料的发货。"然后，我会抓起电话，给三个人打电话，说些"平界面集成微型芯片业务的收入那么低是怎么回事"之类的闲话，毫无疑问，当这样的电话成几何倍数蔓延于坊间之时，法切尔德和合金公司的股票肯定会出现至少三个小时的下挫。

但好的思路又如何呢？当然，好的投资建议出自聪明人。这些好建议当然是他们送给我的礼物，即使如此，我也会心怀狐疑，我经常提出一两个疑问句来问候他们：不是"这个？"就是"那个？"。"这个？"表明："我接受这个想法的合理性，但我的朋友，这只股票刚刚上涨25个点啊。""那个？"则意味着："早在5年之前，我们就发现这个老古董了，你怎么才注意它？"显然，在你的故事里，一定要有什么东西能回答"这个？"还是"那个？"的问题。只要有足够的人去问"这个？"或是"那个？"，就有足够的怀疑去让你编的故事更动听。如果没有任何怀疑的话，就不会有人去听你的故事。

在职业投资经理人的职业生涯里，他们可以用心去了解500家公司，他们的历史是怎样的，他们的问题是什么，他们的管理构成如何，他们的发展前景如何。但任何人都不可能事必躬亲，也没有任何人能做到通晓一切。因此，大多数职业投资者会依赖形形色色的人：自己的分析师，其他人的分析师，其他投资经理人，他们的朋友——任何一个他们认为聪明的人，任何一个领域的人才，只要他们是人才就行。无论是最聪明的投资者，还是最聪明的律师或者第一流的外科医生，都是难得一见的人才。

寻找这个领域的聪明人和寻找最出色的税务律师或是最好的建筑师之间没有任何区别。当然，引领你最先找到这些聪明人的是他们的声望，他们的时间很有限，也很值钱，因为还有很多人想占用他们的时间，而且他们愿意花更大的价钱——咨询费和交易佣金，除非你自己也非常富有，否则，你就很难得到他们的赏光。

如果你想尽一切手段如愿以偿地找到了一些聪明人，而且他们又同意接手你的投资账户，他们就不会浪费时间去和你聊什么市场。于是，你不得不另寻其他自己能玩的"游戏"，去追求另一种精神上的满足。

女人在与这些聪明人打交道时有自己的优势。这些聪明人很可能是男士，某些时候，男人可能会对收费和佣金以外的问题更感兴趣。女人玩的"游戏"就是男人，或许这也是让她们很少涉足我们这场"游戏"的缘故吧。

现在，我还得提醒你：上面讲的似乎是我在宣扬某种能在市场上赚钱的体系。如果我真有一种能在市场上赚钱的体系，而且它又能让我屡试不爽，第一，我绝对不会告诉任何人；第二，我会在最短的时间里，把全世界的钱财都揽到我的腰包里。实际上，我想告诉各位的只是一套理念和思路，最终的判断还得大家自己来做，这很公平吧。我是一个容易感到沉闷的人，因此我喜欢年轻的投资管理者，他们温文尔雅而且了解我认识的人。那些不拘小节的管理者显然是太富有了，以至于觉得根本没有必要去循规蹈矩。走出自我，寻找自己的偏见和你自己的那个有色按钮。当然，一定要像释迦牟尼训诫门徒时说的那样：心静如水，平和超脱，用勤勉完成自己的救赎。

第二部分

信息技术
系统
$ / IT Systems

"趋势有惯性","一切都是随机游走",到底谁是谁非?技术日渐发达的今天,我们为什么不能把市场也程序化?为什么错的总是我们?

第 10 章
图表捕捉价格变化先机

> 一旦接受这个图形可以代表运动的思想,
> 我们随后就会想到:趋势就是趋势,而且这本
> 身就是一种趋势,直到这种趋势难以为继。

对华尔街的研究,主要集中在过去的 10 年。每一家公司,或者说几乎每一家公司,都建立了自己的研究部门。[我之所以说几乎每一家公司,是因为某些公司的研究部还不成熟,就像是一个穿着运动鞋的 17 岁金发少年,刚刚从海耶斯红衣主教高中辍学,并逃离了恐怕连"经济机会局"也想象不到的一切。对于这个嚼着口香糖的资本主义学徒来说,他的职责就是四处打探哪里有好吃的三明治,发放股权证,在阿格斯研究公司(Argus Research)、罗仕证券公司(Equity Research Associate)或是其他独立研究机构的研究报告上盖"纽约证券交易所会员唐纳、布利森和公司研究部"的印章。然后,唐纳、布利森和公司组织再把这些报告发出去,并随附一张便签,告诉大家,"我想你可能会对我们对化工行业的最新研究成果感兴趣,我们的分析师团队已对该行业进行了全面深入的研究"。]

研究总是大有裨益的,不过,潮水一般涌来的研究热,也让信息

不再是市场制胜的武器，因为获得信息已经不再是某些人的特技。有了这些研究，几乎每个人都能知道：进入第二季度，阿拉伯联合酋长国的原油日产量达 11 674 322 桶；中等价位电视机制造商的库存量比前一年下降 5.3%，但比上季度增加了 0.6%。

不幸的是，正如我们所看到的那样，这场"游戏"的玩法并不是完全理性的。否则，我们就可以通过最完美无瑕的调查和研究，成为市场的主宰者，于是一些喜欢刺激的游戏玩家就会觉得无聊透顶，从而创造出其他能给他们带来快感的"游戏"。预测其他玩家可能作出的反应，就是"游戏"的一个部分，因此，系统逐渐发展成熟，成为回答"每个人在做什么"这类问题的工具。如果从最原始的意义上说，"每个人在做什么"是电话公司日常用语的一部分。由此说来，在马歇尔·麦克卢汉（Marshall McLuhan，加拿大传播学大师，"地球村"概念的提出者）的眼中，华尔街应该是电气时代的地球的一部分，换句话说，华尔街就是一个依赖于口头交流的地球村。

一定程度上，在华尔街这个与众不同的部落习惯中，地球村的村民肯定会拿起电话说，"我们的石油分析师刚刚从阿拉伯联合酋长国回来，那里第二季度的原油日产量已经增加到 11 674 322 桶，但有一部分输送给了俄国人，这部分原油具体有多大，我们还不清楚，因为我们的内务大臣法齐艾尔·舒纳尔在透露这方面消息前，想看到他在瑞士联邦银行的账户有点变化"。其中的内容应该说得很清楚，不过，这样的沟通大多仅限于书面形式，而非正式的口头交流更多地则会采取如下形式：

地球村村民1："我说，我们的石油分析师刚从阿拉伯联合酋长国回来。……"

地球村村民2："那个鬼地方肯定很热，是吧？我们也向那派过一个石油行业分析师,不过,回来的时候却染上了一身怪病,这家伙可真够可怜的了。没办法,我们就把他打发回家了。"

地球村村民 1:"可不是吗,我们的石油分析师也是抱怨不停,从回国开始,肠胃功能就一直不好。"

地球村村民 2:"瞧瞧,你知道法齐石油公司股票昨天的收盘价是多少吗?31 元啊,涨了 1.5 元。真是涨了不少啊,你知道为什么吗?"

地球村村民 1:"是啊,我刚刚和一个家伙吃过午餐,他说大陆成长公司的那帮有钱主都在买进。"

地球村村民 2:"大陆成长公司在买进?你敢肯定?"

地球村村民 1:"他真是这么说的。"

不过,通过电话回答"每个人在做什么"存在的问题的是,它所能处理的信息数量受制于通话时间的长短。

究竟是谁发明了图表?

这也许可以解释为什么图表法很受欢迎。有了图表,我们就可以通过这种直观的方式,去说明"每个人在做什么",即使不能回答"每个人在做什么"这样的问题,至少可以发现"每个人做过什么"。

从历史意义上说,图表法的出现实际上要早于市场研究,因为图表法较为随意,容易被接受和传播,而市场研究则是在丹尼尔·朱(Daniel Drew,1797 — 1879 年,19 世纪中期成立自己的投资公司,成为华尔街上最早的证券投机商,也是华尔街上最臭名昭著的投资家。——译者注)和斯蒂芬·杰·古尔德(Stephen Jay Gould,1941 — 2002 年,世界著名的进化论科学家、古生物学家、科学史学家和科学散文作家）的诸多思想基础之上孕育而生。这或许会让不熟悉图表法的人感到有点意外，在他们看来，图表法一直笼罩着一层神秘莫测的面纱。

托马斯·吉布森（Thomas Gibson）在《投机之过》（*The Pitfalls of Speculation*）一书中写道："市场上充斥着不计其数的交易商，他们把全部期望和赌注都放到所谓的'图表系统'之上，因为它为投资者指明了过去的市场运动、价格和各种操作的变化。这种方法大受欢迎，以至于制作和发布这种图表本身就成了一种异军突起的行业。"

吉布森的书由穆迪公司出版于1904年。但是，我们不应该忘记这本书的出版背景：就在几年之前，卖家在交易所疯狂卖空，几乎让北太平洋的投资家们血本无归，一年前，J. P. 摩根一股脑地抛出美国国库券，而在奥斯卡餐厅，一打牡蛎居然只卖到了8美分。假如不想这些东西，你就会发现，在这个宽广浩渺、神秘莫测、变幻无常的世界里，确实存在某些永恒的事物。但吉布森先生不是一个公正无私的观察者，他又继续发现：尽管这个系统存在诸多分支门类和调整变化，但不管现实条件如何，它的基本理念却完全依赖于历史重演。这个基本理念根本就不值得信赖，而且是绝对愚蠢、极度危险的。你也许会发现，几年之后，穆迪做起了图表分析业务。

那么，所有这一切到底意味着什么？即使没有这些太阳和月亮模样的线条图表，古人类学家和业余洞窟探险者也一样能让我们看到：在南方古猿那个时代，穴居野人会在洞穴的四壁上留下这样的图形：

可以看到，这条垂直的条形线代表某一天的股价变动范围，而图中的短横线则是当天的收盘价。第二天，穴居野人会如法炮制。在几个星期之后，整个洞穴的四壁就变成了这般模样：

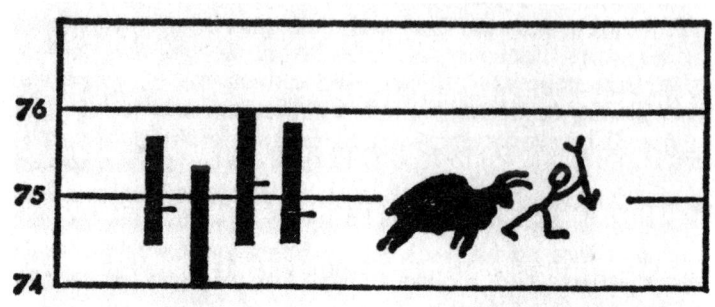

于是，第一张"条形"图便由此而诞生了，而这个名字则源于图中的竖线。（右边的图画是一只史前水牛，它和股价毫不相干。）但是，这个最早的图表却无法体现出趋势的预见性，这就是说，任何人都不能从其中得到什么有价值的信息。

于是，一周以后，洞穴墙壁上的图画就变成了这样：

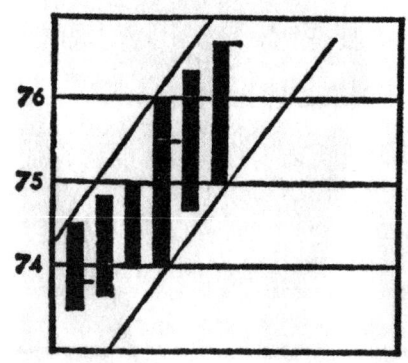

后来，野人又用一根线把每条线的顶部和底部连接起来，这就形成了一条轨迹线，于是，第一条"趋势线"就出现了。以后，又陆续出现了很多新技术，例如线性顶、碟形顶、头肩顶、头肩底、真V形、

反向延伸 V 形、规则波动、三角形、楔形、钻石形、跳跃、翻转、岛形、箱形、旋转和边线、角位伴攻、跑位、孤立的边锋和进攻线员。

但是在把这些技术组合成一个完整的概念图（Conceptual scheme）方面，伊萨克·牛顿绝对是开山鼻祖。尽管牛顿不是职业图表分析师，但图表分析师却坚信牛顿是他们中的一员。就在那次苹果事件后的某一天，牛顿说："运动物体倾向于保持运动，静止物体倾向于保持静止。"

如果没有伊萨克·牛顿，洞穴墙壁上的这些图画或许只能是图画。在有了伊萨克·牛顿之后，这些图画代表运动的思想开始为人们所接受。一旦接受这个图形可以代表运动的思想，我们随后就会想到：趋势就是趋势，而且这本身就是一种趋势，直到这种趋势难以为继。换句话说，如果事物如此发展：

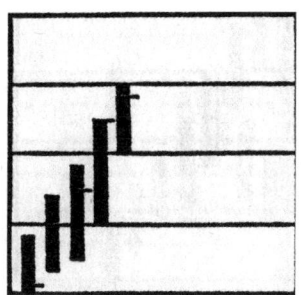

它就会一直这样持续下去，直至出现如下情形：

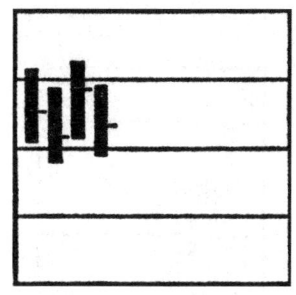

而后，事物就会如下发展：

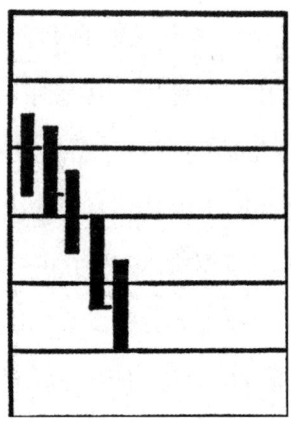

如果按如下发展，就会出现最糟糕情况：

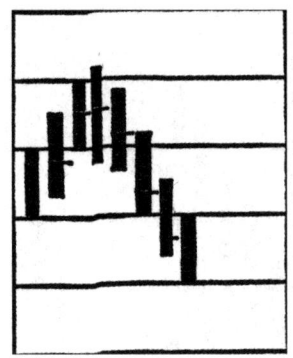

这可能预示着，事物将会按如下趋势发展：

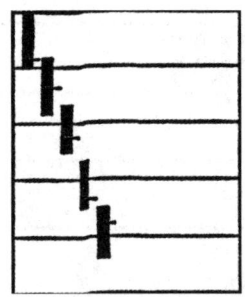

但是，它却转为如下发展趋势：

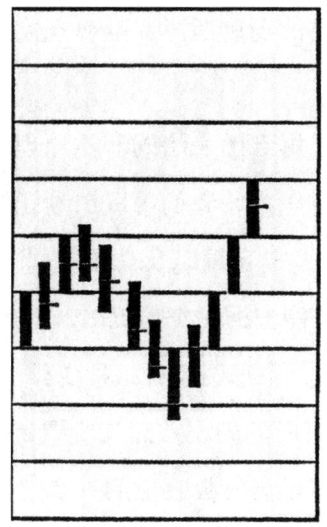

这就是所说的"陷阱"，或者说"能证明规律的例外事件"。

我们甚至可以沿着图表的底部趋势进行股票交易，具体如下：

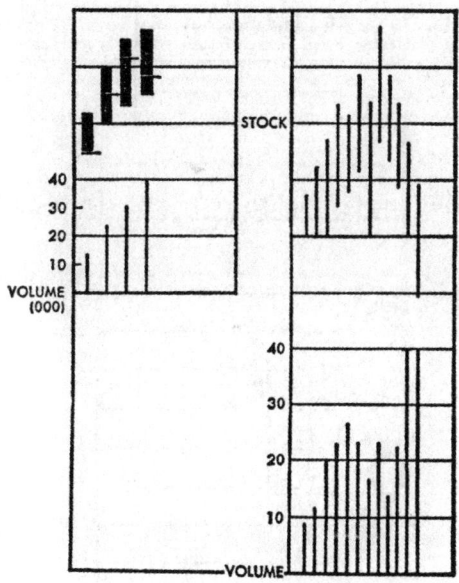

（交易量：0 股）

这样，你就能看到这样的价格运动是否会带来大量交易，或者是否会出现两个只想交易的无聊西洋双陆棋玩家，去竞相交易冷门股的情况。

现在，我们已经了解到图表法的基本原理。到此为止，大家应该不会有什么争议。通过图表，我们可以清晰了解已经发生的事情；它能告诉我们价格的历史变动范围以及交易量如何。

尽管这些"竖条"能告诉你变动范围，但是按照这些竖条的定义，它们必须是垂直的竖线。条形图还有一种变异，叫做点数图（Point and Figure），它不是精彩瞬间的闪现，而是股票每个足迹的完整图像。每个价格运动的位置均表示为对数表上的一个"X"。这样，对于一只价格波动非常小的股票，其在三个月期间的运动轨迹如下图所示：

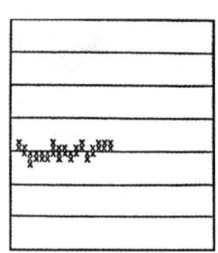

而对于一只价格剧烈波动的股票，其在一周内的表现如下图所示：

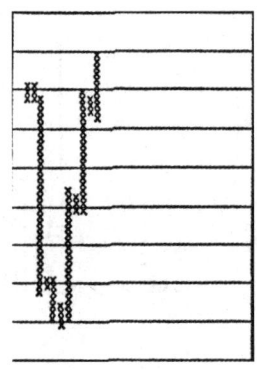

| 第二部分　信息技术　系统 |
| IT Systems |

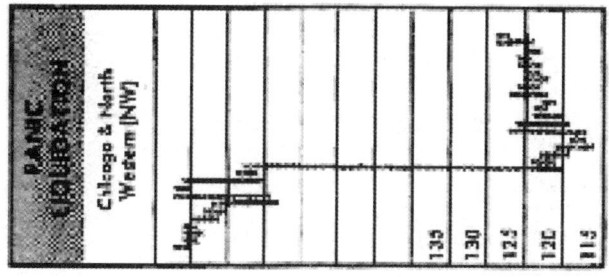
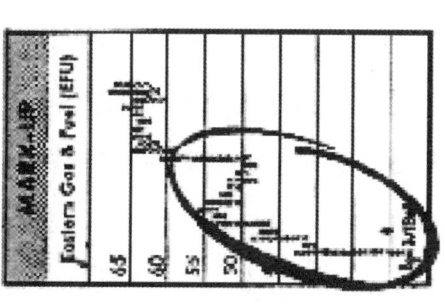
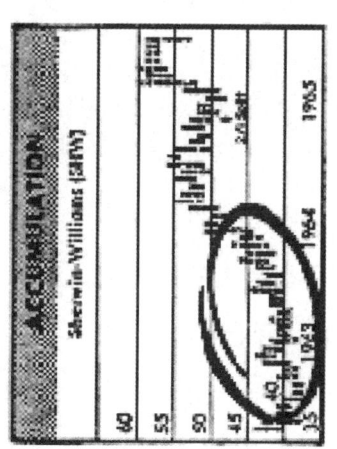
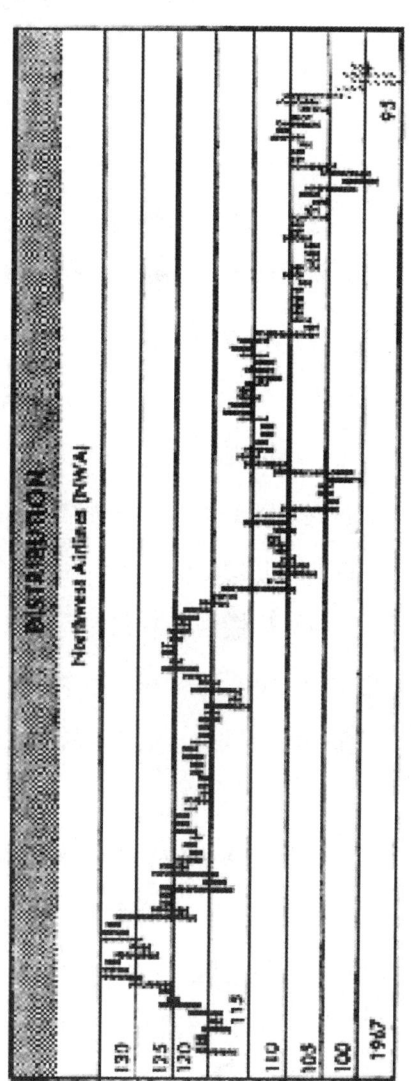

通常，在图表法中还有一种非正式的分析方法：把股价运动大致划分为四个阶段。这四个阶段是：

（1）积聚阶段。要说明这个过程，我们首先假设一种理想的状态，即一只股票一直处于休眠状态，交易极为清淡。之后，交易量上升，同时，价格也可能随之上升。

积聚阶段：宣威 —— 威廉姆斯 (Sherwin-Williams-SHW)

价格上升阶段：东部天然气燃料（Eastern Gas And Fuel-EFU）

出售阶段：西北航空公司（Northwest Airways-NA）

恐慌清仓阶段：芝加哥西北铁路（Chicago & Northwestern Railway-NW）

（2）价格上升阶段。在积聚阶段，市场上仍有足够的卖家，他们需要把手里囤积的老股票甩卖给每个想买进的傻瓜。此时，股票供应可能会有所减少，积极购进的买家人数则在增加，于是，股价开始直线上升。

（3）卖出阶段。那些先下手买进股票的聪明人，开始忙于向那些后下手买进的傻瓜转手股票，结果是僵持不下，最终还要看买卖双方谁的热情更高。

（4）恐慌清仓阶段。每个人都开始清仓，不仅仅"聪明人"，也不仅仅是"傻瓜"，而是"每个人"。由于市场上已经"没有任何人"买进，股价开始大跌。（当然，"有些人"需要在股价下跌时买进，否则，股价一夜之间都会变成零。）

现在，我们开始步入更微妙、更需谨小慎微的地带。当股票在上升后出现停滞，并围绕这一价位开始剧烈震荡，图表分析师把这种情况称为"阻力区"（Area of Resistance）。当股价下跌至某一点后不再继续下跌，并开始围绕这一价位剧烈震荡时，此时就是他们所说的"支撑区"（Area of Support）。

假如我们能依赖这些图表选择投资机会，当然是再好不过的事情。但是，如果事情真这么一清二楚，那 2 200 万名投资者只要有这些图表，一切问题和烦恼就可以迎刃而解了，而"游戏"恐怕也就此结束了。股票总会找到办法，突破所谓的"阻力区"或"支撑区"，因此，能留给投资者买进（在"支撑区"）和卖出（在"阻力区"）的时间并不多。虽然这些图表分析师可以追忆往昔，指出这里或那里是"陷阱"，但对那些掉进陷阱的穷人来说，这并不会使他们好过多少。

如果说图表只能反映过去已经发生的事情，那么，它们没什么值得兴奋愉悦的。果真如此，它们的作用，也无非是穆迪或是标准普尔统计手册上的附属工具。毫无疑问，认为这些图表能推断某些未来的观点，一直备受争议。

图表呈现"市场突击点"

强调"基本面"的分析师认为，股票价格只服从经营规律：销售额、收益、利润率和你拥有的资源。而图表论者则坚持认为，所有这些因素的作用都很有限，因为它们已经体现在价格当中。那些没有考虑的因素，则体现为股价的变动。

我们再来看看阻力区和支撑区。比如说，图表显示：Digital Datawhack 的股价在当前时间段内始终在 19 ~ 21 美元之间剧烈震荡；之后，经过一轮疯狂爆炒，股价飞速飙升至 36 ~ 38 美元，并在高位形成新的剧烈震荡，之后，再度出现回落。图表分析师会说，在 20 美元的价位上存在"支撑区"。我们可以假设，按照这样的说法，如果股价再次回到 20 美元，他们就会义无反顾地增持。此时，那些始终处于观望态度的人立刻会"逃之夭夭"，他们可不愿意凑这个热闹，把这只股票炒得越来越高，但是，如果股价回落到他们感兴趣的价位，他们也会买进。相反，还有一些人则会在38美元的价位上清仓。现在，股价已经回落，想必他们更希望能在高于38美元的价位上抛出，而那些最初没有抛出的人，自然也会在38美元这个价位上卖出。

如果Digital Datawhack的股价先回落，之后，突然飞速上扬，一举突破38美元，此时，原来的阻力区价位就变成了支撑区价位。于是，整个过程重复开始。

我们可以看到，**图表法有一个最基本的假设：昨天真实的东西，到明天也是真实的，换而言之，历史会重演。**这个假设只考虑了已经过去的时间，而没有把时间作为一个要素。按照图表法理论，如果存在必须反映在未来时间的因素，当Digital Datawhack的股价穿越阻力区或击破支撑区，这些因素对股价的影响就会有所体现，这样，我们就会预见到未来将要发生什么。

多年以来，图表分析师承受的压力可能远远大于基本面研究人员。基本面分析人员不仅能为投资者提供最新的企业信息，还能对公司的问题作出适当表述。基本面分析师通常会给出这样的投资建议：

> 齐尔克联合公司股票最近的疲软表现招致投资者质疑。新"齐尔克狗粮"的外包装生产问题导致实际费用开支超过预算。尽管该项业务销售额增长4%，但毛利率下降7%，最终的净利润率很可能会下跌10%。其他部分的销售额则反映出整体经济放缓的态势，因此，和去年相比，净利润不太可能出现大的改观。尽管短期内的形势可能决定了近期价格走动，但我们仍然认为，只要投资者有足够的耐心，齐尔克联合公司应该可以为他们创造出可观的长期价值。

由此可见，在股价大幅下跌之后，分析师首先介绍了公司近期情况，然后提示投资者,只要你有耐心,完全能在长期内有所收获。在这里,"长期"这个词是个关键,在任何既定时刻,可以将这个词用于80%不存在破产危险的企业。

不要总想着:长期就是一系列短期,或是以长期看待未来,我们的归宿都是死亡。"耐心的投资者"和"长期性认识"这两个词,不仅是资本家的品质,也是他们最大的优势。大多数的华尔街作家都会先入为主地以为,他们的读者都是百万富翁,每个人都拥有从萨拉托加到棕榈海滩温泉的专列,专列上有悄无声息为他提供服务的仆人,还有听起来若有若无的时钟滴答声。他们的真正愿望,就是成为百万富翁中的一员:他们绝对是纯粹、富于耐心的长期投资者,总而言之,他们的钱太多了,因此,不愿被短期的起起伏伏所困扰。当然,研究部门绝不会假设:他们的读者都是百万富翁,你可以在月影风清的夜晚把他们邀到家里做客。但他们选择的语言和得出的结论,却会诱导你去这么想,当然,这就是他们故弄玄虚的奥秘所在。不过,"尽管短期形势不明朗,但还不至于影响长期持有的策略"显然比"卖出这些破东西"更中听,也更容易为人所接受。

图表分析人士需要的材料并不多,此外,他们也不会遇到"长期投资的自由区"问题。他们的主要观点就是:以往的模式可以告诉我们未来的模式;他们一定会说,市场大盘(一系列平均值)或是某只股票将来是否上涨或下跌,实际上,要检验他们的预言一点也不难。所以,他们肯定会这样说:

> 如果市场不能在920点关口上突破上方阻力,我们就可以预测到,市场未来不会呈现快速上扬的态势。近期石油类股票的疲软和航空业股票的强势表明,市场热点板块正在发生转换。885点位置上存在支撑,如果市场不能以一定的交易量突破这

一水平，我们预计市场将会在此位置盘整。成交价格幅度可以说明这一情况。

简而言之，按照他们的观点，如果市场现在没有上涨，那么，它在未来也不会上涨；如果现在没有下跌，那么，将来也不会下跌；如果现在既没有上涨，也没有下跌，那么，将来也会维持盘整格局。

这听起来有点像废话，不过也未必毫无意义。但在某些情况下，这些秘诀和咒语确实有点荒诞不经，尤其是在这些图表分析师利用相同的图表却得出相反结论的时候，更会让人感到不足为信。但图表可以告诉我们已经发生了什么和正在发生什么，如果这有别于我们预期应该发生的事情，那么，即使未来还没有完全否定你的预期，你还是应该重新思考自己的预期。图表法的前提，我们必须关注这些图表，因为已经诉诸实践并创建这些图表的人，注定比你更聪明，或者知晓某些你不了解的东西。虽然你也可以拒绝这些假设，但这些假设至少可以用来对照你的预测。

那么，股价运动的历史轨迹是否真的能预测未来？

假如这些图表确实能做到放之四海而皆准，让未来尽在眼前，那么，它也就没有任何意义了。因为众所周知的事情，相当于谁也没有掌握任何信息；因此，市场马上就会变成过于"有效"；也就是说，有了如此有效的预测机制，当前价值和未来价值之间的差额将会瞬间消失。但图表主义者还必须要像未卜先知的哲人那样，义无反顾地坚守预言，付出就有回报,他们创造的诸多预测格言已经变成了"至理名言"，甚至演化成了让投资者为之疯癫狂热的异教宝典和行业术语。

这是否意味着，我们可以对图表法置若罔闻？虽然说图表法本身并不具有内在的预测能力，但还是能成为对我们有所帮助的工具。图表可以让我们对一只股票的特征作出客观直接的判断，不管它的主旋律是米奴哀小步舞曲、华尔兹、摇摆舞还是最新潮的摇滚，但最根本的旋律总能一览无遗地展现在我们面前。某些情况下，图表还能告诉我们，这个舞者的特征是否出现变化。最近，甚至有人用数学工具来支持他们的观点：趋势是具有延续性的；罗伯特·利维 (Robert Levy) 在其刚刚发表的博士论文《普通股股价预测的相对优势概念》（*The Relative Strength Concept of Common Stock Price Forecasting*）中，对此进行了研究。该书的前 60 页或许已经清晰明了地阐述了"技术性"市场分析的巨大威力。该书的其他部分则以精彩绝伦的语言，通过股价序列对他的结论进行了极具煽动力的检验。但是，由于这些检验大量采用了以计算机和高等数学为基础的统计和分析，因此，对那些依靠股价运动轨迹来支持自己的图表分析师而言，似乎意义不大。

归根到底，尽管图表可能无法兑现图表分析师和图表销售者的承诺，但它们试图描绘的积聚阶段和卖出阶段的股价行为，则不可否认地成为华尔街专用语言中的一部分，这些语言已经深入人心，广为流传，以至于它们已经融入其他领域。我还记得，在一次午餐上，谈到人际关系的时候，一位绅士说："尖锐的伤害（图表中的波峰）对婚姻来说，是最糟糕的事。"另一个人说："但隔阂（分散）和反复（反转）总是不可避免的。"此时，不会有人去特意引申这些说法的含义，彼此都心照不宣。按照图表法的说法，股市上最激动人心的时刻，就是股价在长期停滞在某一价位之后突然出现的剧烈波动。有一天，我和一位朋友一起吃午餐时，看到一位同事从面前走过，他满脸红润，神采飞扬，喜形于色。"不，这肯定不是因为市场，"我的朋友说，"他刚刚有了一个女朋友，就在昨天，他们才第一次向对方说出'我爱你'。想想，那种等了很久终于如愿以偿的美妙感觉吧。"图腾也许是迷信，但假如迷信是整个故事的一部分，而故事的主题恰好是预测群体的行为，那么，了解这些图腾也就成为预测不可缺少的一部分。

在所有图表中，都蕴含着一个我们可以分解和检验的主题。过去的模式可以帮助我们确定未来的模式；而图表则能体现出这种惯性和动力。要推论并形象表现股价的运动，所有图表分析师都必须连续地在各个价格之间划出各种各样的线条，可能是中值线，也可能是连接不同峰顶、谷底或是峰顶与谷底的连线。图表论的论点就是：股票（或股市）更有可能沿着这样趋势线演进下去。至于这个可能性是51%还是99%，并不重要；它就是敌人发起进攻的突击点。敌人肯定会倍加小心。图表的形式和类型多种多样，实际上，我们仅仅是粗略地浏览了一下入门材料。现在，我们还是先紧盯敌人的进攻吧。

第11章
价格在时间轴上随机游走

> 坚持随机论的人已经用"实证证据"检验了自己的理论,这项研究的目标就是用数字来说明:股价的连续变动是相互独立的。

图表法的历史不啻于古埃及人写在莎草上的文字。"随机游走"(Random Walk)的话题也能从历史中追根溯源,但它们的登堂入室还是因为计算机的出现。图表法的意图就是从已经发生的事件中寻找逻辑和秩序,随机游走的观点则认为没有秩序和规律可循。如果坚持随机游走的人说得对,那么,图表论者就会失业,所有证券分析师都会遇到麻烦。

随机论者都是来自商学院和经济学专业的大学教授。他们精通高等数学,而且用的时候也是乐此不疲,事实上,学术界大多数有关随机论的文章作品大都充斥着各种各样的符号,让同行们感到高深莫测,晦涩难懂,因为只有这样,才能让他们的同仁刮目相看。假如你想了解一下这些作品,不妨读读 *Kyklos* 杂志,该杂志采用了大量的随机论作品。我们引用的很多素材也是出自这里。此外,本书借鉴的资料还包括麻省理工学院出版的《股票市场价格的随机性》(*The Random*

Character of Stock Market Prices），该书是由保罗·库特纳（Paul Cootner）教授编著，芝加哥大学商业研究生院的《精选论文集》（Selected Paper）第16页，尤金·法玛教授的《股市价格的随机游走》（The Random Walk of Stock Market Prices）。

那么，到底是什么"随机游走"？在这个问题上，我自己也是一知半解，因为我对布尔代数的了解非常有限，对随机序列更是一窍不通。但是在和一些随机论专家接触之后，我才发现，居然只要一句话就可以概括它的全部内涵，后来，库特纳教授曾对我的一位朋友说，他认为这个定义非常妙，因为它不需要借助于求和或是平均之类的任何数学公式，该定义表述为：

价格没有记忆，昨天和明天毫不相关。每一天都是新的一天，每件事情发生的概率都是50%。昨天的价格只是昨天发生的事情。我们不妨引用法玛的话，"（股票价格变动）序列的以往历史无论如何都不能预见未来，市场价格水平或是有价证券的未来走势和随机数字一样，都是没有什么预测能力的"。

作为一种战胜市场的方式，随机性的价值不仅仅局限于学术界，参议院议员、新罕布什尔州民主党党员、美国参议院银行委员会委员托马斯·麦金太尔(Thomas. Mcintyre Cooley)曾经做过一个试验，有一天，他找来一套飞镖，然后把股票市场黄页贴到飞镖盘上，然后，开始投掷飞镖选择股票。结果是，用飞镖选择的投资组合的业绩几乎超过了所有共同基金。[因此，托马斯·麦金太尔议员的飞镖试验也验证了麻省理工大学经济学教授保罗·萨缪尔森(Paul Samuelson)和美联储理事、著名货币经济学家、耶鲁大学教授亨利·瓦里奇（Henry Wallich）在参议院考虑共同基金立法时对股价随机论的论证。]

如果像萨缪尔森教授、瓦里奇和银行委员会这样的大鳄都认真对待随机论，每个人就都应该接受这个观点，其原因在于，如果随机游走的观点是真理，那么，所有的图表和投资建议就毫无价值，而这又必将影响到"游戏"的规则。

随机论的第一个前提是：股票市场，比如说纽约证交所是一个"有效"市场，也就是说，大量以利润最大化为目标的理性投资者相互竞争，想方设法预测股价的未来走势，在这场竞争中，他们所拥有的信息量大致相同。

第二个前提是，股票确实具有内在价值，按照经济学的术语，就是拥有均衡价格，在任何时点，股票价格都是估计其内在价值的最佳依据，而内在价值则取决于股票的收益能力。但由于任何人都不能确定内在价值到底是多少，于是，"很多相互竞争的参与者，就会导致有价证券的实际价格围绕其内在价值随机波动"。（法玛所言。）

坚持随机论的人已经用"实证证据"检验了自己的理论，这项研究的目标就是用数字来说明：股价的连续变动是相互独立的。下面这个样本检验也许会让大家感到震惊。检验者是麻省理工学院的威廉姆·斯蒂格尔(William Steiger)，内容摘自《股票市场价格的随机性》一书：

这项检验的基础是统计学的抽样分布规律，样本来自另一个纯随机性的案例。其中，t表示为比率（随机变量），为实际数据对一段连续随机数据序列中第一个观察值和最后一个观察值连线的偏离范围与增量的样本标准差之比，分布规律表示为概率分布 Pt_1，其中，t小于或等于任何 t_1。

考虑如下的连续性随机过程。其中：

$S(t)$ $(m \leq t \leq n)$，表示为从 m 到 n 的一段纯随机分布，m 为整数，t 在 $m \leq t \leq n$ 区域内连续变动。

$$S_n = S(t)_{t=n} \qquad (1)$$

我们把 S（t）在 t 于 m 到 n 之间变动时的实现值转化为平均增量为零的值。下面的公式表示对（m, Sm）和（n, Sn）连线的离差：

$$S^*(t) = S(t) - \frac{S_m(n-t) + S_n(t-m)}{n-m} \quad (m \leq t \leq n) \tag{2}$$

Rm(t) 表示一段随机变量（m, n）在时间节点 t 的离差范围，其计算公式为：

$$R_m(t) = \max_{m \leq u \leq t} S^*(u) - \min_{m \leq u \leq t} S^*(u) \tag{3}$$

以如下公式表示离差的增量：

$$d_i = S^*_i - S^*_{i-1}, \quad (i\text{ 为整数}, m+1 \leq i \leq n) \tag{4}$$

Sm, n 定义为该区段内各时点之间的增量标准差：

$$S_{m,n} = \sqrt{\frac{1}{n-m} \sum_{j=m+1}^{n} (d_j)^2} \tag{5}$$

最后，我们定义随机变量 tm（n）如下：

$$t_m(n) = \frac{R_m(n)}{S_{m,n}} \tag{6}$$

这样，我们推导出 tm（n）3 的样本分布公式：

$$H(t) = P_r(t_{m,n} \le t) = 2\sum_{j=1}^{\infty} \frac{1-\left(\dfrac{N-2}{N^2}\right)4J^2t^2}{\left(\dfrac{1+4J^2t^2}{N^2}\right)\dfrac{n+1}{2}} + \frac{\left(\dfrac{N-2}{N^2}\right)4J^2V^2-1}{\left(\dfrac{1+4J^2V^2}{N^2}\right)\dfrac{n+1}{2}}$$

其中：N=n-m≤2

$$V = \begin{cases} \sqrt{\dfrac{1}{N}} \\ \sqrt{\dfrac{N}{N-1}} \end{cases} \quad (\text{N 为偶数，N 为奇数}) \tag{7}$$

公式(7)在随机分布的抽样区间内有两种解释。由于我们抽取 S*i（i 为整数）作为连续随机区间 S（t）（i≤t≤n）的样本。因此，在公式（3）中，就不能抽取 Sm（t）做样本，相反，只能做如下抽样：

$$R_{m,i} = \max_{m \le j \le i}(S^*_j) - \min_{m \le j \le i}(S^*_j) \tag{8}$$

进而，只能抽取如下样本：

$$t_{m,n} = \frac{R_{m,n}}{s_{m,n}}$$

在某些情况下，Rm,i 可能会等于 Rm（i），此时，而且也只能在此时，我们才能把公式（7）解释为 Tm（n）的精确抽样分布函数。

总之，Rm,i≤Rm（i），我们可另行证明，当 i → 0，m 固定不变时，等号成立的概率为 1。

你似乎没有意识到，这其中存在序列相关系数的问题，不过，它给你的感觉和给我的感觉没什么两样。另一种方法就是检验不同的技术性交易规则，看看它们的收益能力是否能超过随机性交易。例如，麻省理工学院的西德尼·亚历山大（Sidney Alexander）教授根据按其他技术性交易规则出现的结果形成的推论，对各种临界点进行了检验。

5%的临界点是这样发挥作用的：如果任何一天的股价下跌幅度达到5%，就买进并持有，直至价格从随后的最高价再次下跌5%时卖出并做空。在日收盘价上涨至最低价5%以上的时候，再次买进补仓。

我们可以看到，这个5%的临界点实际上是和趋势分析或者说价格运动分析有关。亚历山大教授对1%～50%的临界点[见《投机性市场的价格运动：趋势还是随机》（Price Movements in Speculative Markets: Trends or Random Walks）] 以及根据临界点买进并持有的收益情况进行了检验。

因此，随机论投资者会说，大盘中的任何股票更有可能随趋势而动，这样的说法毫无根据，因为任何股票追随大盘趋势的概率都是50%。

抛掷硬币的结果也是一样的。假如你连续扔5次硬币的结果都是正面向上，那么，第六次正面向上的概率是多大呢？假如你连续扔100次硬币的结果都是正面向上，第101次正面向上的概率是多大呢？两种情况的概率都一样——50%。

法玛教授说："如果随机模型能合理描述实际情况，那么，图表论者的工作就完全等同于占星术士，没有任何真正价值。"

随机论者似乎对图表论者不屑一顾。还记得我讲过的一个故事吧：我曾邀请一位主张随机论的教授到我家里就餐，在听到有人建议应认真对待图表时，竟然被水果噎住了。我们现在已经形成了一条规矩，就是必须在所有的随机论教授们吃完餐后水果后再谈论图表。我认识的另一位教授则让自己的研究生抛掷硬币，然后，用符号"X"在图表上做标记，正面向上时"X"向上移动一个位置，背面向上时"X"向下移动一个位置。果不其然，最后把这些"X"连成的图线形成了一个漂亮的点数图，既有直线和头肩，也有翻转和双顶，总之，股价图上应该有的形状，在这张图表上一应俱全。

但遭到随机论者驳斥的不只是图表论者，他们同样对证券分析师提出了警告。其中的逻辑是这样的：

股票的市场价格与其内在价值之间存在差异。分析师收集各种信息，运用自己的知识和智慧，大肆宣扬某种买进或卖出交易。他们的行为也缩小了市场价格和内在价值之间的差距。分析师越出色，精通市场之道的分析师越多，他们的结论就会越趋于失效，换句话说，股票市场就会变得越"有效"。而一个"有效"的市场，也自然会更严格地服从于随机模型：市场价格反映内在价值的真实折现值。

现在，我们会发现，在有效市场中，先行一步的分析师显然会打败一般水平的分析师，当然，每个分析师都会觉得自己高人一筹。证券分析师的观点肯定要好于相同偏好条件下随机选择的投资组合，因为每个分析师的选择超过随机结果的概率都是 50%，哪怕是一个彻头彻尾的白痴或是完全用飞镖选择的组合，这些分析师的胜算一样是 50%。

这是一个冰冷严酷的世界，一个事事难料的世界，一个对随机概率俯首帖耳的世界，一个总让我们心灰意冷的世界。尽管随机论者对股票的内在价值笃信不疑，但他们对此却束手无策，丝毫不会给我们带来帮助。因为不管这个内在价值怎样，只要市场还存在着某种乐观或是悲观的情绪，股票的市场价格就会围绕这个内在价值上下波动，以至于我们根本就无法抓住它的脉搏，就像一直停摆的时钟一样，虽然毫无意义，但它每天总会有两次是准确的。

我们都知道，这个市场上活跃着 16 000 名证券分析师，肯定也有几千名图表分析师。坚持图表论的分析师决不会相信随机论，因为这会让他们的工作变得毫无意义，当然也没有人愿意把自己的辛勤努力等同于扔飞镖之类的玩笑。对证券分析师来说，他们会觉得随机游走和自己毫不相干，因为他们认为，知识和见识足以让他们高人一等。在他们当中，绝对不会有人用随机论的数学依据去指导自己。如果他们真要这样做并对此坚信不疑，他们的饭碗恐怕就保不住了，这样的分析师或许应该去商学院教学，到目前为止，还没有发现分析师大规模离职的情形。

要给怀疑论者吃一颗定心丸，我们不妨再看看前述的条件：市场具有合理的"有效性"，在市场上，大量以利润最大化为目标的理性投资者相互竞争。但是，投资者，甚至那些冷酷无情的、操作上一丝不苟的职业基金经理，也未必是完全理性的，至少不可能永远保持100%的理性。更多的情况下，他们追求的是某种程度的利润以及对企业的感情，而不是最大化的利润和追求尽善尽美的急切感。在随机模型中，投资者在某种程度上并不比"南方古猿"更先进，更聪明，而且我们也不得不承认，"人"并不是"经济人"。正如凯恩斯爵士所说的那样："任何灾难，都不如非理性条件下的理性投资策略更具破坏性。"

迄今为止，还没有人知道如何把情感合乎理性地结合到序列相关系数和市场分析之中。从统计数据看，今天的股票市场价格绝对与昨天的市场价格无关，换句话说，今天的价格和昨天的价格之间不存在任何统计上的关联度，这一点是毋庸置疑的。但是，从昨天走到今天的趋势，却始终在人们或者说群体的头脑中不肯离去。无论是图表法还是随机法，我们都能找到一个共性：它们中没有人的出现，图表的图线上不会有人，随机论中也不需要人。图表里有价格，随机法中有相关系数，还有历史（这还要取决于你是图表论者还是随机论者）。如果乔治·伯克利主教（George Berkeley，1685 — 1753年，18世纪英国哲学家，西方近代主观唯心主义哲学的主要代表）的大树在森林里倒下了，即使它发出令人恐惧的声音，也不会有人听到（原话为伯克利主教所说，以说明物质和意识之间的关系。——译者注）。

如果股票市场确实是一场"游戏"，这场游戏也可能真的不存在任何内在价值。在这场"游戏"中，如果每个人都认为伯克利教主的大树应该倒下，这棵大树就会应声倒下，那么，这颗大树根本就没有存在的必要。假如复印机能不断印出股票证书，纽约证交所还继续营业，而且银行时不时还能发点股利，即使所有炼钢厂、仓储公司和铁路公司都关门停业，这场"游戏"也能义无反顾地玩下去，前提是：没有一个人知道这些炼钢厂、仓储公司和铁路公司已经不复存在。

随机论者靠计算机杜撰出各种各样、深奥莫测的证据，为自己的论点摇旗呐喊，他们不甘寂寞，想一鸣惊人。技术面分析师也离不开计算机，他们使用样本和临界点，不仅研究价格的变动，还要分析价格的上升和下降、移动平均值高于前盘的交易和低于前盘的交易或是你能想到的任何序列关系。人需要给计算机编程；计算机自己根本不会分析推理。因此，按照不同人编写的程序，同一种计算机就会给出不同的证据。对随机论者，用数学方法提出的第一个挑战就是罗伯特·莱维（Robert Levy）提出的"相对优势概念"（Relative Strength Concept）；但问题的答案，即使是在今天，依然含混不清，依然无法用数学作出清晰的解答。

从本质上说，随机论者的影响肯定是有益的，因为它会让每个人去检验别人提出的结论和业绩，而不是不加思考地接受神话和所谓普遍性结论。与此同时，我们看到的现实是：无论是随机论者还是图表论者，真正跑赢大盘的都寥寥无几。但确实也有一些不依靠任何特定投资理论的投资者，反倒非常成功。或许他们只是幸运儿，遇到了天赐良机；或许他们更理性，或是有更好的信息源；或是他们拥有统计学领域无法涵盖的某些专长，比如说心理学知识。

随机论者也并不只是一意孤行地认为，股票市场是随机变化的市场。他们的某些人也承认，市场并不是随机游走的，他们的原因仅仅是：这个市场始终偏离"完美"和"有效"。

库特纳教授指出："我的模型，完全与我对华尔街股价图的解释相一致。就像印度的民间医生发现了镇定剂一样，尽管没有现代科学的手段，华尔街上的巫医依然凭借他们的魔力创造了很多东西，尽管他们尚不能告诉你市场到底是什么，它是如何运作的。"亚历山大教授在一篇论文中曾作出如下总结，"在投机性的市场上，价格随时间的变动似乎服从随机论，但任何变化，一旦出现，就会出现持续下去的趋势"。

其实，我们可以把任何倾向于持续的运动都绘制成图表。亚历山大教授说，"'统计师'对时间序列的研究结果和非随机运动序列形成的趋势非常吻合"。

说句实话，在本书中，无论是对图表法还是随机法，斯坦利·科特斯（Stanley Kurtz）在《偏见忏悔录》（*Confession of Bias*）中提到的偏见都是不可不提的。尽管图表能一目了然地反映价格变化（诸如交易量、上涨和下跌等因素），但技术分析却能涵盖价格变动以外的因素。至于我们对复合收益的偏爱，则是源于基本面分析中的"未来收益的折现值"概念，实际上，它不过是传统"未来股利现值"这一概念的引申。

不可否认，在这些加速增长的收益中确实包含着"内在价值"，但即使确有"内在价值"，也一样可以把它当成一场"游戏"去玩。假如市场真是一场"游戏"，那么，统计人员对图表方法的诋毁也就不像听上去那么重要了。实际上，只要有足够多图表论人士论调一致，他们就会形成一股强大的市场力量。或许这些图表派本身就是股票市场中非理性的、不可测量的"南方古猿"派。

人们对学术界还有另一种偏见：他们采用书面语言表达自己的观点，即二次方程，但听众却无法表达意见。证券分析大师本杰明·格雷厄姆（Benjamin Graham）在《聪明的投资者》（*The Intelligent Investor*）一书中写道："在数学和人们对普通股的投资态度上存在着一种特殊的矛盾。"

人们通常认为，通过数学计算能得到精确而可信的结果。但是在股票市场上，运用的数学理论越精确、越深奥，我们由此而得到的结论也越不确定，越具投机性。在华尔街44年的工作和研究中，我从未看到过什么值得依赖的关于普通股价值和相关投资策略的计算结果，这已经超出了简单的算术和基础代数的范围。只要一出现数学计算或高等代数，你就可以认为，这是警报：操作者正在试图用理论替代实践。

正如读者所期望的那样，我本人对股票市场也存在偏见，我发现不得不赞成分析大师的观点。即使随机论者能提出完美无缺的数学论据，我依然会坚信，就长期而言，收益会对现值产生影响，而在短期上，决定未来收益现值的，则是那些捉摸不定的"南方古猿"（人的本能性意识），是群体的心理。

直觉能被程序化吗

1881年，卡莱顿公司(G.W. Carleton and Co.)出版了一本由笔名为"成功操盘手"的作者撰写的书——《华尔街制胜之道》(*How to Win in Wall Street*)。"成功操盘手"在伊利湖和电车行业都曾续写过辉煌的传奇，但这并不一定与我们有什么瓜葛。这个故事的真实性还有待考证，而且不管他多么成功，最终还是敌不过大交易员基恩。在对基恩的精彩操作观察了许久之后，这位"成功操盘手"找到了基恩，并向他请教买卖股票的秘诀。大交易员基恩说："先生，我可没什么秘诀，我买卖股票和女人买股票没任何区别，凭的完全是直觉。"

尽管我们不可能把直觉编成计算机程序，但直觉的确是客观存在的。除此之外，几乎任何事情都可以程序化，我的朋友"图表大王"

阿尔伯特，还是一个顶级计算机操作大师。在听我提到之前，他从来就没有听说过随机性，因此，大家会看到使用计算机的两面性。

有一天，阿尔伯特给我打来电话，兴奋得就像一个刚得到一辆320毫升排量"黑色麦当娜美丽女王"摩托车的9岁孩子。他在电话里对我说："快来看看我的计算机。"

阿尔伯特就是圈里人所说的那种"技术型分析师"。技术型分析师认为，对市场来说，我们唯一需要知道的，就是供给和需求；千万不要在意收益、股利和经营状况——而这些恰恰是"基本面分析师"关注的重点。供给和需求最终表现为价格、成交量和其他统计指标，技术型分析师可以让它们出现纸面上，这就是图表。狒狒的天敌是猎豹，但技术型分析师的天敌却不是基本面分析师——他们毕竟还是可以忍受的敌人，而是反技术论者，也就是我们刚刚提到的随机论者。但我们也知道，还没有哪位随机论理论学家写过一篇完整的英语文章，大多数华尔街人士恐怕还读不懂平方根号里那些稀奇古怪的希腊字母。

不管怎么说，阿尔伯特还是异常兴奋，以至于让我赶快地去看他的新计算机。阿尔伯特为一家投资机构工作，这是一家亟需资金的大型基金。最初来到这家基金时，阿尔伯特的工作就是坐在一个小格子里，一个人绘制股价图，几乎没有人注意过他的存在。后来，这家投资机构给阿尔伯特专门配备了一个单间，我知道，他已经开始受到重用了。虽然机构的高层决策者并不觉得阿尔伯特是什么人物，但他的"战斗空间"（这是大家对阿尔伯特办公室的称呼）却成了午茶时间最受欢迎的地方，很多销售员和分析师都要抽空到他这里坐一坐。

我以前也经常到阿尔伯特的"战斗空间"转一转，这里总会让人想到军队司令部。在这里，四周的墙壁上到处都是股价图，屋子中央也竖着挂图表的图板，甚至会让你联想到这样的场景：一名上校走到大家面前，手里拿着指挥棒说："先生们，据情报人员透露，查理的部队目前正在 E 区的这个部位活动（用指挥棒点了点地形图），因此，我们可以动用直升机直接袭击这里（又用指挥棒点了点地形图），在他们达到柬埔寨边境之前断其后路。金斯伯格、奥雷利和阿尔伯格迪会带领他们的公司到这里……"

每次想了解技术分析师如何看待我选择的股票时，只要找到阿尔伯特，他就会带我去浏览一番整个股市。他会边走边说："看看这儿，零星股票的持有者还在抛出。明白吧？再看看这儿，他们还在卖空。不错，就是这样。还有，从南面墙壁上的 200 天和 21 天移动平均价格，我们可以看到，A 线仍然高于 B 线。形势也不错。"我们就一路这样逛下去，就像美术馆里的艺术品收藏家一样，走过描绘涨/跌比和"洛里差"（Lowry's Differential）的画像……阿尔伯特美术馆里的每一件作品。

在我熟悉的朋友当中，阿尔伯特绝对是一个能在工作中找到真正快乐的人。我记得，阿尔伯特还是孩子的时候，他就能记住棒球大联盟里每个击球手的成功率，然后按失误数和出局数对他们进行排序。从商业学校（当然不是那个叫"哈佛"的商学院）毕业后，他的第一份工作是在一家轴承厂做会计，但还不是注册会计师。当时，这家公司的一位副总裁在做商品期货生意，并绘制了很多商品价格图。很快，阿尔伯特也开始研究价格图。这位副总裁的生意做得非常好，他居然给阿尔伯特找了个专门替他研究价格图的差事，于是，阿尔伯特自己研究价格图了。他用了一年的时间，通读了关于价格图的所有材料，对各种图表进行了实验。那时的图表法还属于 18 世纪的科学，完全属于实证性研究，而且不是能通过学校的学习传授的。因此，掌握图表法完全依赖于亲身实践和师徒之间的言传身教。阿尔伯特总是公司第一个上班、最后一个下班的员工。他在工作中快乐无限，副总裁也过得美妙无穷，期货经纪人也其乐融融。

与此同时，轴承厂的销售额却一路下跌。当时，这位副总裁的心情，就像他对手里的"五月小麦"和"十月汞"期货一样,让他心急如焚。但是等到这些期货让副总裁扬眉吐气的时候(阿尔伯特自然也一样兴高采烈),阿尔伯特的价格图技术已经炉火纯青了。副总裁赚了一大笔钱,于是,他在佛罗里达买了一块上千英亩(1 英亩=6.0720 市亩)的林地。他热情洋溢地握着阿尔伯特的手,祝他一路走好。阿尔伯特离开了轴承厂,找到一份做图表分析师的工作,也找到了自己的归宿。

无论从哪个角度看,阿尔伯特的机构都算不上最具技术性的投资机构,因为顶级的图表分析师根本就看不上这里。但是,这里有的是一群激情四射的年轻人和分析师,再加上阿尔伯特在业内的声誉,还是经常会有顾客光顾这里。当然,阿尔伯特现在还要忙于为自己的图表法设计新的计算机统计程序。

我到那里的时候,和阿尔伯特一起工作的还有两个分析师。一位分析师和阿尔伯特一起看图表,另一位在"洛里差"图面前跑来跑去,等待机会的到来。

"我刚刚看过这家公司,"分析师说,"他们的利润率正在急速增长,销售额可能会增长 20%。"

阿尔伯特拉着他的手:"别和我说这些,我不想知道这些。"阿尔伯特聚精会神地盯着价格图,分析师屏住呼吸,等着怪才从图上看到点蛛丝马迹。

"这是头还是肩?"分析师焦虑不安地指着图上的一个部位问。阿尔伯特不屑一顾地看着他。尽管阿尔伯特是一个非常优雅、非常谦逊的人,但像这样的凡夫俗子如此糟蹋价格图,确实让他忍无可忍。阿尔伯特说,决定最终结果的不是图表,而是读图表的人,这一点由不得你不信:假如你找两个图表分析师,给他们看一张价格图,他们也许会给出完全不同的两种观点。

"它找到了其他支撑,也许是 17∶00 或 18∶00。"阿尔伯特最后说。

"但如果真能达到这样的收益水平呢……"这位分析师辩驳道。

"得折现。"阿尔伯特说。这时,另一位分析师走过来。他刚发现一家名为阿尔法数字的公司,他们开发了一种新型印刷设备。虽然盈利水平不怎么样,但他们的股票却从 7 美元一路飙升到 200 美元。因此,在阿尔法数字公司的股价图上,开始有 1 英寸(1 英寸 =2.54 厘米)左右的一段股价位于底部,而随后 3 英尺(1 英尺 =0.9144 市尺)长度的一段股价则一路上扬。实际上,只有把两张以上的图表纸粘到一起,才能看清整个 3 英尺长的上升段。这位分析师对自己的判断非常乐观,但还是想其中可能存在的风险。他指着 170 美元附近的一小块区域,问阿尔伯特:如果股价下跌到这的时候,是否应该考虑买进。

"不。"阿尔伯特说。他不想浪费任何一个词。

"你认为在哪儿会出现稳定的支撑呢?"分析师问。

阿尔伯特指着底部的 1 英寸趋势线。他说:"我觉得应该在 7 美元,但没人能保证。"实际上,他一直对"阿尔法数字"不感兴趣。这家公司一直不被人注意,默默走着只属于自己的辉煌之路,因此,还没有什么图表来反映他们的业绩。现在,问诊的时间已经结束了,患者都已经离开,我可以一个人独自接受图表大师的教诲。

阿尔伯特对我说:"看这儿。"在"战斗空间"中央的桌子上,放着一台貌似电视机的东西。这是一台显示器,显示器的前面是键盘,和打印机或计算器的按键一模一样。

我根本就看不懂这些乱七八糟的东西到底是什么。阿尔伯特和计算机本来就不陌生,他们似乎天生就有缘;他曾经在一项时间共享程序用过计算机,当时,我正和他在一起,亲眼看着他在绿白相间的计算机打印表上,用笔圈出一个个红色的小数字。

"这是在线实时操作的。"阿尔伯特说。在线的含义恰如其文:信息可以同时出现在同一个系统的所有显示器上。实时的含义实际就是

"同时"。也就是说，系统的工作原则就像航空公司的一台计算机，它能扫描所有飞机上的每个座位，然后告诉你圣诞节除夕的航班是否还有空座。或许这个类比还不太恰当，但阿尔伯特也错了，因为要让这台计算机未卜先知，它所预测的交易就必须变成现实，而且能被它打印并保存。不管怎么说，阿尔伯特毕竟是个聪明透顶的年轻人，而且是一个人单打独斗。他坐在键盘边的时候，俨然一派范·克莱本（Van Cliburn，美国著名钢琴家）或是格伦·古尔德（Glenn Gould，加拿大钢琴家）的风范——不过更有古尔德的味道，卷起衬衫的袖口，正襟端坐，等候演奏的开始。

"板块机会出现了，"阿尔伯特惊呼，一边劈里啪啦地敲击着键盘。显示器闪亮起来。计算机说的是：

1. 航空公司　　2. 电气　　3. 航天

这就是未来的趋势。而趋势又是随机论者所不屑的。

"哪家航空公司呢？"我问道。阿尔伯特又是劈里啪啦地敲了一通键盘。

聪明的计算机回答："TRUNKLINES。"

"太感谢了，"我说，"我自己也应该想到的呀。"

"航空公司，Trunklines，加权平均价格，"阿尔伯特一边说，一边敲着键盘。

1.EAL　　2.TWA　　3.NWA

计算机认为：东方航空公司的发展趋势最佳。

"看看，"阿尔伯特说，"这是东方航空相对于整个行业板块的情况，这是东方航空相对整个市场的情况。"

EAL　　14　　17∶5　　4×1×3

"这真把我搞懵了，"我说，"这些数字到底是什么意思呀？"

"那是我自己的系统，"阿尔伯特说，"这些是参数，不用考虑它们。"

我真够幸运的，我根本就不了解计算机，和它们在一起的时候，我觉得它们说的话，无非是"0100100010011001"之类愚蠢之极的事情。

"看，这儿就是东方航空，这是按加权平均价计算的当日价格与前几天和前几周的比较。"阿尔伯特边说边敲着键盘。显示器上出现的是：

EAL　　　99：97　　　$3 \times 4 \times 1$

"当时的买家数量要多于卖家。"阿尔伯特说。

我靠到计算机旁边，按下另一家航空公司的图表，然后又按下阿尔伯特刚刚按过的键。显示器上出现的是：

错误

"看来这台计算机是个只属于你自己的家伙，"我说，"只要不是你自己坐在这台计算机前面，它就一无是处了。它能识别哪个手是主人的手。"

阿尔伯特呲着牙傻笑着。

我们又在计算机前面坐了15分钟，玩着敲键盘的游戏。此时，你会有儿时美梦成真了的感觉：了解每个击球手的击球成功率，按选手的身高、体重、在大联盟里的服役时间进行排名，这个击球手到底习惯于左手投手还是右手投手，更适应右场还是左场，在阴天还是晴天发挥得更出色。

"我发现，这个小发明能处理很多信息呀，"我说，"不过，在任何一天里，一切也都有反其道而行之的可能。"

"对，一切事物都不是固定不变的，"阿尔伯特说，"但从总体上看，还是要服从一定规律的。"

"对，"我说，"现在，我需要你告诉我的是，凭借这么高深莫测的根据，为什么图表分析师会提出'七月牛市，九月熊市'的说法呢？"

"总有人要走出这第一步，但不是我们。"阿尔伯特说。

"新玩意确实不错，但如果你不真正用它做点什么的话，根本就没用，"我说，"我保证，你完全可以更快地搜寻更多的股票。你可以对一个小时前发生的所有事情进行排序。但可惜的是，大家都在玩同样的游戏，每个人想知道的东西都一样：别人在干什么。"

　　阿尔伯特诡异地笑了笑说："这正是这场游戏的本质。"然后又翘起食指说："'他们'都会在意的。"阿尔伯特说的"他们"，是股票的主宰者，所有人都要对他们俯首帖耳，因为他们是政策的制定者。

　　现在，我才突然意识到这场游戏的真谛。对任何一个在主张"谨慎人"和"经济人"的严格传统教义下长大的人来说，有价证券的优劣就在于"质量"，全部可以归结为"好"与"坏"，而"好"的内涵就是持续经营，能存在下去，而且越长越大。对这些人而言，图表论者无非是一些手指上沾着油墨、坐在图板前三条腿板凳上的小伙子。但现在坐在我面前的，却是一个离不开计算机的技术论者，这也恰恰是其中的奥秘，谁会蔑视这些似乎无所不能计算机呢？我们最想知道，就是它还能不能更快地计算出收益？我这才明白阿尔伯特为什么会这么高兴。尽管这东西看上去似乎很有趣，但它决不仅仅是什么聪明的小发明，尤其是在模拟股票市场制作和使用模型时，我们更能体会到它们的厉害之处。真正让阿尔伯特快乐的是一种新的地位。计算机正在让图表越来越受关注，图表论者也正在走上正轨。

　　当然，图表分析师的出现也不是一两年的事情了，而且也没有几个发财的图表分析师。因此，我们也没必要为此担心害怕。归根到底，我们还要用自己的两只眼睛去看数字，不管眼睛后面的那个大脑是聪明还是糊涂，这双眼睛看到的东西是你不能左右的。不管怎么说，我们还是应该为阿尔伯特高兴吧！

　　每个人都知道概率是什么东西。但是要在股票市场上赚钱，我们就必须知道，这些最为计算机所认可的图表意欲何为。实际上，这并不是什么新观点，它的雏形存在已久，而且和那些画在纸带上的精美图案没什么区别。当时，这种不乏艺术细胞的纸带绘图师大有人在。

我姑且把这个雏形版称为"最后一击"，那么，我们就看看这个"最后一击"到底为何。它的意思是，股价已经达到自己的45码线，此时已经完成第四次触底，距离突破只有一步之遥，情况进展一直非常顺利。但是在股价穿越图中上部突破线时，仅仅完成第一次触底，不过是起步而已。比如说我们在12美元的价位上买进布伦斯维克股票。

我们坐在自己的计算机前面，他们也坐在自己的计算机前面。但游戏的名字都一样：别人到底在干什么？计算机缩小了时空范围，改善了人际沟通。有了计算机，根本就用不上电话；有了计算机，每个人都能随时发现：只要布伦斯维克的股价涨到12.5美元——这也是所有公开图表的上部边界线，它就能领先一步，再进10码。

你甚至能听到大家开始呐喊助威。霎那间群情激荡，最后一击就在眼前，12、12.125、12.25、12.5、12.625！冲，再推进10码便可成功突破！根本不必去做什么考量，也不必为了股价突然降到7美元而担心，原来的突破线现在变成了防守线，再严密一点，再牢固一点，抱住对方进攻队员；我们已经做好反击的准备，触底得分，让全场观众为我们欢呼。

所有这一切似乎已经在我们掌控之中。但总会有人对如此这般的顺利不甚满足。不过，这还有句总能让我们屡试不爽的格言：只要股价行将见涨，它就一定会涨。这或许是我们能在股市里稳坐钓鱼台的最佳方式。每个人都在盯着别人，因此，市场上自然是一片和风细雨。这就是我们说的"趋势"。如果我们都紧跟趋势，那么，唯一值得我们担心的，就是"趋势"翻转时，我们该如何应对。即使如此，我们或许依然能找到众人的呼应。

但是有个傍晚，一个计算机维护人员走进阿尔伯特的办公室。我想象他戴着一个似乎印着"雷尔路德·比尔"字样的帽子，手里拎着一个带长喷嘴的油壶，口袋里装着改锥和小扳手之类你能想到的那些工具。于是，如果办公室里的人看到这家伙，没人会怀疑他。每个人都会不由自主地认为，他就是来修理走廊里经常眨眼睛的荧光灯的。这位雷尔路德·比尔四处张望，然后快步走进阿尔伯特的办公室。

哈哈，你猜到了吧：其实你早就知道，他根本不知道雷尔路德·比尔。我们也不知此为何人也。只见他走到计算机前，用改锥迅速地拧上几下，几个电路板便被拆卸下来。他从内衣口袋里掏出几块怪模怪样的纸带。这位雷尔路德·比尔动作麻利，俨然是一个密码解密高手。又掏出几个纸条后，他才关掉口袋里的手电筒。听到走廊里响起了脚步声，雷尔路德·比尔蹑手蹑脚地走出办公室，摸摸面颊，若无其事地看着走廊里眨着眼的荧光灯。

第二天早晨，阿尔伯特照旧来到办公室。他和一位分析师讨论了一下；两个人就像外科医生查看 X 光片一样，举起一张股价表。然后，阿尔伯特坐下来开始摆弄计算机，计算机立即演奏出一段激荡回旋的华彩乐章。

"全部股票中上涨动量最强的股票是什么？"阿尔伯特问当日"吉普"。（在大家把吉普当作汽车之前，吉普却是一种只会说真话的小动物。）"吉普"亮起来：

莫加特约得·邦邦

"莫加特约得·邦邦？"阿尔伯特将信将疑地问，"从来没听说过这么个公司。"

分析师马上翻出公司手册。找到了，这只不过是一家几乎没人感兴趣的小公司。

"哦，好吧，"在这种情况下，阿尔伯特会说，"真是意外的收获。"然后，阿尔伯特会问涨幅最大的股票是什么。

"莫加特约得·邦邦。"

越来越多的人开始围在阿尔伯特身边。"再问问阻力线在什么价位，"大家七嘴八舌地说，"问问它能涨到什么程度。"

叭叭叭，阿尔伯特继续敲击着键盘，让计算机查找涨幅最大的股票：

莫加特约得·邦邦

"仅从技术分析角度看，我认为有必要买进一点。"聪明的家伙可能会说。但野心勃勃、眼光长远的基金经理则会冒点险，在水里踩上一脚。

与此同时，在城市另一边的一个小简易房间里，"雷尔路德·比尔"正在擦拭工具，演练动作，等待黑夜的到来。

就在那天夜里，一样的故事又在发生着……

第 12 章
血肉之躯鏖战丧失情感的计算机魔鬼

> 我们现在有 21 名分析师，他们随时为计算机提供最新的信息，在这 21 位分析师中，每个人都知道，如果这个计算机组合总能胜利，他们就没有饭碗了。

你也许会觉得我只是在向你介绍阿尔伯特和他的计算机，还有什么"雷尔路德·比尔"。尽管这听起来有点让人感到古怪，但"雷尔路德·比尔"这样的事情却从不少见。当然，这个"雷尔路德·比尔"根本就不是什么雷尔路德·比尔，他就是一台计算机。要看清这个名叫"雷尔路德·比尔"到底是怎样工作的，我们不妨纵览一下计算机的整体状况。

在计算机最初来到我们面前的时候，在华尔街很多从业人士和投资管理大家对它们趋之若鹜。毫无疑问，计算机代表着创新，代表了科学，预示着未来的大潮。所有人都在吹捧计算机的理由，那就是其他人都在追逐计算机。正如古斯塔夫·勒庞在《电子时代》(*Electric Age*) 一书中所描述的那样。而大家用计算机做的第一件事，无非是把自己最隐秘的东西马上交给它们，比如说，工资薪金、计算顾客的保证金账户等，这些都与投资无关。

计算机也正在变得越来越强大，速度越来越快，它们能游刃有余地完成主人交给的工作，而且还能给主人省出下午的时间去看球赛。于是，老板开始雇用纯粹的"计算机人"。而这些"计算机人"立竿见影，让整个面貌焕然一新。"事实"远离了我们，"字节"走近了我们。一个字节就是一小片信息，但计算机不仅能记住几百万个字节，而且还能记住每个字节存储在哪儿，按任何预定的顺序对这些字节重新排序，对它们进行加减乘除，还能得到比率——还是能给主人省出看球赛的时间。（当然，这些计算机的空闲时间也不会白白浪费，它们带来了一个新的概念——"时间分享"，按照这种方式，不同人可以以不同的目的使用同一台计算机。）证券分析师习惯于到处游荡，口袋里揣着一把计算尺。现在，用计算尺就如同是用燧石打火，这些分析师们也开始喜欢上满嘴"输入输出"之类的计算机术语。

计算机的第二步工作叫做"筛选"。"筛选"这个词的含义恰如其表，看看阿尔伯特在干什么，你就能明白了。把这些字节提供给计算机，就可以让计算机按主人指定的任何顺序处理它们。在出现询问性程序之后（就像阿尔伯特的计算机那样），分析师只要坐在那里便可发问："计算机，帮我找出市盈率最低的50只股票。"计算机就会按顺序打印出一份市盈率清单，或是在它的显示器上显示出筛选结果。然后，分析师就可以继续问："计算机，在你给我筛选出的股票中，资本回报率最高的10只股票是什么？"计算机会马上照办。之后，分析师就可以随心所欲地摆弄这些信息。他可以说："计算机，调整一下这10只股票当前的市盈率，计算出3年期的收益移动平均值。"让计算机乐此不疲地忙个不停。

尽管出色的分析师也能完成计算机的这些计算，但绝对没有分析师能在如此短的时间里完成如此之多的任务。计算机的工作，就是在数百万字节的信息中进行筛选，然后利用筛选结果得出不同的模型，显然，没有一个分析师能胜任得起这样的任务。

因此，今天的分析师才有胆量接受客户的委托，去分析10年期的股票业绩指标，按不同特征对行业的企业进行排序，或是对不同行业进行排序。

与此同时，分析师和程序员一直在尝试新的领域，探索新的未知。其中之一便是"预测"，当然，我们对预测并不陌生：实现创建一个行业分析模型，然后根据不同的情况预测行业盈利能力。实际上，这只不过是对输入——输出分析模式的改进。计算机甚至可以对季节性因素进行微调。

最后，分析师坐在那里，就可以用计算机做很多事，比如说，计算移动平均值、指数平滑或是各种各样的序列和比率，看看他们是否与自己提出的假设相符。正是出于这个原因，《平滑预测和离散型时间序列预测》(Smoothing, Forecasting and Prediction of Discrete Time Series)这样的书籍，才能在华尔街的书店里热销。自然，分析师也可以品尝一下统计学的"滋味"，或是尝试着研究一番与市盈率有关的各项衡量指标，比如说市盈率与销售额或利润增长率的相关性，与这些销售额或收益额指标的偏差，通过多元回归分析对这些指标进行分解，也就是业内行话说的那样，找出可能影响市盈率的变量。这也是分析师一直在做的工作，但他们凭的只能是观察、感觉和计算尺，因此只能是近似的，而且也不适合大批量股票的分析。而计算机却不仅能打印出这些分析结果，而且还能在配备相应程序的情况下，把这些线性数据转化成图形，直接画出你需要的图表。

如果有机会，你可以试试安装有绘图程序的计算机。你可以用光电笔（就像雷尔路德·比尔的口袋手电筒），在屏幕上随意画个圆圈，于是，计算机就能自动把这个圈修正成一个标准圆。当然，对航天飞行工程师来说，这不过是雕虫小技，但对初出茅庐的新手而言，这绝对是他们懂事以来最有趣的一件事。

计算机所进行的这些工作，无不涉及"基本面"以及与"基本面"相关的要素：经营状况、销售额、利润以及利润率等。但真正的乐趣来自于我们使用计算机进行的技术分析，也就是说：其他人在干什么。阿尔伯特在要求计算机对股票增长动力进行排序时，计算机需要在全部股票中找出价格增长率最大的股票——从中我们便可略见一斑。

我有一位名叫埃尔文的朋友，是国内一所顶级大学的教授，是利用计算机进行技术分析的顶尖设计师。埃尔文教授从事技术研究，60多岁，绝对属于精英一族，除了在学校里授课，他还从事着16项课外研究工作。实际上，他在大学里领到的收入，仅仅是他全部收入的1/3。其他2/3收入则来自于他从事的咨询和各种商业研究，当然，他的这些业务研究无不与他的老本行有关，他的研究生就能帮他撰写研究报告。

不久前，我曾经拜访过他。不管你是谁，在他所任教的大学方圆3英里（1英里=1.609344公里）范围内，你就能找到埃尔文教授。因为在附近的写字楼里，就有他的办公室。他对办公室的环境非常讲究，一般都装修时尚，配备"简斯·里瑟姆"高档家具，而且会有前台接待员。他在这里设立了三家公司。

尽管我不便说出这三家公司的名称，但这些公司的名字都带有"计算机""决策""应用"或"技术"之类的词。一些经常面对重大决策的大公司副总裁甘愿用丰厚的薪金聘请埃尔文。因为埃尔文能根据需要，构建出一些复杂的模型和计算机程序，凭借他的计算机模型，埃尔文能告诉这些企业高管：甘草牙膏根本就行不通，因为它是黑色的，美国人不喜欢黑色的牙齿，而那些喜欢黑色牙齿的人已经在嚼槟榔了，而且这部分人口只占整个潜在市场的4.6623%。

埃尔文的计算机系统得到很多大型机构的资助，这些系统已经到了可以在线实时运行的程度，而且已经和纽约证交所和美国证交所的股价行情报价机联网；它甚至不需要读取数据纸带，只要获取电子脉冲，即可驱动股票报价机，直接把报价机的信息计入内存。对埃尔文的计算机来说，数据筛选、预测和多元回归分析等都得心应手。不过，我想知道的是，埃尔文的计算机怎样应对股票市场的技术面。

"计算机要做的第一件事，就是检测每一项股票交易、交易价格、交易量以及股票变动百分比，"埃尔文说，"我们为每只股票制定一种行为模式。当一只股票的市场表现超出这种行为模式的限定范围时，监视器就会发出警报，它会说，'嘿，快看'。"

和很多计算机人一样，埃尔文总是把自己的计算机看成一条力大无穷、忠心耿耿的会说话的爱犬，而将检测的目标看做是违规的绵羊。

埃尔文按了几下键盘，但巨大的显示器依旧是黑屏。

"目前没有什么行情变化，"埃尔文说，"过会再看看。"

当埃尔文的计算机显现出一个监测信号时，多元回归分析这样的游戏确实让人感到其乐无穷。我觉得这种游戏的内容，无非就是看看，如果你每天在上午 11∶00 之前买进，下午 2∶30 之前卖出，能否领先专业投资者一步赚到钱。

显示器上显示出：

"显示器"

此时，大家都屏住呼吸。

DIGITAL DATAWHACK

交易价格超过限价

38.5 美元		2∶14		500		
58/56	54/52		12/12/12		47/47	42/56

"Digital Datawhack 股票的涨幅已经超过正常状态，"埃尔文说，"情况出现在 60 秒之前，时间是 2∶14，当时的交易量是 500 股。"

我迫不及待地问:"这只股票的其他交易情况怎么样?"

"看看参数,"埃尔文说,"别着急。我们看看 Digital Datawhack 股票今天的交易情况。"

埃尔文的计算机上显示出:

DIGITAL DATAWHACK

200	10:12	36.75
100	10:15	36.625
600	10:27	37
200	11:38	36.75
500	1:51	37.25
1 100	1:59	37.75
3 000	2:05	38
1 000	2:07	38.25
500	2:14	38.50

"这才是 Digital Datawhack 股票今天的交易情况,交易发生的时间以及交易量。"埃尔文说。

"听起来这有点像图表分析,"我说,"上线突破之类的东西。"

"图表分析师采用的绝大多数模型都是虚构的,"埃尔文说,"除了计算机可以同时监测几千只股票以及我们的模型采用统计检验之外,监测股价变动的原理完全是一样的。"

之后,埃尔文笔直地坐在那里。显示器上依旧闪烁着 Digital Datawhack 股票的行情。

"嗨,"埃尔文突然大声惊呼,"还有一台计算机在工作!"

此时,仿佛警笛已经拉响,扩音器大声呼叫"各就各位",两个研究生从隔壁的屋子跑过来。实际上,埃尔文的意思并不是说那台计算机在"广播",只是为了给大家提个醒。

埃尔文的计算机显示：

DIGITAL　　　　DATAWHACK

54/52　　　　52/52/52　　　　61/65　　　　99/99/99

一个研究生正忙于从书架上拽出计算机打印输出的结果，然后计算加总。

"肯定是明尼阿波利斯的 IBM360/50 前几天买进的波音股票。"这个研究生说。

"这个猜想可不科学，"埃尔文说，"接通大型计算机。"

"大型计算机？"我有点摸不着头脑。

"我们的计算机不可能容纳这么多数据，"埃尔文说，"一旦出现问题，它就不能干活了，此时，它可以连接到 IMB7094 系统上。我们通过一条随时联通的电话线与 7094 连接。这个 7094 系统保存了所有股票的模型。"

"你的意思是说，计算机也在买卖股票吗？"我问。

"大多数股票交易还是像以前那样，通过个人或机构进行的。"埃尔文说。他所说的以前，实际上是指 1962 年左右，当时，计算机还只能做些文字处理之类的闲杂活计。

埃尔文接着说："但有几个大型高端基金也在使用我们这样的计算机。这肯定会很有趣。因为我们的计算机可以扫描正在监测股市行情的其他计算机，看看他们的买卖程序怎样。一旦了解他们的模型，那就万事大吉了。我们可以据此剔除股票。更乐观点，我们可以确定其他计算机想购买哪些股票。比如说，这台计算机刚刚在 38.5 元时买进 Digital Datawhack 股票，但实际上却是在 42 美元时买进的。也许我们可以在 40 美元和 41 美元价位上买进足够的股票，然后再引诱其他计算机在 42 美元价位上启动买进程序，这样，就可以把 Digital Datawhack 的股价推到 46 美元。之后，我们就可以坐享其成了。"

"就像前面图表上的'最后一击',让我们依据图表显示的信息发动进攻吧。"我说。

埃尔文说:"道理是一样的,游戏直到图表分析师抽空做几个小标记才告结束。图表分析师一定要盯着图表,手执羽毛笔,等着墨水干后,还要呆呆地盯上一会。除此之外,图表分析师的模型很可能是错误的不科学的。"

"其他计算机也在监视你的计算机吧?"我问。

"很可能,"埃尔文说,"我们确实还没有真正采取有效的防护策略,因为目前工作的计算机数量不够。但马上就会有更多的计算机参与到工作中来。遗憾的是,并不是每个人都相信计算机。即使是我们自己的用户,也一直在犹豫不定。他们始终坚持自己的判断、他们的直觉以及计算机时代之前的陈旧思维。这就意味着,我们的计算机还没有足够展示自身能力的机会,因为计算机的应用还不够普及,不够彻底。"

"但你的计算机确实在替你买卖股票啊!"我说。

"很遗憾,但还是要人给它发出交易指令啊,"埃尔文说,"虽然计算机也能直接发出指令,但证券交易所可不接受计算机的交易指令。但我可以肯定地告诉你,我的计算机确实在操作一个投资组合。"

"情况怎样?"我问。

"最早使用计算机时,我们曾经问它应该买进什么股票,我们早已迫不及待了,希望它能给我们一个目标。它却说,'国库券,现金'。凭着这样的答案,我们什么也不能买。于是,我们又审核了一遍程序,就在检验程序的时候,市场开始大跌。当时,我们再次问它这个问题,它的回答依然是现金。股市又继续跌了一点。我们恳求计算机买点什么。我们说,'总有一只值得买进的股票吧'。你看,即使是计算机人自己,也变成了计算机前时代那些陈旧的直觉理念的牺牲品。但计算机还是抱着肩膀,不为所动。它就是什么也不买。就在我们担心计算机什么也不买的时候,当时恰巧也是股市的低谷,它终于出手了,开始买进。市场也开始反弹,计算机持续买进。很快,计算机就已经投资满额,但市场还在继续上涨。"

"当时它是怎么做的?"我问。

"市场一直在涨,"埃尔文说,"有一天,它终于忍不住了,要我们追加资金。它还想继续增持股票。于是,我们追加了投资资金。在市场连续上涨一段时间后,计算机卖掉一点股票,然后利用回笼资金继续满仓投资。现在,它已经是全额投资了。"

我说:"埃尔文,现在能不能告诉我,如果真像你说的那样,这些计算机全部运行,那么,个人投资者是否会有机会?"

"运气往往很重要,"埃尔文说,"运气或者说诸多随机数字的排列组合,在任何时候都会出现。计算机测算的则是实实在在的迅速增长的业绩。即使是一个久经沙场的资深投资者,也只能勉强做到这一点。就总体而言,在任何时间间隔内,计算机都会成为最终的胜利者。它没办法不赢。投资世界就是一块世封的领地,农民投资者总会成帮结队地聚集在属于自己的计算机城堡。"

埃尔文教授对未来的诠释,让我有点不知所措。于是,我特地拜访了一家投资机构(但不是埃尔文的公司),我以前就听说过,这家投资机构持有一只完全由计算机选股的投资组合,我和一位熟悉的分析师聊了一会。

"最初,计算机选择的投资组合表现一直不错,"这位分析师说,"后来,人们开始了解他们的工作机理,这些组合便开始慢慢落后。"

"为什么会落后呢?我觉得它们应该越来越好"。

"是啊,我们现在还管理着两只分别由分析师和计算机选股的投资组合,当然,分析师也依赖计算机进行基本面分析和筛选股票。"

"但假如计算机也执行筛选程序,它们为什么不能打败你呢?"

"因为计算机必须要根据分析师的建议和新信息等因素经常进行升级。"

"结果怎样?"

"我们现在有 21 名分析师,他们随时为计算机提供最新的信息,在这 21 名分析师中,每个人都知道,如果这个计算机组合总能胜利,他们就没有饭碗了。"

"你的意思是说,这些分析师会故意破坏计算机程序,而且为了不为人发现,每次只搞一点点名堂?"

"这是你说的,不是我说的。破坏这个词有点太僵硬、太难听了。但一定要相信我,计算机注定要输,不会输太多。但是在计算最终比分的时候,你会发现,血肉之躯总能打败这些没有情感的魔鬼。"

第 13 章
谁在篡改财务报表？

> 没有任何一家公司的收益表和利润是不能人为调整的，管理者和会计师总能通过考虑这样那样的因素，对它们进行操纵。

　　各位会看到，华尔街是一个到处都弥漫着数字的地方，数字无处不在，这场"游戏"玩的是数字。有了计算机后，有更多的人们参与到了这场数字游戏中，而且他们能把玩的数字量更大了，这些数字的组合也更复杂了，这种宽度和广度绝对是陈腐、落后的前计算机时代人所无法想象的。数字可以反映目标公司的销售额和收益额。在任何人的系统中，收益都是最重要的因素之一。

　　但收益到底又意味着什么？

　　这应该很简单。拿起报纸时，你就会看到：齐尔克联合公司宣布，公司本年度的净利润为 100 万美元，或者说，每股 1 美元。当齐尔克联合公司发布其年报时，报告则会说，公司的盈利是 100 万美元，或者说每股 1 美元。会计事务所会对这份报告出具审计报告，报告内容如下：他们已经审计了齐尔克联合公司的财务状况和经营成果，"我们认为，报告所附的资产负债表、损益表和留存收益表，公允地反映了齐尔克联合公司的财务状况。我们的审计是依照《美国公认会计原则》进行的"。

最后一个词是关键。我们可以把《美国公认会计原则》理解成:"齐尔克联合公司的每股收益在 0.50～1.25 美元之间。如果完整阅读审计报告附注的 1～16 条,你就会看到,齐尔克联合公司的收益数字就像吉他那样,任你去随意把玩,这完全依赖于我们把哪项收益计数在内,哪项刨除在外。如果我们选择 1 美元作为该公司的每股收益,这个数字就和其他会计师对本年度的审定结果一致。明天我们将依情况而定。"

数字意味着精确,因此,我们有些难以接受下述观点:公司净利润取决于接受委托的会计师事务所,经过不同会计师事务所审计的净利润变动甚至可以达到 100%,尤其是在市场需要采纳这些收益数字推断趋势和增长率的情况下,如此不严肃的做法,的确令人不可思议。即使所有这一切不涉及任何欺诈诡计,也有可能让你锒铛入狱。

怎么会这样?

假设你是一家航空公司,刚购买了一架崭新的"波音 727"飞机。购买飞机花费的成本为 500 万美元。在未来的某一时间点,随着这架飞机使用寿命的终止,它的价值将变为零。因此,你必须每年按一定的比例用收入计提飞机成本。那么,你的飞机寿命到底是多少年?你可以说,这架飞机的使用寿命是 10 年,这样,按照直线折旧法,今年需要通过收入补偿的成本就是 50 万美元,或者说飞机成本的 10%。如果来源于旅客货物运输的净收入是 100 万美元,考虑到折旧费后的净收益就减少了一半。在这架飞机全面投入使用且始终处于运营状态的情况下,购买飞机年度的收益情况显然落后于下一年。如果在第 11 年还继续使用这架飞机的话,你的利润会变得更漂亮,因为在这个年度,飞机的账面价值已被完全注销,因而不存在折旧费用。

但是,这还仅仅是问题复杂化的开端。你的隔壁是另一家航空公司,这家公司也刚刚购买了一架全新的"波音727"飞机。这样,在你报告同一时间点的收益额时,我们就可以把你的数据和这个竞争对手进行比较,是吧?

实际上,这几乎是不可能的。临近的这家航空公司说,他们买的这架飞机可以用上12年。因此,他们可以在12年里对这架飞机提取折旧,这样,本年度提取的折旧比例是1/12,而不是1/10,因此,折旧对该年度收益的抵减额只有416 666美元,而不是500 000美元,按照这样的算法,这个竞争对手就能比你赚到更多的钱。

会计师就不能让每个人都对同样的飞机计提相同的折旧费吗?不能,他们当然不能这样做。不过,证券分析师却不得不多费点脑筋,他们需要把各不相同的折旧率转换为常数。会计师并不是什么超然的权威机构,他们只是客户聘请的专业人士。如果你说你的飞机使用寿命是12年,就必须说明自己的实际经营情况,来支持这个12年使用寿命的说法。戴尔塔航空公司"波音727"飞机的使用寿命为10年,而联合航空公司则是16年。

当然,航空公司的例子还是非常简单的。但两个第二代计算机系统会怎么样?比如说霍尼韦尔的H200和IBM1400系列。它们是否有相同的使用寿命?如果仅考虑使用,这是可能的;但假如你的用途是出售或交易,IBM的产品显然更容易被市场接受。但是,如果为了鼓励资本性支出,为购买新设备提供投资信用和税收优惠,情况又会如何?按行话说,这些投资信用是直接归属第一年,还是在设备的整个使用寿命期间进行分摊?

如果每个企业都采用相同的折旧法和不同的使用期限,使用年限就非常富有弹性了。但通常设备不采用直线折旧法:每年均采用相同的折旧率。有些公司采用加速折旧法,在开始年份采用较高的折旧率,比如说按正常折旧率的150%进行折旧。还有一些则采用更有吸引力的所谓"年数总和法"。如果你真想了解这些方法的细节，不妨问问你的会计师，他会向你解释清楚的。

不过，这还只是开始。我们再来看看存货：有些公司对存货采取后进先出法计价。有些公司把研发费计入存货成本，有些则将研发费在若干年度之内进行分摊。有些企业对暂未支付的养老金成本进行摊销；有些则根本不做任何摊销。有些公司在子公司取得收益时，提取所得税准备金；有些公司则在子公司向母公司上交股利之前不做任何预提。

在一个企业收购另一个企业时，账目就会变得更加匪夷所思。收购可以是一次性购买，可以是一组权益的交易，也可以是两者兼而有之。在这个过程中，商誉既可以分摊，也可以不进行分摊。折旧的基数也会大相径庭。

简而言之，**没有一家公司的收益表和利润是不能人为调整的，管理者和会计师总能通过考虑这样那样的因素，对它们进行操纵**。不久前，普华永道会计师事务所进行了一项研究，名为"《美国所得税公认会计原则》难道就不会误导投资者"。

通常（但并非一贯），如果一个证券分析师不需要花时间接电话、和顾客交流、向养老金基金兜售股票或是参加会议，那么，他完全有能力用几天的时间解析资产负债表和损益表。这就意味着，他需要做点真正"笨人"做的工作，认真解读报表附注，进行比较，寻找突破口，剥去那些精心设计的外表，揭示事物的本来面目。但是在现实中，大多数分析师不得不接电话，买卖股票，参加会议，还要及时跟踪业内的最新发展动向。因此，并没有多少证券分析师做这些基本功。即使每个分析师都能做这些基本工作，但需求会更大：因为股票经纪人的数量或许是分析师人数的20倍，而更是有200倍于经纪人的客户，迫不及待地等着他们回话。因此，当电话铃响起，听到话筒里说，"齐尔克联合公司的收益是每股 1 美元，市场价却只有收益的 12 倍"时，你会发现，谣言是无时无刻不在的。另外，正如我们知道的那样，事实并不一定会让齐尔克的股票上涨，真正左右齐尔克股价的，或许是群体大众对齐尔克的情绪和感受。

大多数会计师是诚信之人，尽职尽责。但是，雇用他们的是公司，而不是投资者。他们是公司雇用的专业人士，经常要参与公司的税务和管理等事务。

多年以来，华尔街一直把注册会计师的职业资格证书奉为诚信、声誉和执业质量之本，尤其是那些国际知名的会计师事务所，比如普华永道（Price Waterhouse Coopers）、哈斯金斯·赛尔斯（Haskins & Sells 德勤前身）和安达信（Arthur Andersen）等。但随后的一些事件却让我们大跌眼镜：一些已经注册会计师审计并签字的财务报告，若干年之后再次被人们推动公众的面前，人们发现，报告披露的利润出于这样或那样的原因而大幅降低。其中最著名、同时也广受关注的案例就是耶鲁捷运公司案（Yale Express），尽管该公司连年披露利润，但最终竟然陷入破产境地。（目前，耶鲁捷运公司已按《破产法》"第四章"的规定进行了重组。）于是，愤怒的股东将此案诉诸法庭，起诉对象不仅有耶鲁捷运公司，还有在耶鲁捷运财务报告上签字盖章的毕马威会计师事务所。今天，这个行业已经到处都是诉讼官司，当然，我们并不想深入探讨这个话题。我们想说的，在律师和证券交易委员会已经成为不可或缺要素的大环境下，会计师事务所已经开始关注一贯性问题，但是，即使是在会计师之间，在收益的真正含义这个问题上也存在混淆。他们认为，企业各有不同，不可一概而论，因此，要反映不同业务之间的差异，就必须存在一定程度的灵活性。

在某种程度上，我同情会计师们的两难处境。我一直对报告的数据持怀疑态度，因为接受会计师审计的财务数据让我赔了很多钱，没有任何事比赔钱更能让人怒火中烧。一家大型华尔街出版社指出，"CPA"这三个字符不应该是"注册会计师"的缩写，而是"注册公共杀手"的代名词。过一会，我想解释一下我反对注册会计师的根源，这或许会让你听得更明白。

如果我们用如此敬畏的心态来看待损益表上的利润数字，不久后，那些头脑灵通的家伙在创办企业时，想的就不会再是合乎逻辑的发展和进步，而是怎样杜撰出更漂亮的数字。

我们把这样的企业称为"集团式"公司或"自由式"公司，当市场进入黄金季节，这种公司形式尤为流行。集团企业就是一个靠收购其他从事各行各业业务的公司来实现增长的公司。在人们的心目中，集团企业的管理者应该是一种全新的管理者，他们才华横溢而又独断专行，在他们的头脑里，整个游戏的思路就是接管一家冰淇淋制造公司，将其与真空阀公司合并，再并购面粉企业。这个冰淇淋制造公司、真空阀公司和面粉公司除了在资产负债表和损益表上实现合并，没有任何形式和实质上的整合。但华尔街寻觅的是不断增长的收益，只要找到合适的会计师，就可以利用这个过程让公司收益疯狂增长。从此，资本主义也进入了一个全新时代。

我恰巧经历过一个全新的集团企业的诞生过程，大家将会看到这个过程到底是怎样的。整个事件起因于克罗尼餐厅的一次午餐。

我非常清楚，在这样一个具有历史意义的日子里，天高传媒公司（Batten，Barton，Durstine & Osborn，简称BBDO）不会邀请任何外部人士。当天，天高在大中酒店宣布了进军广告业的决定。在我的印象中，阿什先生和索顿先生显然不是那种乱出点子的人。因此，我觉得他们打造一个庞大集团企业的想法绝非玩笑，他们正在酝酿创建里顿工业集团。不过，还是有个叫西德尼的家伙给我打来电话，约我到城中心的克罗尼餐厅吃午餐。

克罗尼餐厅的午餐，绝对不是华尔街附近其他餐厅的午餐，在这里，经常会有身着"普奇"（女性高档服饰品牌）的美女穿过你的眼帘，径直走到东墙对面的餐桌。早已在那里等候多时的男士，看上去慈眉善目，但实际上早就迫不及待，马上会捧起美女的纤纤细手，这让人们对未来遐想连篇。在这同样具有历史意义的午餐上，我一直在倾听西德尼讲述他新的集团企业规划，我不得不承认，在听他说话的同时，我一直偷偷窥视邻座的绅士们——他们小心翼翼地抚摸着那妙不可言的小手。这些美女似乎不为所动，只是狼吞虎咽地吃着午餐，仿佛这就是她们在克罗尼餐厅的最后一顿午餐。我甚至有一两次打断西德尼的讲话问他，这些衣冠楚楚的男男女女在午餐之后会干什么。西德尼没说什么，但好像并非不感兴趣。不管怎么说，在这次午餐后，已过中年的我又有了一个新的野心：我准备坐到靠克罗尼餐厅的靠东墙餐桌，找个皮肤白皙娇嫩、浑身散发着香气、发出银铃般笑声的美女，让这些年轻貌美的小老虎站在桌子中央，尽展妩媚。

在这次午餐前，我只见过西德尼一次。西德尼是一个股票经纪人，为顾客代理业务，他所在的公司大量从事零售交易。西德尼穿一套"Bernard Weatherill"牌高档西服，系一条"Countess Mara"高级领带，手帕的一角恰到好处地露出胸部口袋。在任何人的眼里，西德尼都是一个聪明绝顶的人，尤其是他叔叔哈里，更是对他称赞有加。在西德尼的手中，哈里叔叔的投资账户一直经营得非常不错。哈里叔叔最早投资的是"高弹柔性助长"公司股票，这是一家生产乳罩的公司。

西德尼是个不消停的人，他已经做了很多工作，对集团企业的兴趣，是因为他发现，如果不参与于其中，就看不到任何机会。其实，克罗尼也不是西德尼选择的，而是哈里叔叔的主意。我不得不说的是，真正替我们付账的是"高弹柔性助长"。哈里叔叔还提出了另外两家备选公司，但他们的合作前景却远远低于与克罗尼合作。

我还不太清楚西德尼到底是做什么的，但是他开始说话的时候，我发现，他的心里显然已经有了自己的集团企业。在现实生活中，他曾数次目睹过类似的案例。现在，为什么不自己试一试？于是，西德尼开始用"输入"和"协同效应"这样的时髦词汇武装自己。"输入"这个词来源于和计算机专业人士的谈话，意如其表——朋友打来电话告诉一个消息，这就是输入。在计算机的术语中叫"字节"。当部分组合起来的整体效应大于这些部分之和时，就产生了"协同效应"，这也是备受哈佛商学院研究生们推崇的一个词。

哈里叔叔喜欢西德尼，对他的投资能力更是坚信不疑，但他慢慢地也认识到，西德尼心里想的，就是将"高弹柔性助长"公司当作他的新自由式公司的基础。当然，对哈里叔叔来说，自由式也许就是一种新乳罩的名字。

"卖掉那家公司的股票？你疯了？"哈里叔叔说。

"不是卖掉，不是卖掉，"西德尼说，"而是上市，创造一个新的投资工具。""工具，"哈里叔叔喘着粗气说，"华尔街可不喜欢这样的垃圾买卖。"

"我说的是一个集团企业，一个成长型企业，依靠的是全面完善的管理，用的是高深莫测的金融技术，"西德尼说，"我说的是 100 万美元的市场价值。"

哈里叔叔开始认真了，因为"高弹柔性助长"公司永远不会自己上市，不可否认的是，这个侄子让他购买了戴尔塔航空公司的股票后，股价一路飙升了 10 倍。

"我们的公司做什么并不重要，"西德尼说，"重要的是形象、管理和理念。这也是华尔街最喜欢的三个东西。"

"我的公司管理者就是我，我并不是个深不可测的人，"哈里叔叔说，"但即使没有管理能力，我也做得非常好。"

"每个部门都各司其职，独立运行，不受干扰，前提是它不需要帮助。我所说的完善管理，是指总公司层次上的管理，这个层次上的管理，就是去进行并购，和华尔街的投资银行谈判。"

"听上去好像就是骗到那张纸。"哈里叔叔全神贯注地听着，嘴里喃喃地说。

"我找好了一个非常聪明的经理，他今年6月才从沃顿商学院毕业，"西德尼说，"我还有一个非常非常敏锐的公共关系经理，他的工作就是传播公司理念。只要公司名称一变更，股票一上市，我们就开始收购其他公司。也许我们能找到在立顿公司工作过的人。"

"我知道一种你可以购买的业务。"哈里叔叔想到了倒霉的"一号"合伙人。对此，我们马上表现出兴趣。"也许这家公司还不够大。"哈里叔叔还有点不太满意。我们马上又耐心说服他。倒霉的合伙人说："它是妹妹侄女婿的企业，是一家从事尿布服务的公司。"

哈里叔叔抽了一下鼻子，我想西德尼也会抽一下，但他并没有。我看到他的大脑在飞速转动。

"这是个不错的主意，"西德尼说，"我认为这是一个新的部门。人口研究公司——不，不，对，我想出来了！就叫'人口爆炸公司'吧！"

"尿布生意也能赚钱？"哈里叔叔感到出乎意料。

"问题还是存在的……"

"但可以通过管理解决问题，"西德尼说，"我们可以在会计上处理一下。他在运送尿布的卡车上计提的折旧可能有点太快了。人口爆炸公司！太好了，名副其实。这个部门还要抽出一部分精力，专攻另一个新兴领域——避孕药的研究和产品制造……不过，由谁来负责避孕药品的销售呢？"

"我表弟卡尔就是销售避孕药的，"于是，倒霉的"二号"合伙人又出现了，"他是布伦科斯的药剂师，或许他会把药店卖给你。"

现在，西德尼已经处于极度兴奋状态了。但哈里叔叔还想知道，西德尼到哪弄这笔钱。"我们将采用股票互换方式，我们发行可转换债券，发行优先股。"西德尼说。

当然，所有这些都是非常值得期待的金融工具。最近，集团型企业家的楷模——迈舒拉姆·雷克里斯（Meshulam Riklis，以色列著名企业家），就如何创建集团企业问题进行了一次演讲，他把这些金融工具称为"卡斯特罗比索"和"俄罗斯卢布"，这会让人们感到，它们以前可不是这么用的。

"计算机，"西德尼说，"计算机最热门，看看那些计算机编程公司，控制数据公司、SDS 和 SEL。我们还需要一个计算机部门。"

"可我不懂计算机啊，"哈里叔叔的"二号"合伙人马上说，"但我表弟卡尔有一个妹夫，他是修理加法机的。同时，他还销售加法机，出租加法机，还有台灯，文件柜，还有很多你喜欢的东西，生意相当不错。"

"他的店面在哪？"哈里叔叔问。

"下莱克星顿大道。""二号"朋友说。

"莱克星顿，"西德尼几乎从椅子上跳起来，禁不住大喊道，"太好了！那就叫'莱克星顿计算机科学公司'！这样的公司自己就能上市！"

到此为止，各位已经看到，我按照自己的一贯方式，改变了游戏参与者的名称和数量，或许我有点夸张，但夸张的成分绝对不大，很有限。至于为什么不把哈里大叔的乳罩公司称作"太空时代材料公司"，确实没有任何原因，这样叫也并非不可。因为我们确实身处太空时代，而太空时代自然需要新材料。特利丹公司（Teledyne）旗下曾拥有一个"材料技术集团"，以前是"瓦斯科材料公司"，再前面是钒合金钢铁公司，但它们今天都已经成为低市盈率的公司，游戏的目标则是让市场去追逐股票。这也是集团企业的年报无不精彩别致、华而不实的原因所在。

许多公司的年度报告中到处都是精彩纷呈的图案装饰和公关人员宣传的痕迹，瑞士著名美术书籍出版社阿尔伯特·史基拉出版社（Albert Skira）甚至准备推出价值25美元的豪华版年报。

在比弗利山的圣莫妮卡，以前曾经被MCA占据的殖民时代庄园，现在已经成为老牌集团企业立顿工业集团的大本营。立顿的经营一直非常成功，它已经成为一个倍受尊重的集团公司，即使是以前的那些嘲笑者，也不得不甘拜下风。立顿收集了很多帆船、计算机和书籍，并且都能赋予它们最现代的经济理念。他们甚至发明了自己的有价证券，于是，不管立顿买进什么业务，都会让大家翘首以待。在厨具业务业绩下滑时，立顿还借助于商学院的毕业生为业务重整走出低谷出谋划策。

因此，尽管我认为任何事都应该采用正确的方法，也曾有过一次被会计公司欺骗的经历。大家都知道，股票的价格在某种程度上依赖于利润之类的数字。如果你只做蜂蜡业务，在赔钱还是赚钱之间就缺少造假的空间。但如果你做的生意就是买卖公司，那么，每次买进和卖出之间，会计公司总有办法把资产描绘成收益，把花掉的成本变成资本，从而创造出华尔街最期待的东西——漂漂亮亮的持续增长型收益。

如果你真想了解会计上的阴谋诡计，可以问问你的会计师；假如他还算讲点哥们义气，你还可以致电巴特·比格斯（Bart Biggs），他在康涅狄格州经营着一家对冲基金。比格斯对这些会计伎俩一清二楚。虽然我不认识巴特·比格斯，但他在最近这段时间的名声大振，让我觉得他很有可能也像我一样，受过会计师的欺骗。因此，这里我们姑且不讨论权益投资法（以高于账面价值的价格买进）或是资产购买法（以低于账面价值的价格买入）。我们关注的是，会计应遵守连续性和一贯性准则，现实则并非如此，不过，这也正是会计协会努力的目标。

鉴于你不相信我说的每一句话，所以，我觉得有必要解释一下我的偏见源自何处。几年之前，我曾创办一个小基金，当时，我的基金还很不成形。有一天，有个人敲响了我办公室的门，他是一家金融机构的股票推销员。这家伙是经纪人派来的，他们的工作就是专门对机构投资者进行公关，比如共同基金、养老金基金、保险公司等。因为我们办公室的门上印着"基金"两个字，这家伙就找了上门。其实，我的"蝌蚪"基金的资金规模非常小，仅相当于信诚基金缴纳的印花税。

直到现在，我还清晰的记得，这个销售员身穿一套"布鲁克斯兄弟"西服，不过，记忆和经验的力量太大了，以至于我现在一想到这家伙，总把他当成电影《音乐人》（*The Music Man*，1962 年）里的乐器商哈罗德·希尔教授——身着条格运动服，戴一顶草帽，脚蹬一双白袜子。如果你是那个公司前台接待员，肯定不会问他："嗨，今天你打算兜售点什么呀？"相反，你会不由自主地说："你今天又有什么新点子？"你也许会不以为然地摆弄着手指，告诉对方：要说服你绝不容易。假如你存心想让推销员惶恐不安，就不妨在他讲话时不停地用食指在桌上画圈，但哈罗德·希尔绝不是那种知难而退的人。

"你说你需要新思路？"他说，"你不是需要一个新思路吗？我来告诉你该怎么做。我来的目的，就是想给你出一个好主意，那就是：**在你的桌子上摆一瓶玫瑰，在楼梯上放一个饰物，就这么简单，但你的老板会认为你是个天才，你妻子会觉得自己仿佛又进入另一个蜜月，相信我，鲍勃，肯定行。**"

我开始用大拇指在地上画圈，显然，它有点发抖。

"你这么聪明，应该能想到，我准备在这里设一个咨询台，"哈罗德·希尔说，"目的就是帮你找到在当前牛市里最与众不同的想法，找到一直能翻一番甚至能一翻再翻的股票，我绝对能做到，鲍勃。我的公文包里就有一份报告，只要你给我买进指令，我现在就能告诉你一只股票。只要买上一点，比如说买进5 000股，我就能保证你一生成功，我敢打包票，绝对敢，鲍勃。"

结果，我买了一大把"瑟登帝产品公司"（Certain Teed）股票。人们开始对框架房欢呼雀跃，比如说，"我们给你四面墙，你找来一个会做水管活计的表兄弟，只要一个周末的时间，就能给自己盖座房子"。于是，以前默默无闻、只能做点木瓦和沥青屋顶的瑟登帝产品公司，专门成立了一个开发框架房的部门，这让他们在市场如鱼得水，一发而不可收拾。这个新部分名曰"基础住宅研究会"，就像普林斯顿大学的"高级研究协会"一样，布满光环。

"其实，这并不是一个新部门，"哈罗德·希尔说，"也不是什么新产品。它只是一场社会变革！实际上，你就是在社会变革中买进股票！"

如果你的记忆力还不错，应该不会忘记：只要花上4.95美元的首付款，就能买上一套房，再分期付清剩余款项，比如说月付25美元。尽管买家实际上只支付了4.75美元，但瑟登帝产品公司还是把住宅全款算作营业收入，瑟登帝公司报出的收益便直线飞升了。

瑟登帝公司当时的股价在60美元左右，此时，根基不稳的股价开始螺旋式下降，投资者也开始怨声载道。我的一位朋友打来电话说，这些房子的买主有点难对付，他们根本就没找来亲戚帮自己安装管道。他们已经打算放弃自己的4.95美元首付款了。我给瑟登帝公司的一位副总裁打了个电话，他曾经给公司作出了一个巨大无比、美妙无穷的收益预测，我问他是否还坚持原来的预测，他毫不犹豫地给予了肯定。在股价下跌时，我曾给瑟登帝公司的管理层打过很多电话，因此，我对瑟登帝公司的情况心知肚明，实际上，这位总裁只要让我住进他的房子，就能省下很多时间，根本就没有必要和我说这些废话。

但我还是对这扔掉的4.95美元首付款和房产全价之间的差别感到难以捉摸，最后，我想出了一个精妙绝伦的好办法。我准备去找审计瑟登帝公司财务报表的会计师事务所,这是一家全球知名的会计师事务所。事务所里人才济济,地上是厚厚的红地毯,高级合伙人的照片熠熠闪光地挂在墙上,周围的气氛让我满脑困惑。我被引见给一位气度不凡的高级合伙人,这个留着络腮胡须皱着眉头的合伙人,看起来就像穿着条纹运动服的哈罗德·希尔。我心惊胆战地问对方,在实际上只收到 4.75 美元的时候,按房款的全价确认收入是否合理。这位身材高大的合伙人站起身,用洪亮的声音斩钉截铁地回答:像他们这样一家全球知名的大会计师事务所,绝对不会签发不真实的财务报告。

两年之后,他们对瑟登帝公司的财务报表签发了一份注释。他们在附注中轻描淡写地说,对财务报表做"一定的调整",实际上,他们说的就是大量尚未真正销售的库存住房。市场对此似乎早有察觉,这种对价格的追溯性调整让公司的收益大打折扣,但附注中却蜻蜓点水般地说:"我们对此表示歉意。"

不管怎么说,股价早已经从 62 美元狂跌至 11 美元,所以说,这个在两年之后发布的附注来得太迟了。虽然我在半路里就逃出了苦海,这个放在财务报表括号里的说明,显而易见地说明了亏损,毫无疑问,这些看似不起眼的说明,绝对邪恶至极。不过,这家基金的总裁对我还算不错,他拉着我的手,走到办公室的窗子前,像慈父一样搂住我,站在 33 层的写字楼上,瞭望窗外壮丽的景色。

"孩子,每个人都会犯错的,"他说,"没什么值得担心的。这原本就是成长的一部分,是生命旅程的必经之路。"

我想,当时他最想做的,就是把我推出窗外。

所以说,我或许还不是个合格的思想家,或许集团公司确实是一种新的生活方式。假如美联储也像中美洲、南美洲发展中国家那样随心所欲地印制钞票,我们这些国民为什么不能也试一试?只要有市场,就会有人去满足这个市场的需求,眼下,华尔街正在忙着激活那些交投清淡的大银行、大保险公司股票,他们想说的,无非就是他们没有在操纵"业绩"或者股价。华尔街证券公司需要的是盈利记录和新"理念",他们必须为那些早就无人问津的蓝筹股摇旗呐喊。喧嚣声散尽后,便是这些华尔街商人数钱时。其实,"反托拉斯"者们是在为这些集团公司验身正名。何出此言?假如你买进一家非关联公司的股票,当然也就不存在反垄断问题了。大集团的管理者当然比蜂蜡师傅聪明得多,自然也比他们更有趣。正如我们的凯恩斯爵士说:不管做点什么,只要做了,就比什么也不做好。

第 14 章
小人物迷失大众癫狂

> 交易指令从全国各地蜂拥而入，我们看到的所有指令都是抛出，抛出，还是抛出。我们就知道，大盘形势依旧健康。"小人物"都在抛出，市场就不会恶化，因为"小人物"总是错的。

即使所有数字、会计变更、计算机系统和无限的可能性都开始让你感到迷茫不解，总会有一个专业人士使用的简单指标就能帮到你。那就是，看看普通投资者，或者说小投资者在干什么，然后，你只要反其道而行之便可。如果不能确信那些不了解情况的散户投资者采取其他投资方式，老手们绝不会安心。所有这一切都和"集中"与"分散"有关。但是在"集中"的时候，这些投资老手不得不从其他投资者手中集中股票，而在"分散"的时候，又必须有其他投资者接手他们的股票。

实际上，这根本就没有什么新鲜的。一位曾在1881年创作《华尔街致胜之道》(*How to Win in Wall Street*) 一书的成功操盘手，用下面这段话提出了这个问题：

是谁让这些股票经纪人面颊红润、大腹便便？是谁让他们能住进铺着红地毯、摆放乌木家具的大理石别墅，为他们的餐桌带来红酒和银器？让他们的妻子儿女甚至是仆人、情妇生活富庶，满身珠光宝气？是那些可怜的羊羔，俯首帖耳、唯唯诺诺而又天真无邪的羊羔。

但是自1881年以来，很多事情都在变化。这些面颊红润、大腹便便的股票经纪人正在想方设法减掉自己的大肚子，运动锻炼，使用强生公司的"Metrecal"减肥药，忙个不停。而在1881年，大肚子还不至于这样让大家感到不便。但也有很多东西实际上并没有什么变化。今天，"女强人"这个词已经不再受欢迎，即使是对那些可以归入"成功操盘手"一类的女孩子，也更在乎能否买到几百股新发行的热门股以及在加勒比地区的股份，而不是丝绸和项链。进步就是进步，毋庸置疑。但股市老手们依然对股市上的小羔羊虎视眈眈。

例如，我的两位朋友经营着一只非常活跃的基金。只要对市场有点不放心，他们就会跑到美林·皮尔斯证券公司（Merrill Lynch, Pierce, Fenner & Smith）的指令操作室，在这里，通过电传打字机把所有美林公司全球各地分支机构的交易指令打印出来。大家都知道，美林绝对是投资界的老大，他们的口号就是"我们代表所有投资者"，服务于众多中小投资者。

"我们在屋子里转了一圈，"我的一位朋友说，"交易指令从全国各地蜂拥而入，我们看到的所有指令都是抛出，抛出，还是抛出。因此，我们就知道,大盘形势依旧健康。"换句话说，"小人物"都在抛出,因此,市场就不会恶化，因为"小人物"总是错的，至少坊间的观点是这样。

"小人物"并不是说他们没身份，而是因为他们的账户资金很少。通常，他们只持有不到100股的零星股票，这已经是他们的全部账户资金了。你可以通过报纸上的"零星股"数据跟踪他们的情况。实际上，还有各种各样以分析这些数据为生的专家,他们的工作就是告诉你是不是继续背"小人物"之势进行反向操作,或是你是否已经出现"误操作"。"误操作"是业内人士的行话,就像股票经纪公司报告结尾处使用的法律术语一样:"本报告所包含之内容可能存在错误,尽管我们有可能会代销本报告所推荐之产品,但我方律师已认真阅读过本报告,并告知读者,我方不对本报告内容的真实性负责。"

就在我的朋友去过证券公司指令大厅后不久,我认识的一名零星股投资者便登门造访,我们在午餐上感慨颇深,我们俩几乎是抱头痛哭,我终于体会到"背道而驰"理论的深刻含义,随后的经历更验证了这一点。

对我来说,要学着去和这种名副其实的零星股投资者进行交流的确不易,因为职业基金经理讲了很多关于他们的流言蜚语。零星股投资者人数众多,他们的嘴里老是离不开自己管不了的大事,比如说"司法部阻止 ITT 合并的做法又让我赔了 2 200 万美元",当然,他们说的确实是实话,但真正损失的并不是他们的钱,而是他们的工作。有的时候,我会和别人坐在一起心花怒放地看着股价表,如果遇到一群斯佩里·兰德(Sperry Rand)公司的人,他们就会说:"嗨,看呢,杰里今年已经是第三次抛出斯佩里的股票了。"实际上,这里面话里有话;换句话说,这个曾在星期二与他们共进晚餐一起吃晚餐的杰里,一直在利用 5 000 万美元买卖斯佩里的股票,进进出出转一圈,他就赚了一笔钱。

不管怎么说,我得赶快把这顿午餐吃完,因为我刚刚看了一篇关于"小人物"的报道。这份报道的作者认为,小投资者的行为便是"大众癫狂"的显露,他们一直在赔钱,原因在于,当市场伤害他们的时候,他们还自以为是,甚至窃窃私喜。他在报道中说:"……零星股投资者还在继续抛出,他们依然幼稚地坚信,他们在报纸上看到的'坏经济消息,马上就会为市场所'理解'。实际上,直到市场开始'走强',他们才认识到自己终于开始'理解'这个市场看到的究竟是什么。"报道称,在 1962 — 1966 年的股市高涨期,零星股投资者一直在抛盘,而在市场进入下跌期之后,他们却在一路买进。现在,当股市好不容易开始反弹了,他们却又开始抛出了,总有些人要与市场背道而驰。

"首先,我本人或许也属于小投资者,但我绝不是你们这样的普通小投资者,"我的午餐同伴、零股投资人罗伯特说,"我是个投机者,我承认这一点。其次,我的信息要远远胜过普通的小投资人,我能得到很多内幕信息。"

内幕消息一直是很多投资高手失败的原因,于是,我问他这些消息从何而来。

"我认识一个非常棒的经纪人,"他说,"他确实能预先获得很多内幕消息。比如说,他会提前告诉我股票分割的消息。"

"股票分割通常会导致股价下降,分割后两股股票的价格之和等于原来一股的价格。"我说,感觉自己颇有见识。

"二月份就出现了一次股票分割,我因此而赚到了 3 个点的利润,"罗伯特说,"当时,我坐在办公室里就能从他那里得到了很多消息。他妹妹在市政厅的一个朋友那里工作,这些在政府就职的家伙肯定知道将要发生什么。"

我开始对罗伯特的世界略有认知:总有"他们"这样一些人,到处搞点手脚,唯恐市场不乱。对我而言,他们就是每天下午 5 点和我一起坐在奥斯卡餐馆吃饭的人,你可以在任何时候和他们聊天,和他们喝上一轮酒。你的秘诀就是判断他们什么时候在和你说真话,什么时候在欺骗你。

罗伯特若有其事地告诉我:"我认识的这个经纪人和这家伙的妹妹一直都干得非常棒,真够棒的。"

"我真是高兴你能告诉我这些,"我说,"你现在怎么操作?"

"我在抛盘,"罗伯特说,"确切地说,我已经结束抛盘了。"

"你觉得经济形势开始遇到麻烦了。"我猜想。

"那是报纸说的,"罗伯特说,"所以我才赚钱。我知道几只非常棒的新发行股票,只要股价一跌,我就马上回购。"

"股市大盘下跌时,你真有胆量买进吗?"我问罗伯特。

"绝对敢,我这个人胆子非常大。我告诉你,我有钢筋一般的意志,我本来就是投机者。"

我不得不敬佩罗伯特了,假如你认识真正不要命的投机商,尤其是那些管理压力速利基金的投机者,你就会知道,他们根本就不是无所畏惧,他们总是嚼着"健胃仙"(一种抗胃酸剂),满怀怨气地抱怨自己总是失眠。不过,在这个时候,他们根本就没有钢铁一般的意志。

"你必须得考虑像我这样的人会怎么做,"罗伯特说,"我过去持有战争债券。但是,因为买战争债券而赔钱时,我觉醒了。买债券可以获得利息,但等到你把债券兑现时,理发费已经翻了一倍,西服价钱翻了一倍,医药费也翻了一倍,你虽然有战争债券和利息,实际上你却已经落后了。很多人看不清这些,但我却能。"

"货币贬值可是一个事关重大的全球性问题啊,"我再次若有所思地说,"每个世界大国都在大量印制货币。"

"没错,"罗伯特说,"人寿保险也一样。你将来收获的绝对不是你当初付出的。"

"太精辟了,"我说,"非常精妙的比喻。"

"所以说,你一定要购买那些能和货币价值同步变化的东西,"罗伯特说,"我有11张印有'肯尼迪'头像的50美分钞票,尽管这种钞票大幅升值,但也没多少。我还有不少1937年印刷的丹佛头像版5分硬币,它们几乎已经翻番了。"

"我还真不知道，你原来还是货币收藏者。"我说。

"我涉足极广。"罗伯特说。

"在去年市场大转折期间，你是怎么做的呢？"我问。

"我干得非常漂亮，非常漂亮，"罗伯特说，"尽管最后关头的运气不算太好。早在去年春天，我就觉得彩电类股票会一路大涨。我现在也这么认为，因为每个人都想买彩色电视机。于是，我买进了一些摩托罗拉股票。"

"价钱怎么样？"我问。

"第一批买进摩托罗拉股票时的价格是 204 美元，"罗伯特说，"这只股票触底时，我又买了一些。这样，我的总成本也大幅减少。实际上，第二批摩托罗拉股票的价格只有 156 美元。"

"但摩托罗拉股票一直下跌到面值左右，大约只有 100 美元，"我说，"你赔钱了吧？"

"不过是税收损失（先卖出股票，然后在次日马上购回，形成一个可抵消资本收益的税损）而已，这是去年的事，"罗伯特说，"我在 98 美元的时候抛出了，所以说，你看到了，我卖出之后，摩托罗拉的股票就一直没有涨过。"

"是这样的。"我说。

"我卖出摩托罗拉股票之后，就用这笔钱买进了宝利来，我知道，这种轻便的时髦照相机肯定会一鸣惊人，我的一个朋友购买了一家非常非常大的连锁店，他们反映，这种产品一直脱销。"

"这太让人不可思议了，"我说，"如果你按这个价格卖出摩托罗拉股票时再转换成宝利来，你的投资回报率足足有 80% 啊，这完全弥补了你的亏损。"

"本来会的，"罗伯特说，"但问题是我没有买进宝利来。你知道，就在那个周末，我和我妻子出去度假了，我们住进了万豪酒店，在回家的路上,我的汽车发出沉闷的声音,汽车修理工说我的汽车需要彻底翻修,于是,我就把汽车扔到了修车厂,又买了一辆新车。"

"所以说,你就没做交易。"

"也不是,我做了卖空交易。"

"你在市场即将发生逆转的时候还卖空了?"

"我按每股38美元的价钱抛出了道格拉斯飞机公司的股票。在一份商业杂志上看到这条消息,说他们每售出一架飞机就要赔60万美元,实际上已经破产了,我觉得,大盘将要下跌,因为我们的经济正在步入衰退。"

"不过,你的这笔交易还是赚了一点,道格拉斯的股价最后降到了30美元左右"。

"对,但我那天恰好不在城里,没办法给经纪人打电话,我回到家时,坊间流言四起,传言麦道飞机正在接管道格拉斯。于是,我马上在低于40美元的价位上补仓。形势完全出乎我的意料,我很快就接受了损失,除非我计划长期持有这只股票。"

"你妻子怎么看到你的操作?"我问。

"她一直试图劝我退出,"罗伯特说,"但女人能知道什么呢?我在去年秋天终于清仓了,你知道最后的结果是什么吗?我太怀念这笔投资了,每天都感到若有所失。我喜欢和有头脑的经纪人一起聊天,相互交流,互通有无。真理就是,什么也不做最让我无法忍受。我喜欢市场。"

"给我讲讲吧,"我说,"我知道一直在股市里拼下去确实不容易,因为你本人就把炒股票的钱变现成了一辆新车,但你是不是赚到钱了?"

"当然赚钱了,"罗伯特说,"最开始投资股票时,我的本金是9 000美元,这笔钱是我叔叔去世前留给我的。后来,我拿出了一部分钱,买了汽车,还有其他一些东西,而且我确实学到了很多东西，我认识到我的缺点和不足，因此，我对未来充满了信心。"

"这9 000美元的本金现在变成多少了？"

"我还留着2 100美元。"罗伯特说。

我必须承认，罗伯特几乎让我变成了一个怪异理论的笃信者，我希望自己能继续坚持这个理论。实际上，罗伯特不过是这个大市场中的一个小人物。不管自己有多少钱，也无论是大投资者还是零股投资者，多年以来，大家都是卖家，因为养老基金一直是大买家，每个买家的背后，必然存在一个卖家。虽然交易量一直居高不下，但其中的部分原因在于，某些机构投资者似乎忘记了自己已经不再是小人物，他们一方面在想方设法卖出股票兑换成现金，另一方面又在用这些钱买进新的股票。其实，我现在只不过在摆弄1937年的丹佛硬币，因为那些知晓市场真实动向的内幕消息拥有者，绝对让我受益匪浅。

第三部分

他们
专业人士

$ / THEY *The Pros*

在这个平坦的世界，在这一场猫捉老鼠的游戏里。谁建起了壁垒？谁是游戏的制定者？谁是游戏的执行者？谁是游戏的牺牲者？

第15章
业绩，投资者骨子里的华尔街精神

> 业绩的基本特征就是"集中"与"转手率"。我曾经讲过，"集中"的含义就是对股票数量的限制。通过限制股票数量，我们可以更敏锐地关注这些股票，并逐渐减少表现不佳的股票。

如果你听从"成功操盘手"，偷听高手基恩、零星股票投资人罗伯特或是在市政厅工作的朋友妹妹有何高见，你就会发现一个共同的现象：在市场上总会有这样一群"他们"。"成功操盘手"在1881年说，"他们"随时准备落井下石，对危在旦夕的股票发起进攻，大量抛空；零星股票投资人罗伯特说，"他们"准备进行股票分割。

"他们"到底何许人也？"他们"就是那些操纵股票的人。"他们"总能先于市场得到消息，"他们"甚至会自己制造消息，"他们"就是想让股价上下蹿动。"他们"神秘莫测，无名无姓，力大无穷，"他们"无所不知，无所不晓。任何事情都不会让他们焦虑不安，心如火燎。"他们"就是市场的原动力。

这些所谓的"他们"真正存在吗？就在几年之前，这样的问题还会引起很多人耻笑。当然，答案或许是，"他们"存在于高手"基恩"的年代，不过，在那个时候，你一定要远离J.P.摩根和詹姆斯·杰罗姆·希尔（1838 — 1916 年，美国铁路大王，修筑北方大铁路，与 J. P. 摩根一同在一次股市争斗中从 E. H. 哈里曼手中夺得对北太平洋铁路的控制权，从而导致 1901 年的大恐慌），因为大象打仗的时候，小草也会遭殃。同样，20 世纪 20 年代也有"他们"这样的人，那时，假如你还不知道约瑟夫·帕特里克·肯尼迪（Joseph P. Kennedy，20 世纪初著名银行家）和麦克·米肯（Mike Meechan）是干什么的，你最好还是别碰收音机，否则，你就会变成他们的筹码。但现在，一切都已经昭然若揭："他们"就是证交会、司法部、国税局、法规、皮特·马维克·哈金斯·赛尔斯（普华永道前身）的审计报告或是"投资前尽职调查"，是分布大街小巷里的美林证券办公室和 2 600 万名投资者。改革使得"他们"不复存在。

"他们"还在吗？如果说像乔·肯尼迪、麦克·米肯或是詹姆斯·希尔这样的大鳄才能称为"他们"，"他们"当然也就销声匿迹了；市场太大了，即使是查理·艾伦（Charley Allen）也不能和 1907 年时的 J. P. 摩根相提并论。因此，自然也就不存在这些"他们"了，如此说来，难道"他们"只是神话吗？

不，这里还有一个这样的"他们"，这也许会让大家感到意外。"他们"总能最先得到消息，"他们"确实有能力操纵股票，因此，假如你能知道"他们"的一举一动，肯定会让你受益匪浅。

今天的"他们"与过去的"他们"不可同日而语。今天，能称得上大腕的人寥寥无几；大多数企业的经营者都是职业经理，他们的动力不过是成百上千的持股人、管理革命和新型工业国之类的思潮。投资界也不例外，商业大亨已经为职业经理人所取代，人们称"他们"为"机构"：共同基金、养老基金，保险公司的职业经理人。

多年以来，职业经理人取代商业大亨本身并不重要。基金的投资组合不再是"展示个性的工具"。基金经理的座右铭，就是把投机交给投机者。他们的职责，就是全身心地致力于"美国经济的长期增长"。

他们的投资组合有 200 只股票，他们掌握着美国最大的 200 家企业。200 只股票仅仅占据着整个组合的 2/3，另外的 1/3 则是债券。基金经理的纲领也源于早期的判例：1831 年的埃默里诉哈佛大学案（Amory vs.Harvard College，该判例是"谨慎人"标准的起源，在该案件的审判中，法院根据原告提出的委托资金受损事由认为，信托资金的风险是不可避免的，因此，对受托人进行投资的唯一要求，就是受托人必须诚信，合理判断。受托人应该考察一个谨慎、慎重、聪明的人是如何管理他自己的事务，与是否投机无关；并进一步认为，如果受托人运用了很好的判断且做到谨慎，即可进行任何投资，甚至对普通股的投机性投资。这就是著名的"谨慎人标准"的最早起源。——译者注）。该判例判定，信托行为应遵守"任何谨慎人应采取的标准"。要成为一个"谨慎人"，就必须做到节俭守财，行为谨慎，生活规律，死后还能留下遗产，即使是律师也会羡慕他们的条理和高效。管理有价证券的"谨慎人"会与自己的同学做生意，而这些同学恰好又是经纪人，只要股价一出现风吹草动，他们就会把组合中的钢铁股比例从 3.3% 减少到 2.9%，然后补仓电信股。

于是，我们便会看到一系列的结果，其中之一，就是新一代管理者的出现。我们都知道，华尔街曾经出现过"缺失一代人"的现象：从 1929 — 1947 年，华尔街显然是个人人喊打的地方，当然也就不会有人愿意到这里发展。而在 20 世纪 20 年代进入华尔街的那批人，现在已经成了六七十岁的老人。接下来的一代，则是三十几岁或四十岁刚出头。不同时代的人在态度上的差异，甚至比父子之间的分歧还要巨大。对老一代人来说，20 世纪 30 年代"大萧条"给他们留下了不可泯灭的深刻烙印，那是一种令人心碎的凄惨经历。真正的灾难，并不是 1929 年的股市大崩盘。尽管股市在 1930 年出现反弹，但 1929 年带来的创伤，让经历过这场浩劫的每个人心有余悸。美国钢铁公司的股价在1929年9月3日还是262美元，但转瞬之间便跌到了22美元。通用汽车股价从73美元一路狂跌至3美元，蒙哥马利·沃德（Montgomery Ward，全球首家从事日用品邮购目录业务公司，美国最大的私有零售商之一）则从138美元跌至4美元。投资信托基金的情况更糟糕，联合奠基人（United founders）的基金从70美元跌到只剩50美分，美国奠基人（American founder）也从117美元跌到了50美分。

1929年到1933年期间的《华尔街日报》和《巴伦周刊》，到处都充斥饱含眼泪和辛酸的文字。每个季度都会有这样的报道，"经济形势有向好的趋势"或是"持续性经济复苏就在眼前"，但没人愿意听这些废话。从1929年到1930年，那些靠借钱买股票的人一直在抛售。直到1930年与1933年，人们的心里才出现一丝光明。可是，从不借钱赌博的"谨慎人"，尽管对"美国经济的长期增长"坚信不疑，也不得不面对这样的现实：他们对美国最蓝的蓝筹股的无保证金投资，居然也狂跌了80%～90%。1929年10月27日，耶鲁大学的欧文·费雪（Irving Fisher，1867——1947年，货币主义和计量经济学的创始人）曾以这样的观点令自己名垂青史："股价的一路上扬，似乎让自己登上了永不跌落的高原。"但股票必然要走下这个高原，必然要服从于古斯塔夫·古斯塔夫·勒庞的群体心理学。"这是恐慌性心理的作用，"他解释说，"这是一种群体性心理，而不是说股价水平高得离谱……市场的下跌，在很大程度上因为心理的作用：股价必然下跌，因为它正在下跌。"

那些从不放弃希望的老一代人，不仅等到了更美好的日子，也看到了真正的繁荣。但对于他们中的大多数人来说，通货紧缩的阴影却一直挥之不去；而且灾难似乎还会一而再、再而三地出现。因此，克服这种隐藏于内心深处的情感，绝非易事。

但是对下一代人，大萧条只不过是个遥远而模糊的记忆，相比之下，通货膨胀似乎更显而易见。以前只需要花50美分理发，后来要花掉75

美分，接着又涨到1美元、2美元。下一代人没有经历过足以让雄心大志之火熄灭的30年学徒期的磨练，便承担起了岗位的职责。因此，便有了这个渴望拨乱反正的新生代，老一代人在错误的游戏里，混混沌沌地折腾了20年。

与此同时，可自由支配性收入——扣除食品、衣服和居所等生活必需品消费后的收入，也开始迅速增长，中产阶级的储蓄额急速飞涨。对共同基金的投资也从1946年的13亿美元增长到1967年的350亿美元。养老基金的规模更是膨胀到了1 500亿美元。

突然有一天，一笔多达4 000亿美元的巨额资金融入市场，这几乎相当于纽约证券交易所的一半业务量。这笔巨资的操纵者是一群猛虎般的新人，他们坚信自己必胜，因为老家伙们一直在犯错误。而他们所推崇的，便是"业绩"。

"业绩"的内涵没什么特别之处。它的含义就是，你的基金表现一直优越于其他任何基金，净资产的增值幅度遥遥领先。换句话说，你的基金所持有的所有股票的涨幅都超过其他股票。

不过，正如我们在前文所看到的那样，美国最伟大的成熟型企业，实际上并不是资本回报率最高的企业。因此，"业绩"型基金经理放弃200家美国最大企业的股票，开始追逐有价格增长趋势的股票。他们购买成长型性股票，不过，尽管IBM、宝利来和施乐这样的老牌绩优股并没有创造出1 000%的增长率，也一样会成为他们的选择。

"业绩"型基金经理不仅会选择成长股，还要交易这些成长股。"交易"并不符合"谨慎人"的原则；市场的短期波动更不符合"谨慎人"的口味。"业绩"型基金经理认为，积累资本最安全的办法，就是让资本翻番。

几年前，只要持有美铝、联合碳化物、美国电讯或是德士古这样的蓝筹股，基金经理便可高枕无忧。即使这些蓝筹股表现不佳，你也不会受到指责，因为批评你就相当于批评美利坚合众国。但是，假如你按60倍市盈率买进宝利来的股票，一旦宝利来未能如期上涨，你就倒霉了。如果你按40倍市盈率买进，然后按70倍市盈率卖出，再按55倍市盈率回购，按90倍市盈率卖出，进行类似的波段操作，你就肯定不会犯错。

一些基金和基金经理的运作非常成功。当时，共同基金的销售人注意到，在他们向潜在客户发放各基金的宣传资料时，很多客户已经不再对包装精致、均衡分配的多元化投资基金感兴趣。他们期待的基金是那些增长最快的基金。在他们看来，只要这样的基金才能继续高速增长。于是，当德莱弗斯基金（Dreyfus Fund）、富达资本基金（Fidelity Capital）和富达趋势基金（Fidelity Trend）的资产增长几亿美元，所有基金推销人就会打电话告诉基金管理公司，"我需要更多像富达这样的基金"。这就是业绩，源于人们对固定收益证券的不信任，源于人们对美元贬值的怀疑，源于企业可能来自技术或其他方面的某些锁定的资本收益。

而当"业绩浮出水面"，我们对这点也就清楚了。1966年2月，出生于上海、曾辅佐富达基金的蔡志勇（Gerald Tsai，1929 — 2008年，美籍华裔金融家，有"华尔街金融之王"之称。他管理的富达资本基金和曼哈顿基金都是当时的明星基金。——译者注）来到纽约。此前，他一直负责富达资本基金的运营。他素以精明强干著称，而且业绩颇佳；但是，恰如他对约翰逊先生所言，"我希望能有一点属于我自己的基金"，蔡志勇觉得自己或许能筹集到2 500万美元，由巴奇证券公司（Bache and Company）承销他的基金。不过，人们的胃口还远不止此，很快，订单就超过5 000万，又超过1亿美元。在基金上市的第一天，他的最终筹资额达到了惊人的2.74亿美元，而在一年的时间里，他的基金资金总额更是超过了4亿美元。不过，蔡志勇并不是"业绩"管理者的鼻祖，约翰逊先生和杰克·德莱弗斯（Jack DreyFus，著名的共同基金管理人，德莱弗斯基金的创始人）做得更出色。但蔡志勇绝对是第一个真正的明星。乔·纳马斯(Joe Namath)或许不是近十年里最优秀的四分卫（橄榄球比赛中的一个位置），但是想想索尼·维布林（Sonny Werblin，20世纪60年代纽约喷气机队的老板）居然在一个四分卫身上花掉40万美元，这在大联盟的历史上也是头一遭，实际上，还从来没有哪个老板为一个四分卫花这么多的钱。因此，蔡志勇就成为了"他们"中的一员。当时，如果你能看着报价机说"嗨，杰瑞·蔡又在买进了"，大家就会觉得你是个行家。

一旦"业绩"风如潮涌而来，便一发不可收拾。越来越多的基金经理变得野心勃勃，两眼紧盯资本收益。负责养老基金的政府大员们也认为，他们可以在自己的基金里补充一点增长型证券，而不是一味地抓住债券不放。罗彻斯特大学（University of Rochester）和卫斯廉大学（Wesleyan University）通过进取型投资，把手里的小本投资变成了规模庞大的捐赠基金。很快，其他大学的受托人也摇身一变，成了大型信托公司，专门处理这些大学持有的捐赠基金，他们还说："罗切斯特大学已经从默默无闻的的小字辈，变成了美国第五大最富有的大学，而卫斯廉大学则在到处大兴土木，没有施乐，就没有他们的今天，我们就是要寻找另一个施乐。"福特基金会主席麦克乔治·邦迪（McGeorge Bundy，20世纪60年代的美国国家安全事务顾问）的一席话至今掷地有声：

> 信托公司没有理由为他们通过为大学理财创造的利润业绩感到骄傲。虽然我们都能意识到非常规性投资的风险，但是，能真正检验理财业绩的标准，应该是以往的成功业绩，而不是行家大腕的评价。我们已经深刻地领悟到，就长期而言，我们

的大专院校为谨慎而付出的代价，远高于轻率鲁莽的决策，甚至是超高风险的行为。

这番话是如此震撼，以至于让人们忽视了麦克乔治·邦迪的基金会，实际上，这同样是一只业绩斐然的基金。

那么，"业绩型"基金经理到底是干什么的？没有人学过"业绩学"，因此也没有现成的规则可循，一切均由实践而来。业绩的基本特征就是"集中"与"转手率"。我曾经讲过，"集中"的含义就是对股票数量的限制。通过限制股票数量，我们可以更敏锐地关注这些股票，并逐渐减少表现不佳的股票。

假如你的手里持有200只股票，那么，这些在你眼里也就没什么区别了。但如果你同时持有的只有6只股票，你就会紧紧盯住每一只股票。此外，你还要想方设法搜索这6只最出色的股票，假如又发现一只更出色的股票，你就得从组合中剔除一只最不出色的股票。转手率的意思就是说你持有股票的时间有多长。如果你买进股票后就把它们束之高阁，那么，这只股票的转手率就是0。但是，如果在每年12月31日，你都会用其他股票替换你在上一年年初买进的全部股票，那么，你的股票转手率就是100%。以往，银行信托部门的转手率通常在2%左右，而共同基金的转手率则在10%左右。但是到了现在，银行信托基金的转手率达到了10%，而进取型基金的转手率甚至会超过100%。在过去的几年里，转手率的提高导致股票的交易量直线上升，这也给经纪人带来了大笔的收入。

我们可以看到，如果"业绩"型基金经理看中一只股票，即使这只股票本身并不出众，并不引人瞩目，这只股票也必定会上涨。如果他们持有股票，恰好又发生了令人失望的事情，卖盘就会蜂拥而至。我们在1966年就经历过很多这样的例子，当时，生产照相机的仙童电子（Fairchild），股价在一年之内便从28美元猛涨到220美元，而后又在6个星期里暴跌了100点。按照这样的集中度，股票的持有时间自然会大为缩短。如果下季度财务报告的结果依旧令人失望，你就会竭尽全力鼓动其他基金经理也抛出股票，然后等待时日进行回购。

因此，市场对短期信息自然是如饥似渴。再加上阿尔伯特和埃尔文的"技术分析"和计算机辅助，更是让市场瞬息万变，所有这一切加在一起，即使不能让整个股市翻江倒海，也会造就一大批剧烈波动、令人心焦的股票。这无不让美联储主席威廉·麦克切斯尼·马丁（William McChesney Martin，20世纪60年代的美国联邦储备委员会主席）焦急万分，他的下述言论上了各大媒体的头条：

> 共同基金经理、投资基金以及养老基金的经理开始越来越多地用短期市场业绩来考量他们的成功。实际上，他们只是为成长股设定了一个目标，只要实现这个目标，他们就算大功告成，然后，他们再去寻找其他机会。但考虑到这些机构的强大购买力，风险是显而易见的：这种买进卖出的投机性交易，很可能会因为一只股票的得失而把市场逼进绝境……他们的意图或许值得称道，但在我看来，这种做法在本质上似乎就包含着20世纪20年代合伙经营所体现的某些毒瘤。

此时，你唯一能做的，就是说说"20世纪20年代"，说大家都很焦急，因为每个人都能记起之后发生的事情，或者至少看过一些讲述那段动荡的故事。但是当马丁先生提到基金经理"设定了一个目标……实现这个目标，然后再去寻找其他机会"，这些基金经理马上会反唇相讥，"他想让我们做什么？难道再把股价搞下去不成？"显然，"业绩"带来的威胁是名副其实的，这是对流动性的威胁，所有基金都不可能同时变现。

在证券交易所，每个人都号称专家。他们有责任保证股市有序运转，平稳顺畅。经纪人带着自己的股票来这里兜售时，他们就会买下这些股票；如果有人带着现金来这里买股票，他们就会把手里的股票卖给投资者。他们出售的股票或许是库存股，但是在买进股票的时候，用的只能是自有资金。这样，他们就通过买进卖出发挥着平抑市场的作用。这种方法对100股和500股这样规模的交易指令来说非常有效，虽然我（和其他每个人）也见过很多一遭到打击便作出让步的专业人士。尽管我们不想在这里讨论"专业人士角色"，但这个"角色"却是某些专业性讨论的主题。

当三只10万份额的基金在同一个上午上市，专业人根本就无力应对。于是，他会拨通证券交易所主管的电话，请求交易所能给自己留点时间集中买家。他们暂时让股票"休眠"；其实就是停止交易。如果你晚5分钟带着50股来交易所出售，你就倒霉了。我奉劝你最好还是把这些股票卖给你表哥。股市也许能在当天、第二天或是第三天重新开盘。不过，在此期间，股市的流动性已经戛然而止，而我们也都知道，流动性才是市场的根基。股市重新开盘时，很有可能会大跌20点，假如你还没得到基金经理已经知悉的消息，你就能体验到"他们"的真实感受了。

假如这会让你这样的散户投资者焦虑不安，那么，不妨想想基金经理是怎样掉进陷阱的。听到齐尔克联合公司的股票已经停止交易的消息，他马上调查证实了这件事。对此，他只能静观其变。此时，假如再有几个基金出手，股市就会进一步下跌。但是，如果他的组合在季末还持有这只股票，一旦财报公布，这只伤痕累累的股票便会在媒体上引发一阵阵硝烟："我们的基金经理被劫持了。"

这就是说，枪手是磨炼出来的，而不是天生的。

所有这一切并不新鲜，唯一新鲜的只是在程度上更耸人听闻。我

们善良的凯恩斯爵士早在 1935 年便意识到了这些,为此,他也写下了敏锐而独到的一段话:

> 人们或许一直认为,这些专门玩股票的职业投资者拥有超越于普通散户投资者的判断力和知识面,因此,他们之间的竞争,必然会纠正那些无知散户的变化无常。我们看到的却是,这些职业投资者并没有把精力和技能投入到我们期待的方面。实际上,他们中的绝大多数人,最关心的并不是准确预测投资寿命期内最可能实现的收益,而是如何想方设法领先普通投资者一步,预见到最常见的股票短期估值偏差。他们最为关注的不是那些买进的股票以及"持有"的投资所具有的真正价值,而是在从众心理的影响下,去探究市场对股票的 3 个月或是 1 年估值会是多少。此外,这种行为也不是执迷不悟倾向的必然结果。假如你认为一只股票的预期回报配得上 30 美元的市场估价,同时你还认为,3 个月以后的市场估价将在 20 美元左右,那么,现在付出 25 美元买进这只股票显然是不明智的。
>
> 因此,职业投资者在迫不得已的情况下,只能两眼紧盯各种各样的新闻或是市场气氛,随时警惕那些最有可能影响市场上大众心理的变化……由此可见,从总体上看,根本就不存在投资的流动性问题。这些职业投资家的社会目标,应该是打败时间的黑暗势力和掩盖未来的无知。对当今最富实力、最具技巧的投资者来说,他们的自我目标,同时也是真正的目标,就像美国人说的那样,这就是"打败枪手",智胜大众投资者,抛弃孱弱者,然后再比同行多赚上一点点。
>
> 这场战斗的精髓,就是提前几个月预见到常见的价值基础,而不是预测投资的长期回报率,它甚至根本就不需要投

资大众中的无数"愚者"去喂饱这些职业投资家无底洞般的胃口。实际上,这些职业者自己就能玩这种游戏,每个人都没有必要单纯地相信常规的估值基础是长期有效的。从事职业投资,好象是玩"叫停"(Game of Snap)、"递物"(Old Maid)、"抢椅子"(Music Chair,游戏,是一种消遣,谁能不先不后说出"停"字,谁就能在游戏终了以前,把东西递给邻座,谁能在音乐终了时,占到一个座位,谁就是胜利者。这类游戏,可以玩得津津有味,虽然每个参加者都知道,东西总在传来传去,音乐终了时,总有若干人占不到座位)。

实际就是如此,没有比这说得更精辟的了。

在可预见的未来,任何事物都无法抑制市场反复无常的冲动,波动原本就是市场的本性。如果所有基金经理都一直在增持航空公司股票,并且对西北航空公司的持股比例超过 40%(就像他们近期做的那样),同时,还有一大批基金都想抛出西北航空公司的股票。在这种情况下,要找到足够多买家肯定不易,而且西北航空公司股价必然会出现大幅波动。市场上存在着某些纠正性力量。首先,按照目前消费的速度,恐怕没有足够的止痛药和镇静剂让这些随时枕戈待旦的基金经理静下心来。更重要的是,有些基金经理必然要受其他基金经理的影响,这样,他们就会延长预期持有时间,从而使投资恢复可控性。管制机构甚至出台某些针对持有时间的规定,不过,历史固然可以为鉴,但这些规定更多地只是考虑到此时此刻的情况,而不是未来发展态势。

大家会注意到,在这个问题上我也是存在偏见的。从前面所述的诸多偏见,我们应该会有所感悟,用"大师"的话说,除了"业绩",其他都"尖酸刻薄,令人无法忍受"。归根到底,这场游戏的名字就是赚钱,而不是守财。

我恰好也认识几个基金经理,他们把陈腐的华尔街精神隐藏在自己的骨子里。对大多数初入道者和很多其他人而言,基金经理肯定都是傻瓜,穿着马甲,让人心烦,而且又自命不凡,满嘴大话。但"业绩"型经理则是非常不错的伙伴,就像知识渊博的外交官和驻外记者一样,他们就会无所不知,无所不晓。他们总是思维敏捷,反应机敏,他们总是在关注周围环境中的蛛丝马迹,搜索新的思路,因为在他们看来,任何变化都有可能对他们的财富带来影响。他们肯定还是出色的思想收集者,而思想收集者的积极活跃,往往又会让他们成为最好的晚餐伙伴。

关于前面提到的诸多偏见,我对集中度和转手率坚信不疑,而且从长远看,我们每个人都注定要离开这个世界,但是从根本上说,基金经理绝对是非同寻常的好伙伴。你最好纠正这样的偏见。

当然,"业绩"型基金只代表了全部托管财富基金的一小部分,但它对趋势的影响远远超越了它所涉及的资金数量。经纪人无处不在,还有很多对世事万变感到失望的银行家。也许它们做得过火,也许本来就应如此。或许我们可以把业绩看作对全球通货膨胀作出的理性反应,但通货膨胀所反映的社会需求,已经远远超越了这个社会在现有基础上所能满足的需求能力,至少是以传统方式无法兑现的期望。

第 16 章
"斯卡斯代尔·费特斯"餐馆的免费午餐

> 他经营这个午餐店是有目的的,他就像劳伦斯·斯皮瓦克,即使加上广告时间,30 分钟也足够提炼出有价值的线索。

如此之多的金钱掌握在如此有限的几个人手里,因此,有些人必然会以种种不为人知的方式相互勾结,互相串通,这样,他们便可以不再鹬蚌相争,而是相安无事,各得其乐。那个被称为机构投资界"斯达尔夫人"(Madame de Stael,法国浪漫主义女作家,文学批评家。她与司汤达、雨果同为浪漫主义代表人物。——译者注)的绅士实际上叫做"斯卡斯代尔·费特斯"(Scarsdale Fats)(斯卡斯代尔,位于纽约市北部郊区小镇,是个非常富裕的社区。——译者注)。他是个真实存在的人。他经营着一家餐馆,提供午餐,人气相当高,每个人都光顾这里。华尔街的午餐时间同样是工作时间,在斯卡斯代尔餐馆午餐已经形成了非正式的习惯,就是在餐前突击钻研,进餐的时候记笔记。

任何一天,斯卡斯代尔·费特斯的午餐客人都可能会一手酝酿出几十亿美元的大交易。由不得你不信,现在,假如你是做这种大手笔金钱交易的,无论走到哪里,你都会大受欢迎。你可以在华尔街任何一家餐厅的私人包间免费用餐，餐厅墙壁上的镶板是大洋彼岸的伦敦市各大新兴商业银行的馈赠。镶板的银饰上雕刻着各大公司的专用标识，这些公司可都是像雷曼兄弟、伊士曼·狄龙、洛布罗兹这样在华尔街上声名显赫的顶级公司。在另一些私人包间里，服务员移动着猫步，低声细语，丝毫不敢惊扰客人。在那里听不到餐厅里常见的碗碟碰撞之声，客人从硬质雪茄盒里拿出的是前卡斯特罗时代最昂贵的顶级雪茄 Uppmanns。杯盏之间，你能感受到宜人的哈瓦那雪茄烟雾的男人味。大家交头接耳之间谈论的，无非是金融帝国的版图：这笔 1 亿美元的生意，那笔 2 亿美元的买卖，一切都是那么令人满意；如果哪里出了差池，我们会派出炮艇，好好教训一下那些捣乱的家伙。

这些腰缠万贯的家伙为什么一定要到斯卡斯代尔·费特斯餐馆吃午餐？这里既没有法国大厨，也没有豪华银质餐具，没有名贵的墙饰，没有金贵的地毯，更没有轻声低语、统一着装的服务员。这里只有金属折叠椅，塑料餐桌，桌子上摆着一大碗咸菜，餐巾是纸质的。如果这算是纽约证券交易所的专用餐厅，那么，华尔街也就不是我们所熟悉的华尔街了。如果在斯卡斯代尔·费特斯用午餐渐成风潮，罗伯特·雷曼（Robert Lehman）就会直愣愣地看着餐厅里的空座位，两眼发呆，想着一直在厨房里拌肉汁面团的大厨；约翰·勒布（John Loeb）会坐在如经典电影《斯帝拉·达拉斯》（*Stella Dallas*）里出现的高档餐厅里，琢磨着是不是所有人收到的聚餐日期都错了，而不是他们会不会赔钱。

真正的吸引力就在于"斯卡斯代尔·费特斯"本人。据我所知，是两家波士顿的投资机构者给他起了这样一个绰号。这表明，波士顿的机构投资者也已经不再像以前那么呆板乏味了。以往，他们根本不屑于和任何没有"格罗顿"牌滴鼻水的人说话。现在，只要能帮自己赚钱，他们能和任何人谈得来。不管怎么说，斯卡斯代尔·费特斯就这样，凭着母爱般的温情，让客人不停地吃。等到客人反应过来的时候，他已经将蘸了很多芥末的鸡蛋吃掉了1/3，于是，这里的客人最好还是快点吃。显然，在吃饭这方面，他绝不给别人留面子，对他来说，吃就是一切。他的一位拥趸说他的身材简直就是"球形"。以"斯卡斯代尔·费特斯"的体型为标准，"明尼苏达·费特斯"（Minnesota Fats，即 Rudolf Wanderone，20 世纪 60 年代世界台球传奇明星）就是一个瘦型体质者，而西德尼·格林斯特里特（Sydney Greenstreet，著名影星，《卡萨布兰卡》的男主角扮演者）简直就是弱不禁风。不过，"斯卡斯代尔·费特斯"只想说，他觉得 200 磅（1 磅 = 0.4536 千克）的体重没什么不舒服的。总之，他就是矮胖子，和别人交谈的时候，需要向上看。

斯卡斯代尔·费特斯介绍前来就餐的客人。这位是一家超级大银行信托业务的负责人，这家银行也是美国第二大银行。这两位来自超大型基金；这位是来自一家业绩型基金的年轻操盘手。还有一位对冲基金经理，一个统计报告服务机构分析师。经过这一番介绍，已经让斯卡斯代尔·费特斯有点吃不消，他又狠狠地吞了一大口免费的面包卷和黄油。

他们为什么要聚到这里呢？因为斯卡斯代尔·费特斯让他们来的。他会说："要做，我就一定做到底。我找到什么了？什么也没有。帝杰投资公司（Donaldson, Lufkin & Jenrette）那些冲动的年轻分析师能写出几百页的研究报告；巴奇（Bache）公司能召集 1 000 个销售员；顶级大公司几乎能呼风唤雨。于是，我就想，到底谁有钱呢？当然是基金，太美妙了。找他们来吃午餐。"用咸牛肉三明治招待，还有肉丸子。"这些家伙去其他地方的时候，总有人想方设法卖给他们点东西。但不是我，我没有这样的想法。"

因此，斯卡斯代尔·费特斯做的，就是给威灵顿打电话，电话中说：凯斯通（Keystone，指凯斯通阀门）和凯米考（Chemical，指美国化学公司）要来吃午餐，然后，再给凯斯通打电话，说其他人要来吃午餐，之后，他或许再给凯米考打电话。在凯米考到了他的餐厅后，他会致电珀尔·梅斯塔（Perle Mesta，1889——1975年，美国著名外交官）。其中，还有两个因素发挥了作用。一个是规则：一切都是私下进行的，非正式的，没有姓名，没有强迫。即使你不想说你正在买进什么股票，这没什么，但你绝不要说你正在抛出买进的股票，否则，斯卡斯代尔·费特斯就要过来靠在你身上，永远不会再有什么肉丸。

另一个因素就是斯卡斯代尔·费特斯本人，他经营这个午餐店是有目的的，他就像劳伦斯·斯皮瓦克（Lawrence Spivak，1900——1994年，美国著名出版家，知名记者兼主持人），即使加上广告时间，30分钟也足够提炼出有价值的线索。

现在，我们不妨从另一个角度想。假如你32岁，是一个年收入2.5万美元的基金经理。你的工作就是管理2.5亿美元的基金，而且一定要保证这个基金的业绩超过其他人操作的基金。一天，你接到两个午餐邀请电话，一个是老牌的韦奇伍德餐具公司的私人餐厅打来，另一个则是斯卡斯代尔·费特斯餐厅打来的。此时，你已经知道韦奇伍德餐厅就餐者正在抛售的股票是什么。而在斯卡斯代尔餐厅，虽然有点像扑克牌式的运气，但你依然能发现某些同行在做什么，而且没人会刻意向你兜售什么。这当然不是斯卡斯代尔的本意，因为斯卡斯代尔一直以自己什么都不知道自居，尽管他的腌牛肉三明治正在收买这个国家最优秀的研究成果。在这里，你唯一需要做的，就是和朋友呆在一起。或许你可以发出一个小指令，比如说买1 000股电话公司股票，支付你的午餐费，但这绝非一定要做的。这种情况下，你将何去何从？

"好了，大家请就坐。"斯卡斯代尔·费特斯说。他请那位来自"超级大银行"的人发言。最近情况怎样，到底发生了哪些事情？他们正在买进哪些股票？

于是,这个来自"超级大银行"的人开始夸夸其谈国民生产总值、劳动生产率和其他捕风捉影、让人摸不着头脑的话题,斯卡斯代尔·费特斯打断了他。

"你上个星期还持有 7 亿美元现金。现在还保持原状吗?"

"我们已经花掉了 5 000 万美元,""超级大银行"的人承认,"在上周上涨之前,我们在底部买进了一些公用事业股票。"

"你们当然会在上涨之前买进了,"斯卡斯代尔·费特斯说,"还有别的吗?"

"目前熊市还没有结束,""超级大银行"的人说,"你们这些年轻人,尤其是那些还不到 40 岁的人,根本就没有经历过真正的熊市,你们根本就不知道什么是熊市。"

"我是问你还买进别的股票没有?快说,赶紧说。"斯卡斯代尔·费特斯说。

"没买别的。""超级大银行"的人说。但几乎没人在认真听他的讲话。因为在座的其他客人几乎都不到 40 岁,他们根本就不知道真正的熊市是什么样的。他们刚刚目睹市场交易量下降到 1 000 亿美元下,他们手里最好的投资正在一点点消逝,如果这还不算是真正的熊市,那他们可就不知道真正的熊市到底是什么样的了。

"好吧,给这位上点肉丸子。"斯卡斯代尔·费特斯告诉服务员。在斯卡斯代尔·费特斯餐厅,肉丸子就是对餐客的奖励,他总是设法在银行家享受完自己的那一份之前送上两个肉丸子。然后,他在另一根小面包上涂上黄油,继续加油。现在,他把目标转向了某位基金经理。

"周二,有个叫查理的人在这里吃午餐,说,目前的股票市场有点像 1957 — 1958 年的市场,他刚刚在底部买进股票。"斯卡斯代尔·费特斯提到的人是一个和银行家唱反调的基金经理。

"今年,他在每个底部买进股票,"基金经理说,"而且每个底部都低于先前的底部。如果他手里还有筹码，那才是怪事呢。"

"市场走势会怎样？"斯卡斯代尔·费特斯说。

"市场已经走到低位了。"基金经理说。在座的客人不约而同地发出一阵惊叫。大家都为他的坦率而感到无比震惊。虽然市场急转直下，道琼斯指数已经跌破744点，而且这家伙也承认自己做错了，但他依然坚持自己的观点。

"你最喜欢哪三只股票？"斯卡斯代尔·费特斯问。

"我们对几只航空公司股票有点儿兴趣。"基金经理说。

"我们手里有航空公司的股票，看看罢工的处理情况，看看设备供应的一拖再拖，因此我们目前正在减持航空公司的股票，难道你要持有？"坐在桌子对面一个持反对观点的基金经理说。

"那就卖掉手里的航空股啊。"第一个发言的基金经理说。餐厅里的气氛开始活跃起来，午餐也开始走上正轨。他又说："我们觉得成长股会比目前上涨30个百分点或40个百分点，真正的成长股甚至会翻番，其他股票则会下跌，甚至退市。"

"你说的是哪些成长股？到底是哪些成长股？"斯卡斯代尔·费特斯说。斯卡斯代尔根本就不知道基金经理说什么，但他是一位非常优秀的主持人，虽然此时他正在风卷残云地打扫剩下的面包卷。

"我买了一些宝丽来股票，基本是在低价位上买进的，可能是125美元左右吧。"基金经理说。大家再次发出一片惊叹声。不过，另外9个精明绝顶的人盘算的却是：尽管他说他是125美元的价位上买进，但也有可能是135美元。即使他是按135美元买进，但只要收益提高，他也不会作反向操作卖出这些股票。一定要在135美元的价位上强力持有宝丽来股票，啊哈！

斯卡斯代尔·费特斯继续发问："明年宝丽来的收益会怎样？4美元，4.5美元，还是5美元？"

"这有什么不同么？"基金经理说。

斯卡斯代尔说："不错，还有什么？其他股票怎么样？还有哪些股票值得考虑的？"

"当然有，"基金经理说，"我当时或许可以在低价位上买点仙童股票。我想我是在96美元的价位上买进的。"

"可仙童股票从来没有跌至96美元啊！"另一个银行家不屑一顾地大声驳斥，"仙童股票的最低价也有97美元啊！"

"别捣乱！"斯卡斯代尔·费特斯大声说。

"可能就是97美元吧，"基金经理说，"我记得是在97美元价位上大量买进的。"

"仙童公司正在接近崩溃的边缘。"对冲基金经理说。通过对冲基金，你就可以进行大举卖空。"仙童的存货已经失控。尽管当时华尔街还不知道这件事，但仙童公司第四季度的业绩肯定会让投资者大失所望。"

"我不在乎这个。"基金经理说。

"明年将是让人极其失望的一年。"对冲基金经理说。

到此为止，午餐的气氛彻底活跃起来了。对冲基金或许卖空仙童股票，而其他基金则在做多头；或许只是华尔街在混淆视听；或许对冲基金根本就没有在卖空仙童，因为他并没有说过他在卖空，没准他只是在掩人耳目，制造混乱，让人们误以为他在卖空仙童。当罗特希尔德（梅耶·阿姆谢尔·罗特希尔德，Mayer Amschel Rothschild, 1744—1812年，出生在法兰克福的犹太人街区，他的家族在欧洲建立了一个由多家银行组成的金融帝国，其成员亦被英国、法国政府及奥地利政府授勋。——译者注）听到滑铁卢之战的消息时（电影里说给他传递信息的是信鸽），并没有不择手段地大举买进英国康索尔政府债券。相反，他们匆忙抛出，然后又在恐慌中买进。

"还有什么，快说，还有什么？"斯卡斯代尔·费特斯大声叫嚷。

"市场正在上涨,"基金经理说,"我不知道会涨多久,我不敢肯定。或许会涨到明年春天,但至少现在是在涨。"

"太好了,"斯卡斯代尔·费特斯说,"给这位加点肉丸!再给他加点沙拉!面包卷在哪?"斯卡斯代尔大声呼叫服务员。

午餐结束了,斯卡斯代尔回到自己的餐桌。两位客人没有吃的乳酪饼,被斯卡斯代尔·费特斯一扫而光,空盘子摆在他的餐桌上,盘子里只剩下一点碎面包屑。斯卡斯代尔·费特斯拿起电话,接通其他几位机构投资经理,他相信这些机构投资基金经理肯定会有动作,肯定能发现有价值的信息。他摊开笔记本边聊天边记录。

"那个叫拉里的今天来我这吃午餐了,他认为市场已经见底,而且正在增持航空股。那个乔也来了,他的观点是熊市还没结束,还有待于进一步观察,因此没有买进。哈里认为,乔的金融投资是100亿美元。哈里喜欢的航空股是……"

斯卡斯代尔·费特斯坐在旁边的餐桌,正在邀请一些参议员参加斯卡斯代尔组织的晚餐。一场更精彩的演出已经拉开大幕。据传闻,斯卡斯代尔已经把富达的小约翰逊(泰迪·约翰逊)介绍给一位参议员,并说:"这个人控制着20亿美元。"参议员说:"这没什么,我们只用半个小时就能花掉这么多钱。"到底还是参议员啊!你应该能猜到接下来会发生什么:在斯卡斯代尔餐厅的餐桌上铺上桌布,拿走腌菜碗,摆上装饰着豹子头和SF标记的银器,然后大家再次感到索然乏味,于是,我们不得不找其他地方聚餐。

那场卖空仙童股票的对冲基金和买进仙童股票的基金针锋相对的午餐,似乎已经淡出人们的记忆。但腌菜碗依旧摆在餐桌上,斯卡斯代尔并没有献上带有豹子头和SF标记的餐具,也不像"布朗兄弟"餐厅那样尽显华尔街的光鲜。但是当参议员(其中不乏一些总裁级别的大人物)来吃午餐的时候,餐桌上却是牛排三明治,而不是咸牛肉三明治。有时也会铺上桌布。有一天，这样的方式或许也能升级到罗伯特·雷曼那样的水平，也就没人再去午餐了。此时，耶鲁大学毕业的年轻精英们只要摆上塑料桌，只要有咸牛肉三明治便足矣，拨通六只基金公司的电话，打探市场信息，搜集投资思路。但到了那时，斯卡斯代尔·费特斯也许已经不再用劳伦斯·斯佩瓦克或是迈克·华莱士（Mike Wallace，美国王牌新闻访谈节目《60分钟》的主持人。——译者注）担当提问人了。或者斯卡斯代尔早已凭借午餐客们带来的巨额佣金大发横财，因此，他根本就不会在乎自己的午餐了。与此同时，在机构投资者领域，斯卡斯代尔·费特斯的午餐依然大行其道。

第 17 章
胜败之间：可怜的格兰威尔、查理和孩子们

> 如果可怜的格兰威尔还持有2 500万美元现金，这说明他对市场底部作出了完全错误的估计，在这个行业里，你不可能有太多抓住底部的机会。

便捷的通信和即时反应的市场也会带来问题，这就是信息的不对称，因为总有人对市场的瞬息万变浑然不觉。我有一位名叫查理的朋友，他是一家极端激进型基金的首席经理。查理负责的基金因其极具进取性而备受经纪人推崇，原因很简单，进取型基金所带来的佣金远远高于大型保险公司。查理的周转率肯定有500%之高。在查理的基金公司，交易台是最繁忙的地方，经纪人们在这里忙得不可开交，在靠近窗户的交易台刚刚出手的股票，马上就被靠墙交易台的经纪人买进。因此，经纪人对查理慷慨大度，他们的礼物既有牙买加的豪宅，也有缅因州的游船，更有圆石滩的高尔夫球俱乐部。但查理对此自有打算，在这些厚礼面前表现出超乎寻常的冷静，他断然回绝了这些馈赠，因为他的癖好很简单，这就是要先人一步，走在业界的前头。

正因为这样，查理才对那些不太富裕的兄弟姐妹们慷慨相助。有一次市场出现变化时，他打来电话说："贾斯特的图表在唱歌了。"他

说话的语气仿佛是得到了教皇的授意。"曲线宽度很漂亮，加速上涨的角度也是自古巴导弹危机以来最好的。"就像看足球赛不需要清楚边前锋或边后卫这些术语一样，我们也不需要知道查理的话到底是什么意思。只要知道贾斯特是一家有影响力的大型基金的图表分析师就足够了。尽管普通人和华尔街的大多数专家从来就没有听说过贾斯特乃何许人，但只要贾斯特的图表开始唱歌，加速曲线段的角度开始成功脱离底部，必定会有所动作，因为贾斯特一直拥有良好的业绩记录，他操作的基金不断增值。实际上，贾斯特已经成为其他图表分析师的领导者，只要贾斯特向他们发出技术操作的信息，他们就能对贾斯特旗下基金买进的股票，根据价格点的运动绘制一系列小"x"，这些小"x"为他们勾勒出市场的动向。

我们生活在一个被图表和计算机操纵的世界，而图表和计算机研究的实质在于，它们能反映出当前的运动状态，假如每个人都在玩这种游戏，那么，我们看到的运动实际都是已经发生的运动。这多少有点牛顿学说的味道。虽然这听起来很简单，但这就是游戏的实质和规则。问题是，除非你拥有全方位的视角和与众不同的感知能力，否则，你很容易让自己深陷泥潭，浑然不知所在。1966年的"大陷阱"就曾让很多资深的业绩型基金经理饱受指责。实际上，在道琼斯指数突破他们所说的"锁定范围"时，只要一出现这样的"信号"，我的朋友查理就会通过电话通知我。他说："这是个波涛汹涌、瞬息万变的市场。"

"因此，我一直在倾听你的意见。"我说。在对这些"信号"和增持进行一番谈论之后，我总是忍不住心生买进的念头。

"我想让你做点善事，"查理说，"可怜的格兰威尔也是城里。虽然竞争就是竞争，但我们还得帮助一下格兰威尔。"

"可怜的格兰威尔"经营着一只基金，是成组基金中的一只，他负责的资金在1亿美元左右。这还是我第一次听说他是"可怜的格兰威尔",因为格兰威尔的曾祖母曾在最主要的市中心有一个养鸭场,现在,养鸭场附近尽是写字楼和繁忙的城市街道,而格兰威尔家仍拥有这个养鸭场,当然,养鸭场里已经没有鸭子了。但你永远也不可能知道未来会发生什么。或许他根本就没有任何钱,或许全部资金已被信托占用,而且他确实需要这份工作。

持有 2500 万现金是一场大灾难?

我问查理,格兰威尔为什么会突然变成"可怜的格兰威尔"。

查理说:"可怜的格兰威尔手里有 2 500 万美元现金。这是个灾难。在看到'买进信号'时,你怎么能手里攥着 2 500 万美元呢?来吃午餐吧。你到那就知道了,可怜的格兰威尔马上就会损失现金。"

手里攥着 2 500 万美元现金是一种灾难,这听起来有点滑稽。"损失现金"听起来就更滑稽了,首先,这根本就不是你的现金,而且你的工作就是拿着别人的现金去买股票。但职业基金经理总喜欢说:"今天下午我们又损失了 500 万美元现金。"实际上,这句话的意思是,他们用这笔现金买了股票。我想,只有这样说才显得你很专业。就像保险公司说的那样,"我们为哈顿损失了 2 000 股,又为霍恩布罗尔损失了 4 000 股"。他们的意思是,卖掉这些股票,尝试新的冒险。

为什么格兰威尔持有 2 500 万美元现金是一场巨大的灾难,这更好理解。市场回暖的时候,可怜的格兰威尔本应该把所有的 1 亿美元现金都用作投资;他的基金"以业绩为导向",必须以实现资本收益的最大化为目标。如果可怜的格兰威尔还持有 2 500 万美元现金,这说明他对市场底部作出了完全错误的估计。在这个行业里,你不可能有太多抓住底部的机会。早在 10 月份,可怜的格兰威尔就已经为市场大跌做好了准备,但现在到了 1 月份,市场发生逆转,让他措手不及。他必须赶快另寻对策。

于是，我们在午餐俱乐部召开了个小集会，参加的人有可怜的格兰威尔、查理、我和两个经纪人。格兰威尔的指甲已经被咬秃，这清晰地表明他还是股票买卖领域中一个年轻枪手。从普通人的角度看，高大的身材、手腕上的金表和粗布纹条花织装饰的领带，都让格兰威尔看上去有一股创建辉煌的气势。但被咬秃的指甲却表明他无法冷静与沉着，这是枪手的指甲。

"你们是我的朋友，"格兰威尔对查理和一个经纪人说，"我能做点什么呢？"另一个经纪人凑过来，也打算趁着格兰威尔的霉运赚点佣金。

"我一直在考虑你的问题，"这个经纪人开始故作姿态地说，"我随身带了一些本公司完成的研究，我想你或许能发现点什么……"

"这家伙是谁？"可怜的格兰威尔打断了他的话。

"别说废话了，"查理说，"只要你现在能帮格兰威尔，肯定少不了你的佣金。"

"今天下午，我们发现了很多铝业公司股票，它们正好能帮你逃出谷底，"第一个经纪人说，"生产能力充足，股价一直稳定上升，股票销售势头良好，而且刚刚走出谷底。很多基金还没有买进铝业股。因此，你在这里面就会很安全，这个板块里有很多值得投资的股票，比如美铝、凯撒、哈维……"

"我说的不是现在，"格兰威尔说，"是早些时候或晚些时候。现在，我必须挽回损失的时间。如果市场确实是牛市，我不想再失去机会。"

"走到现在，到底是熊市的复苏还是一个新的大牛市并不重要，"查理说，"关键是，如果你未能抓住机会，你就死定了。"

"还有橡胶制造业，"第一个经纪人说，"我们发现了一些非常不错的橡胶股。比如美国橡胶公司、BF古德里奇公司，市场需求正在反弹，价格结构合理。"

"还不够吸引人,"格兰威尔说,"还得以后再看。估计要到6月吧。今年还有2个季度,在这段时间里,大家都会说,市场到年底就会好转,经营状况会有所改观。所以,我不想找什么需要等待业务好转的股票。我一定得利用这两个季度。"

"我们不妨往回推,"查理一片热心地说,"现在是3月31日,你一定要作出季度投资报告。你应当买进的大赢家是什么?别人可不管你是在3月30日还是1月2日买进的,只要股票在你的基金里就行。"

"宝利来,"格兰威尔可怜巴巴地说,"还有仙童。"接着,他又咳嗽了一下,几乎没张开嘴,"索利特罗。"好像没人听到他说出"索利特罗"这个名字。

我轻轻地用肘推了一下查理问:"格兰威尔为什么要咳嗽啊?"

"因为他在60天之前就已经把这些股票全部抛售了,"查理小声说,"从那时开始,这些股票已经上涨了50%。"

"我还能买进这些股票吗?"格兰威尔问。他的意思是能否在目前市场比较平稳的情况下,投进去几百万美元而不会对股票产生重大影响。

"在目前的市场上,应该能做得到,"查理说,"在他们每天交易5 000股时,你当然没什么值得担心的。"

"太好了,"格兰威尔说,"还有别的吗?"

"垃圾股正在大行其道,"查理说,"这是自1961年以来最大的垃圾市场。"这里,查理所说的"垃圾股"是指那些未经过市场检验的不真实的股票,其中许多垃圾股是不经过证券交易所直接出售给顾客的,所有垃圾股都有着可怕的、危险的故事。

"快告诉我那些故事。"可怜的格兰威尔说。到目前为止,那两个经纪人只是在听查理讲,没有作声。他们实在是已经忘记了他们之间来这里的攻守联盟。

"好吧，你知道伊特克（Itek）的故事。"查理说。

"这是另一个施乐，他们总是能够在找到做事的原理后，使价格足够便宜，但那需要很长一段时间。"格兰威尔说。（Itek 公司和 LIX 公司是分别由 Eastman 和 Kodak 的前工程师和管理人员创立的。Itek 的含义是"我将击败东家柯达"，而 LTX 则意味着"让我们取代施乐"。——译者注）查理耸耸肩说："那你知道 EGG、埃杰顿（Edgerton）、格米斯豪森（Germeshausen）和格里尔（Grier）的故事吗？这些公司正准备在废弃的油井下面爆炸原子弹，由此带来更多的石油。"

"如果没有原子弹爆炸这样的传闻，其价值如何？"格兰威尔问到。

"原子弹爆炸这样的传闻已经使股价提升了 15 点。"查理说。格兰威尔向前探了探身子，问到："什么样的股票才是真正的垃圾股？"所有的人都被这个话题所吸引，就像一群猎狗追赶一只小兔子一样。**当流言、小道消息、理发师的评论等种种传闻充斥于耳，通常市场已经到了牛市的末期。**这听起来就像 1961 年的股市大跌再次重演：晶体管概念、计算机概念、新的科学领域。查理提及的是一家新兴的小型公司，从事计算机外围设备。

"这只股票的收益如何？"格兰威尔问。

"上周这只股票的售价是 8 美元，我听说它的收益将要达到 40 美分，"查理说，"这周它的股价是 11 美元，听说收益将达到 70 美分。到了下一周，股价将达到 15 美元，届时你就会听到消息说他们已经非常轻松地赚到了 1 美元。"

对一个旁观者而言，这里的逻辑就是：有一家公司股票的现行价格是 10 美元，你对其进行了大量的研究之后，计算出其销售额和利润，然后，如果你认为这家公司的利润能够达到 1 美元，则其售价应在 20 美元。于是，你购买了这家公司的股票,等待股价的上涨,故事的结局是：公司的收益达到了 1 美元，股价涨到了 20 美元。

但是，市场通常不按常理出牌，它遵循的是群体心理中某些神秘莫测的趋势。随着股价的上涨和回落，收益也跟着上涨和回落，就是因为华尔街非常憎恨混乱状态的不安全感。如果股票价格下跌，收益必然减少。如果股票价格上涨，收益必然超过我们的预期。市场上，总是有人掌握着我们并不知晓的信息。即使市场上有大量的分析师、有各类调查研究、各种统计数据和大量的计算机，但我们仍有51%的可能得出错误的结论，这样的结果甚至不如简单地抛硬币进行决策高明。

不管怎样，可怜的格兰威尔还是杀回市场去了，他一口气就购买了2 500万美元的股票。他所购买的股票价格均处于高位，比如施乐、宝丽来和垃圾股。这也是造成这个市场不久前动荡沸腾的原因之一。当人们根据商业周期开始抛售那些反映产业发展状况的周期性股票时，市场价格应声下跌。于是，可怜的格兰威尔和他的那些枪手竞争者开始顺势而为抛售股票，因为价格已经开始下跌。他们中的某些人一定始终在阅读混乱的图表，或许他们的图表分析师已经了解问题所在，使图表中的X走错了方向。当枪手接触到不稳定的股票，无论你持有的是仙童、施乐、宝丽来，还是其他任何股票，都将给他们以猛烈的打击，以至于当分析图表上的X显示出向下的趋势线，表明应该抛出时，你仍旧将那只可能让你血本无归的股票保留在你的投资组合中。这种游戏中，注定要有人垫底。

当市场从一片混乱中开始恢复，这些股票的炒作上存在一定的真空期，真空期过后，股价暴涨。当股票甚至仅仅是几只股票创造了巨额收益，市场热情空前高涨。"格兰威尔们"一起杀入市场，使得市场更加炙手可热，于是，分析图表上显示出"向上"的趋势。

可怜的格兰威尔终于弄明白发生了什么。我在资金使用上听从查理的意见，因为他似乎比可怜的格兰威尔先知先觉，而可怜的格兰威尔只能在匆忙中杀个回马枪。

但某些情况下,所有"格兰威尔们"的力量却可以制造真正的恐慌。其中一次,就是发生在1966年的9月27日。在市场肆意下跌就要结束的时候,他们制造了恐慌,这是一个适合制造恐慌的日子。查理——我必须让他来说明事情的始末原委,因为在整个过程中他都能保持冷静。有后知之明的老查理看起来状态相当不错。就在那天的下午,许许多多的专业人士开始在同一时间退出市场。这就是当时的情况,录像带再现了整个过程。你们每个人都在场。

1966年9月27日,注定要像1941年12月7日那样成为美国历史上一个具有特殊意义的日子(1941年12月7日,在第二次世界大战期间,日军对美国太平洋舰队的海军基地珍珠港进行的一次突袭作战,致使停泊在港内的美国太平洋舰队主力几乎全军覆没,从而揭开了太平洋战争的序幕。第二天,罗斯福总统宣布对日宣战,并将12月7日定为国耻日。——译者注)。从那天起,华尔街不会再相信任何事,至少不再相信有关熊市的各种传闻。你可以在时钟上记录这一灾难发生的时间,就像灾难小说《泰坦尼克》(*Titanic*)中所描述的,灾难发生时,海水突然涌进泰坦尼克号一样。9月27日,是灾难突然袭击摩托罗拉股票的日子。

查理的预见

灾难发生之时,我恰好在银行家俱乐部吃午餐。我的朋友,就是前面提到的那个查理,正坐在那里一边搅动着咖啡,一边给我讲各种股市下跌的传闻。比如,除了浮动资金外,纽约市主要的银行都已经出现了资金短缺。也就是说,这家银行在每周末使用空头支票。如果他们在任何时候使美国邮政的股价上扬,这些银行就会遇到麻烦。这里,

"在周末使用空头支票"是指在星期五开具支票，而支票账户中没有现金，然后在周一早上用新资金支付支票的款项。

"他们已经耗尽了资金，"查理说，"这些支票无法转到联邦调查局那里，因为一旦联邦调查局查看他们的贷款，就会制止他们这样做，因此，他们一直在争夺欧洲市场，吸干欧元美元。"

如果你明白了查理的话，这很好！如果对此还不甚明了，那也没关系，因为他的话除了能够营造一种微妙、暗淡和不吉利的氛围，与摩托罗拉的灾难无任何关系。不仅货币吃紧，而且华尔街根本就不喜欢越南战争。于是，一个我们两个都熟悉的人走过来说：摩托罗拉的股票遭到了闪电式突袭，股价被打压到证券交易所的最低价。此时，已经有一小撮人来到了铺着旧地毯的接待室，围绕在道琼斯指数告示牌旁。

与此同时，距离此处两个街区的威廉大街15号，伙计们正在倾倒残余的金枪鱼，以便于能够接通电话。所有这一切，都是源自罗伯特·W.加尔文（Robert W. Galvin，摩托罗拉创始人保罗·加尔文之子）先生在伊利诺斯州富兰克林公园发表的讲话。野心勃勃的加尔文先生时任摩托罗拉公司董事局主席，他此时正在做一个关于睿智的、令人敬畏的纽约证券分析师协会的演讲。正如我们所知道的那样，摩托罗拉公司生产彩色电视机、半导体和双向无线电通讯设备，都是不断增长的业务。公司目前的情况是：增长，增长，再增长！就在6个月以前，这种增长带动公司股价达到234美元/股。可是，在9月27日，摩托罗拉的股价仅为140美元。这是多么不利的市场氛围，但情况究竟会糟糕到什么程度？按照标准普尔的计算标准，他们的收益将达到每股8美元。加尔文说："我们的生意是如此之好，股价却是如此糟糕。"他们已尽量处理了所有订单，所面对的难题是如何生产出产品，既有存货短缺的问题，也有劳动力问题。公司能够售出全部生产出来的彩色电视机，只是消费者需求增加的速度超过了公司生产彩电的速度。公司仍会获得较高的收益——但收益值可能是 5.5 美元或 6 美元。除此之外，其他一切都是乐观的。

睿智的、令人敬畏的分析师相互对视了片刻：每股收益 6 美元？是 6 美元吗？那么，另外的 2 美元呢？除了没有人说"谢谢你，总统先生"，之后的情形，就像白宫的新闻发布会结束时，所有的人都奔向电话机一样。二者之间唯一的不同之处是：这里奔向电话机的是分析师，新闻发布会上奔向电话机的则是记者，这里分析师们采用的是奥林匹克竞走而不是直接冲刺的方式。加尔文演说后，留有提问时间，但现场没有人提问。

现在，我们回过头来到银行家俱乐部看看，此时，查理已经进入电话间，正向他的女工作人员发出指令。他说："卖出 1 万股摩托罗拉股票。"他所持有的摩托罗拉股票大约为 100 万股。我可以断定，此时此刻，那个女孩正对着面前的投资组合，寻找摩托罗拉股票，我甚至听到她在电话里对查理说："但我们没有摩托罗拉股票啊！"我之所以能够听到，是因为我特意这样做。查理正打算沽空摩托罗拉股票，因此他的声调稍微有些提高。他会在将来某一时间买回摩托罗拉股票。现在，卖空才是最重要的，这就是绩效型基金所面临的压力之一。

我们站在那里，看着纸带上的价格走势，上面显示：摩托罗拉 137 美元、136 美元、134 美元。股价到达了一个重要的支撑位。

"那是蔡志勇持有的摩托罗拉股票。"站在我们身后的某位聪明人说。这是个流行的说法。尽管蔡志勇善于快进快出，但凭此就能判断进出的是曼哈顿基金的摩托罗拉股票，这超出了我的想象。蔡志勇可能在很久以前就抛售了摩托罗拉股票。尽管如此，这样讲仍是有益的。"蔡志勇正在买入"或"蔡志勇正在卖出"这样的发言，会让人觉得你是个消息灵通的人。蔡志勇最好小心点，因为如果你是"他们"，必须让投资有利可图。我认识的一位图表分析师认为，道琼斯指数将会跌到 380 点。如果情况果真如此，我将做多苹果，因为那些急于寻找代罪羔羊的街角推销员会对此有大量的需求。

既然股价已经触底，压力就落在了专业人士身上。此时，他正站在18号位置，他的希波克拉底誓言迫使他在交易所故意买卖摩托罗拉股票，使市场有序发展。突然，他仿佛回到了少年时代，化身为四分卫，回到扬基队球场，四周是观众的呐喊助威声。但这只是一个错误的梦境。球场之所以人声鼎沸，是因为他所有的前传球接球手都被对手死死盯住，他的防守也徒劳无功，而冲传球的球员已经就位：两吨重的牛肉重重地压在他身上，阻截队员咕哝着，中后卫咆哮着"杀、杀、杀"。他无从选择，只能屈服，吞下失败的苦果，然后祈祷在他们停止喝倒彩的时候你依然活着。人们向专业人士施加了太多压力，他可以断定，如果在遭受摩托罗拉对准肚子的第一次沉重打击时，他就本能地屈服，那接下来的打击便会击中他的头部。这是个无序的市场，因此，他们吹口哨。于是，不再有人交易摩托罗拉的股票。

查理感到十分懊恼。他亟待股价的提升，急需交易量的提升，以避开他先前的卖空操作。在没有这一规则的那些美好的日子里，做空头的投资者可以团结在一起做空，使某只股票的价格一直跌到0，甚至为负数。

"哎，我下周准备去欧洲。"查理说。他认为，对他来讲，目前他最好在那逗留一阵子。我请查理预测一下后市。

查理喜欢使自己的语言不是那么正式的，听起来就像德尔菲预言般的口吻，当然，他这样做的目的是吸引你的注意力，但仅对朋友如此。

"一切都将恢复到常态。"查理说。这里的常态是指100或原来的价格，"一切"是指那些深受绩效型基金经理们喜欢的价格飞涨的股票。不错，那些价格飞涨的股票在达到常态之前还有40点的下降空间，当然，查理并非指每个人，因为他们都是在同一价位上卖出，但恢复到常态意味着股价暴跌。"摩托罗拉事件之后，人们不会再相信任何事，"查理说，"明天他们会开始传言仙童遇到了可怕的问题，施乐公司的设备会致癌，处理宝丽来公司的胶片会导致不育。"因此，一切都会恢复到常态。届时，约翰·杰尔克和他的弟兄会认为赚钱的方法就是做空。

你已经见识过约翰·杰尔克,就是我们前面提到的散户投资者罗伯特的叔叔。他们居住在远离城市的地方,约翰·杰尔克及其兄弟和侄子散户投资者罗伯特,所有这些人及其市场运作,都处在黄鼠狼的严密监视之下。

我和查理回到他的办公室。"对每个人来讲,这是个非常可怕的市场,但我本人除外,"查理说,"人们不再相信任何事,他们不再相信约翰逊,不再相信华盛顿发生的一切,他们相信税金一定会涨但仍然不够,他们不会相信我们已经走出越战的泥潭,在摩托罗拉事件之后,不会有人再相信什么收益。即使有毕马威这样知名的注册会计师事务所为之验证,人们仍然不会再相信。"

这就是法国社会学家杜尔凯姆(Emile durkheim)所称的"失序状态"。用市场术语讲,是指随着市场不断下跌,人们的焦虑情绪不断累积,在此过程中,你的耳边不断充斥着关于"阻力区"等的各种传闻,而市场却不断地跌穿所谓的阻力区,于是,你进入了"失序状态"。这听起来似乎比较陌生,其含义就是:"哪里是底部?""底部在哪里?""到底哪里是底部?"没有人能够预测底部;没有人记得顶部的位置;每个人都满面愁容,焦虑不安。道琼斯平均指数将会是0。只有查理完好无损,因为他所管理的基金是套利基金,他在这次灾难中做空了。

"市场恢复到常态时,我们每个人都在追赶约翰·杰尔克和他的兄弟时,市场将会恢复。"查理拖着长音说。

上面这句话的意思是:尽管已经失去了他所拥有的股票,但约翰·杰尔克先生可以通过卖空弥补损失,然后,当查理购买股票,股价开始上升,于是约翰·杰尔克先生因卖空而赔钱。于是,他感到恐慌,在查理的围追堵截下,唯有不断买进。

查理结束欧洲之旅后,我来到他的办公室。下午3:29,当钟声响起的时候，摩托罗拉股票重新开盘。就像一名拳击手在裁判数到 10 而设法单腿站起一样。摩托罗拉股票重新开盘的收盘价为 119 美元，当天下跌了 19.25 美元。下午 3：30，收盘时的市值比上午 10：00 时的市值缩水 1.14 亿美元，与几个月前相比，缩水 6.84 亿美元。这就是同一家公司在股票市场的表现，今年它的经营情况或多或少要好于去年，而明年会比今年更好。

现在，你可以随意谈论银根紧缩、越南战争和税负，但毕竟在 9 月 27 日这一天发生了不同寻常的事。实际上，自从银行收紧贷款，这场灾难就已经开始，然后就是人们的口哨声和尖叫声，接着，在上一个春夏之交，显示器发出的黄色信号消失。于是，在 9 月 27 日这一天，信仰的警钟敲响。

那么，现在情况如何？9 月 27 日，散户投资者约翰·杰尔克先生和他的弟兄，在大量卖空股票，而查理已经做好了围剿的准备。我们的交易员说：还需经历 40 个日夜的盘整期，市场才能迎来下一个牛市。查理打算 11 月去欧洲，于是，我们进入了《小飞侠》[*Peter Pan*，中译名为《小飞侠》，是迪士尼在 1953 年出品的经典动画长片，片中小飞侠彼得潘是个永远、永远都不会长大的男孩！幸运的是，他生活在梦幻岛（Neverland），而在那里永葆童年确实是可能的] 中所描述的一个关键时刻：当游戏结束，玛丽·马丁或是其他什么人来到舞台上，问到："你相信么？你相信这是真的么？"我仅有的两次看到那些天真的成年人回答这样的问题，每个人都相信这是真的。

就在为期不远的某一天，查理会从欧洲回来。约翰·杰尔克先生仍会住在远离城市的地方，赤足走在小路上，第一个破土而出的雏菊会说："我相信。"然后，游戏再次重演。

回顾往事的时候，查理看起来是相当不错吧？事情的发展正如他所预言的那样。首先，每个人不再相信任何事。然后，"一切"都恢复到常态，那些散户投资者，杰尔克先生和他的弟兄（查理所言，不是我说的）做空（看看统计表），接着，查理及其同伴们一起围追堵截那些做空的散户，直到市场进入牛市。像杰尔克先生这样的散户投资者如何生存下去，已经超出我的研究范围。

让每个人重新相信这个市场无需花费太长的时间。在我创作这本书的时候，不是"每个人"都相信华盛顿传来的任何消息，他们仍旧不相信我们已经走出越战的泥潭，他们甚至对财务报告中的收益数字将信将疑。但是，当股价开始走高，并高到一定程度时，每个人都开始相信这是真的。

一天，查理一边踱着方步，一边说："我不再了解这个市场。我和下一个人一样，都喜欢震荡沸腾的市场，但这是极度愚蠢的，不会有好结果。"

我特别留意了查理讲这番话的日子和时间，因为你也看到了查理拥有多么辉煌的记录。"那现在我们应该做些什么呢？"我问道。

"一切都在那些年轻人的掌控之中。我们的股票市场从一个垃圾市场变成了年轻人的垃圾市场。只有年轻人才会买这种垃圾。目前，你能做两件事情：一是你可以跟我一起去欧洲。约翰·阿斯平沃尔在伦敦买了一块地，特迪慎重地卖掉了他的帆船，或者我们可以去日本。远离这个疯狂的市场一段时间，对我们都有好处。你能做的另一件事就是把自己当做年轻人。"

大温菲尔德的退让

巧合的是，那个时候我确实无法脱身，而且我的另一位朋友，大温菲尔德（Great Winfield）选择了留在这个市场中,继续与年轻人游戏。下面是关于这段特殊历史时刻的原音再现。

每个人都拥有某种可靠的市场指标，帮助他们在积累财富的过程中度过困难时期，我正处在设计这样一个指标的过程中。我称之为"亚当·斯密斯·杰里科指标"，在我讲述另外一个市场指标（这是我在最近访问大温菲尔德之后产生的想法）之后，我会用1分钟左右的时间，讲述这个指标。

大温菲尔德在电话中说："我的孩子，我们的问题是我们太老了，已经不适合这个市场了。这个市场中，最好的玩家应该是那些没有超过29岁的年轻人。过来吧，我会告诉你我的应对方案。"

大温菲尔德是我的一位朋友，是一个纸带阅读机的超级投机商，最近又成为万宝路广告中的牧场主。也就是说，他拒绝了华尔街赋予他的着装和发型，接受了万宝路塑造的西部牛仔形象。通常，在大温菲尔德那充满乡村农牧风情的办公室中，你能够发现的除了地板上最近四天的自动收报机纸条，还有几个逃离集团公司寻求突破的逃亡者。现在，除了常见的那些员工外，我在他的办公室发现了三张新面孔。

大温菲尔德说："我对当前市场的解决方案就是年轻人，这是个适合年轻人的市场。这位是比利，年轻人；这位是约翰尼，年轻人；这位是谢尔登，也是年轻人。"

这三个年轻人站起身来和我握手，尊称我为"阁下"，但他们的目光始终没有离开移动的纸条。"难道他们不聪明伶俐么？难道他们不可爱么？"大温菲尔德问。看看他们，像玩具熊一样可爱。这是他们这些年轻人的市场。我雇用这些年轻人有一段日子了。

大温菲尔德随意地轻弹牛仔裤上的几根稻草。我不清楚，为什么身在华尔街，他的身上却有稻草。他一定是把稻草放在了裤兜，然后在一天的时间里一根一根地弹下去。

"我给他们一点儿资金，他们帮助我寻找股票，然后我们分割利润，"大温菲尔德说，"年轻人比利的启动资金是5 000美元，在六个月的时间里，他的财富已经超过了 50 万美元。"

"哇！"我惊叹道。我请教年轻的比利是如何做到的。

"计算机租赁股票，先生，"比利回答道，就像个接受高年级学生提问的学弟一样，"我购买可转换债券，存到银行，然后再多买一些。"

"你一定有大量的负债。"我暗示道。

"不太多，先生，"年轻的比利回答道，"我至少留有 3% 的现金。当我采取稳健策略时，保留 5% 的现金。"

"啊！"我说，"在纽约股票交易所，你必须保留 7% 的现金。"

"我十分了解那些如饥似渴的银行，先生。"年轻的比利回答道。

"难道这样不好么？"大温菲尔德眉飞色舞地说，"我们又回到了从前，不是吗？让你记起了过去的日子，不是么？能否想起我们对芝加哥银行负债的日子？"

"我正沉浸在过去的回忆之中。"我说。年轻人比利说他买进了里斯科数据处理设备公司、数据处理公司、财务通则和伦道夫计算机公司的股票，还有几只股票，我没记住它们的名字，但它们的名称里都有"数据处理"或"公司"字样。我问年轻人比利，为什么这些计算机租赁股票变现如此之好。

"实际上，人们对计算机的需求是无限大的，"年轻的比利回答道，"事实说明，租赁是出售计算机的唯一途径，并且计算机公司本身没有资本。因此，今年的收益将会增长 100%，明年会再翻一番。目前的市场，可以说是小荷才露尖尖角，股价的飙升才刚刚开始。"

"看看我这个令人讨厌的老朋友，满脸的狐疑，"大温菲尔德指着我说，"看看他，问题还停留在什么折旧、计算机的折价的速度是多么快的框框里。我甚至能想象出他接下来要提什么问题。他打算问是什么成就了金融公司 50 倍的利润，是吧？"

"的确是这个问题。"我承认。

年轻的比利，宽容地笑了笑，他非常了解老一代人在领会新数学、新经济和新市场中所遇到的难题。

"带着这样的疑虑，你根本就无法从市场赚到钱，"大温菲尔德说，"存在这些疑虑，说明你已经步入中年，这是你们这代人的思维方式。告诉我你的投资组合，我由此讲述这代人的选股思路。确确实实，这些留着灰白胡须的老一代人，他们的投资组合中一定会有'通用汽车'、AT&T（美国电话电报公司）、德士古公司（美国大型石油公司）、杜邦公司、联合碳化物公司（美国大型化工公司）这类公司的股票，但这些都已是昨日黄花，多年来已经无人问津。步入中年的这一代人，持有 IBM、宝丽来和施乐的股票，能够心平气和地欣赏摇滚乐。但是，未来掌握在当今的新潮人物手里。你可以给他们讲讲股票，那是因为其他年代的人都被他们吓退。来，约翰尼，给我的老朋友讲讲你的选股思路，约翰尼在选择科技股方面很有一套。"

"尊敬的先生，"约翰尼急促地说，"我的投资组合包括卡尔瓦胶片公司（Kalvar）、莫霍克数据科学公司（Mohawk Data）、识别设备公司（Recognition Equipment）、字母数字显示设备公司（Alphanumeric）和艾柏林仪表公司（Eberline Instrument）。"

"看看这个思想守旧的中年人的表情就知道了，他对此感到震惊，"大温菲尔德说，"以 100 倍的市盈率出售股票，把他带入了 1961 年的创伤。他在记忆与希望之间饱受折磨。回忆一下年轻那会儿的热情吧，我的孩子。"千真万确，我似乎回到了 1961 年，又听到了合唱团在吟唱那充满离愁的毕业生之歌。"我喜欢 1961，"我说，"我也喜欢那些能卖到 100 倍市盈率的股票。问题是，1961 年很快过去了，随之而来的是 1962 年，这一年每个人都用股票糊游戏室的墙壁，股票变得不名一文。"

年轻人谢尔登举手示意。

"这个年轻人一定能把你带回往日的辉煌，"大温菲尔德说道，"谢尔登持有的西部页岩油（Western Oil Shale）股票，从 3 美元一路上涨到 30 美元。"

年轻人谢尔登说："先生，美国西部石油的储量是世界已知储量的 5 倍——那就是页岩油。技术发展日新月异。随着西部页岩油的开采，公平石油公司（Equity Oil）每股收益可达 750 美元。但当前股票价格仅为 24 美元。目前，该公司已经将首次商业性质的地下核试验提到议事日程。该公司前途如此光明，还没有人领悟到它的巨大潜力。"

"页岩油！对，就是页岩油！它已经把你带回了那些辉煌时刻，是吧？我坚信，你几乎想不起来了，"大温菲尔德说道。

"页岩油主导市场，"我梦呓般地说，"我那陈旧的 MG TC（车模型）。一位金发女郎，皮肤被汉普顿盛夏的阳光晒成褐色，在海滩上悠闲地喝着啤酒，乡村的小酒馆里飘出那首《奔放的旋律》（电影《人鬼情未了》主题曲）……"

"看看，岁月流转，你获得了新生！这是个奇迹，就像你又有了一个儿子一样的奇迹！太好了，我为你感到高兴，我的孩子。"大温菲尔德说道。

大温菲尔德的话一语中的。沉浸在对过去的回忆里，确实阻碍我们参与到当前这样一个欣欣向荣的市场中，随之而来的不安情绪稍纵即逝，那种似曾相识的感觉若隐若现：我们早些时候一直在这里。

"我的这些年轻人，他们的优势就是太年轻了，不会记得那些不愉快的经历，而且他们赚了那么多钱，感觉到自己战无不胜，"大温菲尔德说道，"现在，你和我都十分清楚，总有一天会曲终人散，冷风嗖嗖地吹过破碎的玻璃窗，这种可怕的预感使我们无法前进。但是，对于这群年轻人来说，可能有人破产，有人成为百万富翁，成为新一代的亚瑟·洛克（Arthur Rock，风险投资四大巨头之一，曾投资英特尔、苹果电脑以及以10亿美金将科学数据系统卖给施乐等公司。——译者注），新一代的亚瑟·洛克就在他们中间，我们的任务就是把他挖掘出来。"

"雇用一个这样的年轻人需要支付多少钱？"我问。

"每小时50美元、提供办公场所和膳食，不提供临时照顾服务，一周修剪一次草坪，营业利润对半分。"大温菲尔德答。

于是，我提出申请，加入这个令人愉快的市场。

既然已经找到了这个年轻人市场的感觉，我就可以继续探讨杰里科指标了。这个指标与华尔街办公楼倒塌的围墙数量有关。随着倒塌围墙数量的增多，指示器开始闪烁。围墙倒塌的原因是华尔街开始繁荣起来，这种市场环境下，合伙人开会时认为，如果他们所拥有的注册代理人（通过电话打点交易的经纪人）的数量增加一倍，他们赚到的钱也会翻倍。于是，他们又租了一层楼做办公室，然后，他们搬进了另一座办公楼。

倒塌的围墙数是一个稍微滞后的指标，如果市场处于熊市，围墙就永远不会倒塌。你可以自己数一数，到底有多少面倒塌的围墙，然后乘上忙于工作的室内装修设计师的数量。

我的最终指标是每天开启的百服宁或者阿司匹林药瓶瓶盖的数量，但是，请注意这个指标计数瓶盖数量的前提是：实际上并没有从上述药瓶中倒出药片。

这个规模庞大的股票市场，价格迅速上扬，再次造就了大量因持有股票而成为百万富翁的人。到了晚上，这些人头脑中仍然萦绕着白天发生的一切，这一切使他们感到兴奋无比，无法入睡。他们躺在枕头上，在心里默默地数着自己玫瑰园一样绚烂多彩的投资组合："我们看看，宝丽来的股价今天涨了6美元，我持有150股宝丽来的股票；我还有180股的施乐股票，今天涨了5美元；我还有数字设备公司的股票，我持有的控制数据股票的数量达到了300股——不对，我已经卖出了50股,真是愚蠢之极——但是数字设备的股价已经涨到了64美元,涨了3倍,持有8股,我的上帝,我成为富人了,我的身价是42加上16,也就是58,再加上13,我刚才算到哪了?是58还是56……"

他们开始计算这些数字,但怎么也搞不清楚,于是,他们从床上爬起来,悄无声息地走到电话桌旁,拿出笔和纸,然后再悄悄地溜到浴室,打开灯,开始加总那些搞得他们失眠的数字。

这时,他的妻子从睡梦中醒来问:"赫伯特,你没事吧?"

"我很好。"

"你在那儿做什么?发生了什么事?"

此时此刻,赫伯特不能告诉他的妻子他在浴室里极度兴奋地计算着投资组合的总和,因为妻子们总是无法理解市场的巨大魔力的。于是,赫伯特改口说他头疼,打开阿司匹林的瓶盖,故意弄出倒药和吃药的声音,但实际上他并没有倒出一片阿司匹林药片。妻子相信了他的话。这没有什么新鲜的东西值得我们去做过多的说明。巴尔扎克的小说中也描绘了同样的场景,只是在他的小说中没有出现阿司匹林。虽然,同样的场景发生在另外一个国度,但人类的情感是有共性的,而且岁月的流转永不停息。

第 18 章
时机与转换：可可粉游戏

> 赫尔希与 M&M 想获得低价的可可粉合约，于是他们在投机商之间制造恐慌。他们知道已经没有可可粉库存了，这就是他们制造这次恐慌的目的所在。

充满智慧的大师把股票市场描绘成一场抢椅子的游戏，随着我们研究的深入，大师所描述的画面越来越清晰地呈现在我们面前。你能做的最聪明、最睿智的分析，就是耐着性子等待，直到其他人相信这是真的，游戏的目的不是像忠诚的狗一样守护着你所选择的股票，而是先于大众买到股票。

价值不是股票所固有的，要想使其有益于自身，必须使它具有别人也认可的价值。（怀特韦尔德公司的分析师四处游走，一遍遍地重复着"我总是能够先知先觉"这样的话，因为这是他们公司某位合伙人的格言。）

由此，我们可以得出如下结论：对于这场游戏的参与人而言，必须拥有某种对时机的感知能力，你要么刻意培养这种能力，要么你就不具备这方面的能力。教科书中可能有整整一章的内容都在教你如何游泳，但它教会你的远不如游泳池中实战演练的效果。

关于时机问题的论断中，最好的当属 2 世纪一位不知名的作家，笔名是科胡莱斯（Koholeth）或传道者。虽然科胡莱斯流传下来的作品不多，但都是关于时机的话题。[如果你随后似乎听到了若隐若现的摇滚乐，那是因为皮特·西格（美国民谣之父）根据科胡莱斯的作品创作了一首名为《转！转！转！》的歌曲，并有伯兹合唱团成功演唱。在新版的圣经旧约中，科胡莱斯以传道士的身份出现，因此你已经拥有了关于时机问题的最佳作品。]

《转！转！转！》歌中唱道：

> 万物都有时节，
> 天下的任何事情，都有对应的时间：
> 生有时，死有时；
> 种植有时，收获有时；
> 摧毁有时，建立有时；
> 忧伤有时，跳舞有时；
> 丢弃石头有时，收聚石头有时；
> 保留有时，抛弃有时；
> 撕碎有时，缝合有时；
> 沉默有时，发言有时；
> ……

对此，我们没有别的可说了。有些市场喜欢周期性产业股票；有些股票市场恰好与利率相映成辉；有些股票市场执著地追求浪漫色彩，就像伍尔沃斯百货公司（Wolworth）柜台后面那个相貌平平的小姑娘一样；有些市场痴迷于未来的技术发展；还有些市场，什么都不信。

如果你是在错误的时间从事正确的事，那么你可能是对的，但需要长期耐心的等待。这至少比来晚了要好些,因为,你也不想在曲终人散时还站在舞池中央。

如果你现在所做的工作似乎没有什么效果,这说明游戏并不均衡,尽管经纪人不断地寄出各种推荐信,权威人士也认为市场比以往任何时候都具有诱惑力,但客户的雇工都在忙于作出各种八面玲珑的保证。

我们也可以这样讲:没有游戏可玩时,就不玩,但对那些曾经参与其中的游戏玩家而言,习性的影响是如此强大。我曾经参与过一个别的游戏,那是因为主要游戏还没有上演,而我最大的收获就是:在正确的时间,使自己置身于主要游戏之外。尽管这个起到警示作用的故事有些偏离主题,但鉴于其中蕴涵着跨国的阴谋、强烈的欲望、贪婪、剽窃、权力、英勇、种族歧视、魔法和群体心理,因此我还是将其收纳到本书中。

大作手从股市撤退

道琼斯平均指数直指1 000点的时候,华尔街所有的伙计都在忙于给客户打电话,向他们推荐买进的股票,由于一直在拨电话,他们的食指都磨出了血。我当时正坐在大温菲尔德破旧的办公室里,对,就是我们前面提到的雇佣了3个年轻人的大温菲尔德。我们都懒洋洋地看着股票纸带,不时发出嘎嚓嘎嚓的声音,这情形,就像在一个炎热的春季的某一天,两个阿拉巴马州长坐在小舟里注视着鲶鱼一样。

"他们还没有进场。"双腿成交叉姿势、脚上穿着牛仔靴的大温菲尔德说。多年以前,我认识大温菲尔德时,他还是一位热心真诚的年轻人,身着保罗·斯图亚特·泰普勒牌西服,正在努力成为华尔街的成功人士。后来,他赚了钱,买了一座大牧场,他认为,如果权威人物讨厌他(的确如此),他又何尝喜欢他们。于是,他脱掉了那些正式服装,穿着条绒外套和牛仔靴上班,这身打扮正好符合牧场主的身份。你也看到了,正如我前面所述,铁锅里煮着咖啡,仿佛是万宝路世界商业广告中所呈现的完美画面。

大温菲尔德不关心现实中发生了什么。在他看来,关注现实中那些琐事会使事情一团糟。他只是紧盯着股票纸带上显示的数据,发现市场有所进展时,他会暂时欢呼跳跃;市场停滞不前时,他就会起身离开,像乘坐公共汽车一样。他的表现有助于实现每年赚取100万美元的目标。

像大温菲尔德这样的股票交易商,已经对纸带上的股票信号产生了心灵感应,比如说,宝丽来正处于活跃期,荷兰皇家航空公司(KLM)将要下跌并进入短暂的调整期。他们认为:纸带上的数据能够说出股票的秘密,他们有着敏锐的嗅觉,随时能够发现市场上的蛛丝马迹,并能够按照贤士的指示进行操作。

"老兄,他们不是在吃进股票,我们该回家了。"大温菲尔德说。有了这种后见之明,对市场的变化非常敏感,因为现在的市场几乎达到了史无前例的高位。很明显,许多人在买入,大温菲尔德则打点包裹准备撤出,因为纸带告诉他这个游戏已经不再适合我们玩。

"我们应该离开这个市场一年,然后在每个人都伴随着市场的下跌而疲于奔命之时,我们找准时机,再重新杀入,"大温菲尔德说道,"为避免我们在这一整年的时间里无事可做,我已经找到了一个新的投资途径,能够在6个月内使我们的财富翻10倍。"

我变得严肃起来——1月份的1 000美元,在7月份就能变成10 000美元,这样的收益,无论何时都会吸引到我的注意力。

"我说的是可可粉,"大温菲尔德说道,"已经没有可可粉了,很快就会在世界范围内缺货。"

到目前为止,我对可可粉的了解仅限于:它们装在格瑞斯泰德超市红色的小铁罐里，货架上有许多这样的红色的小小的铁罐。

但大温菲尔德对此感到非常兴奋，仿佛已经被催眠。哪怕是非常小的发现，他也为之着迷，随之付出无限的热情。

"我的孩子，这个世界上，当我们需要的物品短缺，价格就会上涨。可可粉交易不受管制。只要可可粉的价格上涨 3 美分，你的财富就会翻倍。这听起来有些疯狂，快加入这场游戏吧。"

可可粉的价格取决于市场上有多少存量。这种作物的收获期是 10 月到次年 3 月，因此，在每年的二三月份，当年的作物已经入库，投机商开始炒作明年的产量。于是，一场跨国的政治阴谋开始上演。

"我在加纳的线人告诉我那里的形势越来越差。"大温菲尔德说。听起来就像神秘的 M 先生在给 007 布置一项新任务。他还说他在加纳有多位线人，通常，大温菲尔德的线人是那些公司的财务主管，但突然之间他的信息来源变得非常广，甚至超越了国界。

"加纳的救世主，恩克鲁玛先生（Kwame Nkrumah, 1909 — 1972 年，加纳共和国第一任总统，在执政期间，主张在加纳建设与非洲社会的传统、历史、社会环境和村社基础相适应的非洲式的社会主义。——译者注）为自己修建了宫殿，建立了社会主义国家。社会主义国家就会填写表格。那些官僚本应走出办公室，到可可粉仓库清点一下实际数量，然后将数字填到统计表中，只有这样，加纳市场委员会才能了解事情进展如何。但是，在这位救世主的领导下，官僚们根本不会去仓库计数可可粉的数量到底是多少，因为一旦他们在统计表中填入了错误的数字，就会打破五年计划所描绘的良好状态，他们就会被执行死刑。因此，他们只是在统计表中填入期望的数量。结果就是，没有人知道到底有多少可可粉库存。而我的线人告诉我，仓库里已经没有可可粉。"

这听起来不可抗拒：国际阴谋，以及顺应历史潮流获利的机会。"请告诉我如何玩这场游戏。"我说。

"你从纽约可可交易所购买一份合约,销售人员会承诺将这份合约交付给你,也就是说,在明年的9月,按照目前的市价——23美分买入3万英镑可可粉。在这个不受管制的市场,利润可达10%。一份合约卖1 000美元。只要可可粉价格上涨3美分,你的财富就会翻倍;价格上涨6美分,你的财富就会翻3番。"大温菲尔德说。

"如果可可粉的价格下跌3美分,我就会血本无归。"我说。

"可可粉的价格怎么会下跌呢?可可粉的价格很快就会涨到40美分,使你的财富翻6番,这是最保守的估计。1954年,可可粉的价格曾涨到70美分;在纽约,任何人都可以买卖可可粉,就像任何人都能买卖亚麻布、皮革、银器、小麦等其他商品一样。只要把钱交给你的经纪人就可以了。这些远期交易的合约使得生产商和消费者能够实现套期保值,使得商品流通更为顺畅。"大温菲尔德说。

我快速计算了一下,如果1954年的情形再现,每份价值1 000美元的合约,将带来1.5万美元的收益。于是,我给一位我所熟知的经纪人打电话,目的是保持另一条通道畅通,但他从未听过大温菲尔德是何许人。很快,5份价值5 000美元的合约到手,到了9月,会有人交付15万磅(1磅= 0.4536千克)的可可粉。

就是这个鲁莽而草率的交易,使我成为一位跨国的可可粉投机商。突然之间,我开始接触那些我从未接触过的人——国际可可协会的资深会员。于是,我认识了一位衣着随意的顾问,他的生意已经做到了南非。

"我真的相信那些黑人弟兄在统计数字上造了假。根本就没有什么可可粉。"顾问说。

两个星期后,救世主恩克鲁玛先生的政权被反对派推翻,流亡到北京——救世主隐匿了将近2 500万美元,晚报上整整八版的内容都是在写"加纳革命"。我的电话响起来,是大温菲尔德的助手打来的。

他在电话中说："大温菲尔德先生希望你能够参与到这场可可粉游戏中来，因为你是个了解人们心理的联络员。因此，请给你在南非的朋友打电话，打探一下谁接管了加纳，这对可可粉有什么影响。"

当时，大温菲尔德拥有价值 300 万美元的可可粉，并游说我购买了 5 份可可粉约，由此，他开始提供情报服务。事已至此，我自己也非常想知道那边的情况如何。于是，在午夜时分，我给一位就职于哥伦比亚广播公司 (CBS) 的记者朋友打了电话，他的声音从遥远的加纳首都阿克拉 (Accra) 传来，听起来时强时弱，有些含混不清。"局势一片混乱，"他说。我告诉他，我想知道是不是来自可可产地的部落族人接管了加纳。这位 CBS 的记者说他并不清楚，但他想起来有几位新的内阁成员来自生产可可的内陆。

令我始料不及的是，那些我不认识的人们开始给我打电话说："虽然你不认识我，但我想知道你从加纳得到了什么消息？新政府是否生产可可粉？"

可可粉的价格达到了 25 美分。现在，不用存钱，我就可以再买两份合约。

老鼠想从猫的嘴里抢食

在可可粉业的一次晚餐会上，一位来自赫尔希（Hershey）的人在讲话中提到：可可粉的供应非常充足。在其发表讲话的第二天，可可粉的价格应声暴跌，因为在这个不受管制的市场中，只要供应远远大于需求，价格必然下降——价格下降的速度是如此之快，以至于交易所不得不停止交易。可可粉的价格处于最低点时，那个来自赫尔希的人从恐慌的抛盘者手中大量买入。这件事把我搞糊涂了，如果供应量十分充足，他为什么要买进？

突然之间，我恍然领悟，这场游戏的主角是三大巨头：赫尔希、雀巢（Nestle）和 M&M，我们都是那只试图扳倒大人物的小老鼠。赫尔希只能利用市场，顺势而为，老鼠就是老鼠，鼠目寸光。一方面，赫尔希、雀巢和 M&M 这三大巨头，必须买进可可粉；另一方面，他们利用数百万美元买入卖出可可粉合约，进行套期保值。

这场游戏中，小老鼠们的目的是让那些巨头无法靠近可可粉，从而使他们在生产巧克力急需可可粉时付出真金白银。但是，如果巨头们抓到了小老鼠，情况会如何？他们会剥了小老鼠的皮，夺走他们手里的可可粉合约，借此支付可可粉的货款。他们持有的是小老鼠们的合约。

在赫尔希发表讲话后，小老鼠们陷入恐慌之中，可可粉的价格降到了 22 美分。这时，我收到了一份追加保证金的通知和几张抗胃酸药目录。幸亏可可粉价格立即反弹到 24 美分，于是，我得救了。

大温菲尔德在电话中安慰我说："赫尔希与 M&M 想获得低价的可可粉合约，于是他们在投机商之间制造恐慌，但我们不会惊慌失措。他们知道已经没有可可粉库存了，这就是他们制造这次恐慌的目的所在。农民不再给可可树浇水，他们已经离开了农场，产量一定非常差。如果明年可可粉的产量还不见好转，可可粉的价格会涨到 40 美分、50 美分，甚至达到 60 美分。到那时，那些巧克力生产商会因为极度缺少可可粉，而陷入绝境。"

可可粉的价格达到了 25 美分，此时我收到了经纪人的报告，声称可可粉价格很快就会上涨。他们本应在事情发生之前提醒我，但是他们没有。电话铃声响起，是大温菲尔德的助理打来的。

他在电话中说："我非常痛苦地向你通报，在可可粉生产国尼日利亚发生了骚乱。"这时，大温菲尔德本人拿起了分机，兴高采烈地说道："内战！尼日利亚发生了内战！豪撒族正在屠杀伊博人！太悲惨了！我认为他们根本没有收获可可粉，你也这样认为么？"

我当然不这样认为，一份研究报告显示：伊博人与豪撒族之间的争斗发生在尼日利亚东部和北部，而可可的产地在约鲁巴人生活的西部；但报纸还在以大字标题宣扬着尼日利亚内战的新闻。

大温菲尔德的助理说："我十分伤心地向你通报，尼日利亚的首领伊龙西将军在内战中被谋杀了，因此，不会有可可了。"

于是，可可粉的价格上涨到27美分。

大温菲尔德的助理又一次打来电话，说："我十分伤心地向你通报，就在今天早上，通往海滨的主要铁路线被炸毁。无论伦敦那边传来什么消息，大温菲尔德先生都与此毫无关系。我们痛恨暴力，喜欢听到真相。真相就是没有可可，因此赫尔希只能在60美分的价格上强烈要求购买可可粉。"

"可可粉会涨到70美分，"大温菲尔德在分机中喊道，"在股票市场土崩瓦解的时候，赚上几百万，还不错吧？"

此时，我从其他地区听到传闻，说大温菲尔德问他制药业的朋友是否能够通过将某种液体注入可可树，从而让其患上黑荚果病，这是一种可怕的可可树病害。

"你告诉我，没有可可粉，农民已经有5年的时间没有浇灌可可树了，并且已经逃离了农场，那里有的只是内战、暴乱、混乱，但是没有可可。怎么突然之间就有了可可树，而且需要我们制造灾害阻止可可树生长，才能使可可粉价格上涨。"我问道。

"不用担心，产量一定会非常低。现在雨水非常少，已经开始出现黑荚果病了。你见过可可树的每个豆荚都变成令人讨厌的黑色么？真是令人难以忍受，太可怕了。我想可可粉的价格将会涨到70美分。"大温菲尔德回答道。

我又听到另外一个传闻：一位医生进入了存放可可粉的费城仓库，在那里发现了老鼠。居然有老鼠！医生感到非常震惊。于是他对这个仓库下达了禁运令。这位医生是大温菲尔德的朋友，并且购买了 5 份可可粉合约。2 小时之后，赫尔希的医生赶到仓库，解除了禁运令，老鼠也消失得无影无踪。我无法检验传闻的真伪。但我内心的焦虑却在不断地积累：我们需要雨水，需要一场瓢泼大雨促使黑荚果病蔓延。如果加纳下了倾盆大雨，黑荚果病就会像感冒一样开始蔓延，可可粉的价格就会涨到 60 美分。我满脑子都是这类想法，以至于在一次鸡尾酒会上，我向加纳的大使介绍了我自己。

我问道："尊敬的大使先生，请问目前你的国家正在下雨么？"

"8 月会经常下雨。"大使回答。

"这个我知道，我想知道的是，雨是不是非常大？是不是正在下倾盆大雨？"

加纳大使盯着我看，仿佛我是个疯子，然后他走开了。

其时，对一个经验丰富的交易商来讲，可可粉的表现并不好。价格一直在 27 美分附近摇摆。成交量却十分巨大。可可粉的价格在不断下降，没有人知道这个世界上到底有没有可可，也没有人清楚产量到底是多少。最后，大温菲尔德决定派自己人到南非，弄清楚：那里到底下没下雨，黑荚果病是否在蔓延，到底没有可可树。大温菲尔德选择了来自布鲁克林的马文（Marvin），他是一位破产的可可交易商。通常，马文买进一些可可粉合约，连续投机，赚了很多钱，然后花光所有的钱，破产了，现在他打着零工，努力尝试赚钱重新参与到游戏中来。那时，马文正处在破产阶段，因此他能够执行这个任务。马文，体重有 240 磅，戴着眼镜，在他的活动范围内，向西从未去过卡兹奇山（Catskills），向北从未到过哈特福特（Hartford，美国康涅狄格州首府）。据我所知，他甚至无法将可可树与接骨木灌木丛区分开来。对马文而言，可可就是华尔街交易的一张证券，但现在马文成为了我们在西非的线人。我陪他去了 A&F（Abercrombie & Fitch，美国的休闲服饰品牌），购买了旅行服装。大温菲尔德持有与自己生死攸关的价值 300 万美元的可可粉合约，因此他付给马文 500 美元和相关的费用。

马文穿着旅行装出发了，我开始模模糊糊地感觉到，这根本就不是投资，而是沃早期作品中某个情节 [Waugh，沃·伊弗琳（阿瑟·圣约翰），1903 — 1966 年，英国作家，其讽刺小说，如《衰落与瓦解》(1928 年) 和《邪恶的肉体》(1930 年) 讽刺上层社会。他的晚期作品，著名的《旧地重游》(1945 年) 反映了他对罗马天主教的兴趣。——译者注]。

马文买了一把猎刀、一个指南针、冰镇马蒂尼鸡尾酒的工具，还有明信片的防水包装。我们花了一小时的时间，认真地与店员谈论韦斯利·理查德 475，这是一把猎象枪。

"你不会遇到大象的，你去那里的目的是调查清楚可可粉的数量。"我对马文说。"你总是无法明确地知道你到底需要什么。"马文说。在 A&F 的电梯里，他仔细检查了猎象枪的准星，枪筒左右摇摆。

我们又去了药店，马文购买了治疗痢疾、黄疸、毒蛇咬伤、黄热病、豚草过敏症、毒叶藤和便秘的药物。他还准备了 100 片安定，这是一种镇定剂。之后，我们去了肯尼迪机场，马文带着他的装备登上了一架泛美航空公司的飞机。他大力地挥手跟我告别，出发了。24 小时之后，我们获得了第一份情报。

雨在断断续续地下着。

马文：

我们给在加纳的线人发了一份电报，电文如下：

计算可可树的数量，据此预测可可的产量，那边天气如何，有多少可可树感染了黑荚果病，农民要求的价格是多少。

温菲尔德

马文回复的电文如下：

旅馆里的英国人说，可可树的数量与去年一样，衣壳虫害已经得到控制。

"衣壳虫害？他是指衣壳虫害吗？"我问。

"这种害虫吃可可树。"大温菲尔德的助理说。

"该死的！我不是让他去呆在旅馆里，告诉他出去检查可可粉仓库，大型种植园，查明产量。我在这上的投资达到了300万美元，可可粉的价格已经降到了26美分。"大温菲尔德咆哮道。

"可能是没有佩戴猎象枪，他感觉不太安全。"我说。可可粉的价格降到了25.5美分。一定有人知道我们所不知道的消息，或许巨头们再次出动，恐吓了那些小老鼠，谁也无法说得清。马文的下一封电报中有价值的信息不多：

这里的英国人说阿善堤地区出现了黑荚果病，我明天出发去阿善堤地区，雨已经停了。

马文

接下来的两天，可可粉的价格下跌到24.5美分，跌了100点。我又收到了补充保证金的通知，他们出售了我的两份合约。愁容满面的大温菲尔德非常想知道马文到底在哪里。我能想象到，马文此时正以他特有的方式，来到了加纳仓库门前，问："孩子，这里有可可粉吗？"加纳人回答："老板，这里没有可可粉，真的没有。"然后，当马文吃力地走远，那个曾经在伦敦经济学院学过经济学的加纳人回到仓库里，那里面堆满了可可粉,加纳人又穿上了那套在萨维尔街定做的西服,到仓库的隔壁打电话,以轻快的英式口音说:"马文沿着西北方向向北走了。"

那是我们在那段时间内收到马文的最后一封信。很明显,事情是这样的:马文租了一辆车,雇用了一位司机。当汽车拐上泥路后,无法通行,于是,司机到前面去寻求帮助。司机没再回来,于是自己出发的马文迷了路,他跌跌撞撞地走在黑暗潮湿的丛林中,蚊虫在头上嗡嗡作响,周围是猴子凄凉的嚎叫声。足足有6英寸(1英寸=2.54厘米)长的水蛭牢牢地吸附在他的大腿上。他的旅行套装湿透了。

几小时后,马文处于癫狂状态,几乎失去了理智。他蹒跚而行,想让自己清醒一下,却发现自己已经被一群龇牙咧嘴手持长矛的当地居民包围。这些龇牙咧嘴的土著人抓住他,剥光他的衣服。马文发出极大的尖叫。

此时此刻,在地球的另一端,可可粉的价格又下跌了100点,大温菲尔德又给马文发了一份电报:

自从发自伦敦的那份报告后,没有收到你的任何消息,至少要弄清可可粉的产量,立即回电。

温菲尔德

现在,那些龇牙咧嘴的土著人放下了长矛,他们把马文吊到一只巨大的油桶里,下面是熊熊燃烧的火焰。马文咆哮着,就像一只即将被拖入牛排屋宰杀的肉牛。

在纽约,恐慌的投资商开始倾销可可粉,价格已经跌到20美分。当可可粉处于这个价位时,赫尔希与M&M的绅士们正在可可交易所内买进。可可粉的价格从最初的 23 美分下跌了 3 美分，M&M 获得了我所有的可可粉合约。我已经无法联系到大温菲尔德了。闭门思过去了，他的助手说。

马文发现那些龇牙咧嘴手持长矛的土著人是友善的，他们知道当游客穿过丛林，被水蛭吸血后，用温热的油沐浴有助于伤口愈合。于是，他们剥光马文的衣服，把他扔进热油桶中，这是在帮助他。几声咆哮之后，马文发现桶里的油不是沸腾的，他停止了尖叫。重达 240 磅的他还有可能成为令土著人愉快的盘中餐，可是土著人不仅把他弄干，提供了食物，还把他带到警察的哨所，最后来到了政府的可可产地，在那里马文见到了等着他付工钱的司机。

于是，马文得出结论，当地出产可可粉，数量不多不少，中等产量。

但是，可可粉的产量还是低于消费量，明年的情况也大致如此，因此供应量会非常少。

我破产了，大温菲尔德的助手也破产了。大温菲尔德的可可粉合约，失去一半，保留一半。"如果这条路行不通，我们再开辟一条。"大温菲尔德傲慢地说道。之后，他又开始卖空 KLM 和半导体设备公司的股票，这场你追我赶的游戏中，他赚到的钱弥补了可可粉合约给他造成的损失。

马文已经回来有一段时间了。热油的确治愈了水蛭造成的伤痛，无论何人何时派他到加纳或尼日利亚去，他都愿意回到那里。如果给他筹码，让他回到游戏中来，他仍会随时收拾好旅行装备。

我偶尔也会瞄一眼可可粉的报价单。尼日利亚真的爆发了内战。加纳货币贬值；黑荚果病肆虐；可可粉的产量非常小，价格可能涨到 50 美分。每年，全世界消费的可可粉数量都超过了产量，但可可粉的价格似乎还是在同一范围内波动。这已经没有任何意义，因此我不得不承认：在这场狮子与小老鼠的较量中，狮子的优势太强大了。**我终**

于搞清楚自己属于游戏的哪一方。下一次，如果还有人跟我说股票市场无所事事而商品市场越来越有吸引力时，我会毫不犹豫地离开，到一个小人物聚会的海滩，无忧无虑地享受阳光，直到一切归于平静。

第四部分

启示录的愿景

这一切会土崩瓦解

$ / Visions of The Apocalypse *Can It All Come Tumbling Down*

货币危机还是信仰危机？美元对我们有多重要？如果我们始终保持着对货币的宗教般的信仰，货币的末日是否就永远不会到来？

第 19 章
"苏黎世财神"念诵黄金咒语

> "宣传资料可以掩盖错误。但是，1966年世界上的主要大国的黄金股票都在减少。上一年生产的黄金都经国际财神联盟进入了囤积者的手里。"

每个人都读过"苏黎世财神"（Gnome of Zurich，传说中瑞士的银行家，在世界各地都有投资）的故事，有时候，当人们设法穿越谜团解决黄金问题，也会谈到苏黎世财神。但我知道只有我认识一位真正的苏黎世财神。实际上，此时此刻，这位苏黎世财神正住在我家里。他偶尔乘坐喷气式飞机在世界各地游走，和孩子们一起玩，伸出手轻抚小狗的头部，并向我讲解黄金危机和世界货币危机。对我而言，他的讲解极其有益，如果苏黎世财神的观点是正确的，我们将遭遇一场严重的股市崩盘，这场突然降临的灾难将超乎我们这一代人的想象，就像蓝天下忽然刮起龙卷风一样。

请注意，我说的是单数的"财神"。世界上只有一位苏黎世财神，那就是我所说的这位。这位真正的苏黎世财神说："其他财神，确切地讲，应该称为巴塞尔财神，因为国际清算银行坐落在那里，或者称为日内瓦财神，因为你从那里拿到阿拉伯的石油收入，依此类推……我是唯一的苏黎世财神，fol-de-rol-de-rally-o，目前，新闻界一直为众多的苏黎世财神忧心忡忡，这一事实恰好说明他们是多么的外行。"

无论怎样，我和这位真正的苏黎世财神一起进行工作安排，提供远程预警服务，财神的工作就是让我充分掌握有关黄金的各种信息，使我能够在贷款利率暴涨、所有的速利基金枪手像往常一样忙于其他工作的时候，顺利地逃离市场。

当然，这些所谓的财神本身就是做黄金买卖的投机者。他们与原始的《科隆城里的小矮人》（Heinzelmaennchen）有关，他们在距离 Hulduvolk 很远的在矿井中工作，他们的命运相当不幸，从事采矿工作的全部报酬就是贯穿于他们一生的对黄金的固恋。目前，大多数财神都在瑞士工作，因为他们喜欢靠近黄金，他们还是 Geldarbeitsgeschrei 11 号的会员，我相信，他目前已经参加卡车司机协会。

我的朋友苏黎世财神说："这场危机会出其不意地侵袭整个华尔街，目前，华尔街已经疏远了经济学和货币，因此可以说整个华尔街只有 17 个人真正地了解什么是货币。"

很自然地，我想立刻知道那 17 个真正了解货币的人是谁。苏黎世财神伸手来拿我的前卡斯特罗时代生产的蒙特克里斯托·丘吉尔牌香烟，从容地点着火，小心翼翼地吐出烟圈。然后，他说："其中之一就是布朗兄弟公司的罗伯特·鲁萨，另外的 16 个人都非常有自知之明。这就是我要说的，fol-de-rol-de-rally-o。"在这个世界上，与这些该死的财神打交道不是件轻松的事，但如果我们想要找出市场的真相，就必须倾听来自各方的声音。可能你已经意识到，我的朋友苏黎世财神也存在偏见，因为眼前的这个世界已经发生了巨大的变化。财神们近期的合约条款表明，经历危机之后，他们已经成为所有黄金的监护人，这实际上是一个极其富有的联盟。如果你的确对其中的技术细节感兴趣，或许曾就职于财政部的罗伯特·鲁萨能告诉你这方面的信息，但正如我前面所言，我唯一感兴趣的就是：如果苏黎世财神的观点是正确的，那我就不必去费尽心思猜透市场行情；危机之所以会从背后偷偷潜入，发动突然袭击，是因为你根本就不了解它。

虽然我从苏黎世财神那里学到不少，但实际上，我还是不喜欢见到他。正如艾略特（T. S. Eliot, 1888 — 1965年，出生于美国圣路易斯，1906年入哈佛大学攻读哲学，后在牛津完成哲学博士论文，并留在伦敦，以写诗为业，并于1927年取得英国国籍）所言，这个世界无法承受太多的现实，而这位财神认为自己是一位现实主义者。因此，当门铃响起，我去开门的时候，发现来访的是肩上挎着瑞士航空公司小包的苏黎世财神时，会感到相当郁闷，但我仍会去倾听。

苏黎世财神说："春季的某一天，或许不是在春季，天可能下雨也可能不下雨，市场中人们情绪高昂，空气中流淌着和平的前奏曲，兴建的住宅价格不断上涨，雇员们都盯着传送股票价格的纸带，尽快给客户打电话。星期三，市场将失去动力，星期四，大盘会下跌，此时专家会说：'见利抛售！快点见利抛售！'不要听从所谓专家的话，给我打电话。"

"在星期四，只有'美国南非、都美矿业、黄金股票'会上涨，黄金类股票也会有明显的悸动，比如，西部深地层金矿，以及南非一些难以正确发音的金矿，比如布立沃鲁兹切德金矿（Blyvooruitzicht）。星期五，市场会继续下跌，因为我前面向你提及的16个人将会有所行动。此时，罗伯特·鲁萨会出现在华盛顿。"

"周五晚上，财政部发布了一条安慰性质的小公告，我会在后面另行说明。财政部的公告称：我们生活在现代社会，而黄金是野蛮的遗迹。我们正在解体黄金 — 美元之间的关联；让他们自由浮动（黄金 — 美元本位制解体。——译者注）。Ho Ho Ho。"苏黎世财神说道，就像他正在看的"愉快的绿巨人"广告。

| 第四部分　启示录的愿景　这一切会土崩瓦解 |
Visions of The Apocalypse　Can It All Come Tumbling Down

"星期一，上午市场将下跌20点，星期二上午下跌15点，到了星期三，威廉·麦克切斯尼·马丁（William McChesney Martin，1951 — 1970年，任美联储主席）会说长期以来他一直打算辞职。当这一切都结束时——不久就会过去，市场将会下跌400点。市场处于一片混乱与嘈杂之中，人们正在寻找代罪羔羊。那只代罪羔羊就是我，他们会说，这一切的一切都是苏黎世财神惹的祸，但到那时，我们会拥有全部黄金。棍棒和石头将会打断我的骨头——说点什么吧，只要你想得到的。"

"你自己拿吧。"我跟苏黎世财神说，因为我看见他的手正探进香烟盒取烟，而我想知道的就是为什么危机会来临，我们是否有办法阻止危机的产生，从而使如此神奇的股票市场能够一路上涨。

"别介意，我自己来吧。"苏黎世财神说。

"苏黎世财神"一词是英国副首相乔治·布朗首创的。在1964年，工党以微弱的多数击败连续执政13年的保守党，勉强获胜。工人们在长久的等待之后，有诸多计划等待付诸实施，但当他们掌权后，才发现这些计划只能搁浅，因为英国正面临着金融危机。他们——无论他们是谁，也许是他们的某个跨国分支机构，看了看英国的贸易差额和资产负债表后，决定卖出英镑，很快，除了英格兰银行不得已而为之，已经无人购买英镑，纽约联邦储备委员会可怜的海斯先生不得不连夜召集金融专家，着手准备进行一场横跨大西洋的大输血。在那次国际联盟的大会上，乔治·布朗狠狠地批评了那些抛售英镑而突然赚得一大笔钱的人，正是他们的行为使得英国进入了金融危机。他狠狠地拉着长音说，他们就是"苏黎世财神"，他着重强调了"财神（Gnomes）一词中的"g"字母，使得这个词听起来变成了两个音节的词。于是，"苏黎世财神"成了国际投机商和怀疑论者的代名词。但是，正如我前面所讲的，大多数财神在巴塞尔和日内瓦，而真正的苏黎世财神在我家。

"怀疑论者，对，我们代表着不信任。基本上，我们一直对人们理性处理事务的能力冷嘲热讽。尤其是那些所谓的政治家。政治家总是向人们许诺空头支票。于是，我们这些财神站出来，代表现实或秩序，这就看你如何看待我们了。如果没有我们的存在，每届政府的印钞机就会不断地印制货币，物价暴涨，无法控制，这个世界立马就会回到以物易物的时代。"我的朋友苏黎世财神说。

我前面讲过，苏黎世财神也存在偏见。

我的朋友苏黎世财神说："我们能否制造危机，取决于信任与怀疑谁更胜一筹。美元是真正的国际货币，有人始终希望能够相信这一点，因为市场变化无常，国际贸易处于崩溃边缘，其他货币都是一团糟。于是，世界各国聚到一起，试图通过某种安排，改善这种糟糕的状况，这就是建立国际经常账户。与此同时，越来越多的人不再相信美元，因为每年都存在国际收支赤字。"

当听到"国际收支"和"赤字"这样的字眼时，我开始感到头疼。只是因为这使我想起：施乐股票已经从230美元暴跌到18美元，通用汽车的股价也从74美元暴跌到8美元，这些都需要我予以关注。

"让我理清一下思路，如果我们解决了国际收支问题，那每个人都会在一段时间内信任美元，我们就有时间建立一种国际货币。所以，那就是我们要做的。"我说。

"这只会是个良好的开端，但永远不会发生。"我的朋友苏黎世财神说。

我前面说过，苏黎世财神是玩世不恭的。从他对待国际收支问题的态度上，你可能已经完全相信了吧。在贸易领域，美国的发展态势相当不错——我们出口大豆、小麦和飞机的收入比购买大众汽车、苏格兰威士忌和铜支付的款项多出几十亿美元。但是，旅游业迅速发展，到国外旅行的人四处分散美元，就像秋天的落叶一样。旅游业造成的美元大量流出迅速破坏了这美好的贸易均衡。

我说:"这很好办,我们对每个出境的人征收高额的机场人头税,就能解决这个问题。"

"我也想到这点,但从政治角度讲,这样做是不合时宜的,妨碍了美国人旅游的基本权利。如果这样做,你就离最后审判日更近了。财政部建议对外国股票征收30%的税,所以现在美国人发现海外投资越来越困难。财政部已经重新审查了全部外债,很好地促进了鲁萨先生的互换货币。现在,你在廉价出售美国政府的资产,被称为住房抵押贷款参与凭证,这是一个相当巧妙的记账窍门。但是,沙漏仍在运转,时间不等人,于是我们应该开始认真考虑事实真相了。"

我一边惦记着自己的投资组合,一边问:"还有其他解决问题的办法吗?"

苏黎世财神说:"另一个解决问题的思路,就是召回驻德国百万大军的1/4及其家属和军中福利社。克鲁伯先生(Krupp)在所有的共产主义国家建立工厂。菲亚特汽车公司计划在苏联生产汽车,雷诺汽车也有这样的打算。欧洲人似乎不怕苏联人。"

"但是,我们承诺过要在德国驻军。"我说。

"德国需要军队——这比25万旅游者去德国要好得多——但他们不想支付费用。"苏黎世财神说。

"我们已经承诺了,还有其他办法吗?"

"再有,就是越南,我仅对金钱感兴趣,对政治毫无兴趣。越南耗费了我们大量的黄金。你知道,我们花费在越南的钱都流入了属于法国的印度支那银行,然后又回到巴黎,巴黎据此向纽约申请黄金。但你知道吗,实际上这些黄金落到了中国人手里。"苏黎世财神说。

"中国人?什么是中国人?怎么落到中国人手里的?"

"这非常容易,他们是通过西贡的黑市操作的。你知道,黑市中甚至还有那些出售给村民的肥皂,更不用说遭偷窃的物品会出现在码头。越南人经黑市使美元流入河内,然后,从河内到香港,中国银行在香港的机构将美元兑换为对外英镑。于是,在伦敦黄金总库显示出对黄金的需求,于是巴基斯坦国际航空公司将金条由伦敦经由卡拉奇运到北京。于是,我们损失两次,一次是金钱,一次是黄金,因为我们为伦敦黄金总库提供50%的黄金。"

听到这里,我开始有些怀疑,因为这一切听起来似乎太具有詹姆斯·邦德(James Bond,是一套小说和系列电影的主角名称。在故事里,他是英国情报机构军情六处的特务,代号007,被授权可以干掉任何妨碍行动的人。他的上司是一位神秘人物"M"。——译者注)的传奇色彩了。

"根本不必怀疑,这一切,都在我们的文章中报道过,例如,《矿业工程》杂志。你还可以去问其他人,去请教费兰兹·匹克(Franz Pick)。"

费兰兹·匹克是一位货币专家。突然之间,我的头更疼了。

"当然,如果你有什么好主意帮助我们走出越战的泥潭,我相信约翰逊总统一定有兴趣倾听。"我说。

"我不与政治打交道,只与黄金打交道。我可以提供特效药,但或许广谱药能救命。我们拥有世界上最为强大的经济。即使是越南战争,也不会对这个国家产生不利影响。与六年前相比,我们的军费开支占国民生产总值的比例还有所下降。但我们确实存在问题,我们在世界上摆出的姿态与所拥有的资源不匹配。现在不是1948年了,时过境迁,我们已经不再是世界上每个人的救世主了。我们难以将拯救世界的形象与国际收支赤字协调起来。我之所以怀疑这一点,是因为:我们的确拯救了全世界,而且创造这一辉煌的政治家仍然当权。但人们喜欢留恋过往的辉煌。于是,我们派兵到越南,在德国驻军,为世界提供流通量。我们做这些,因为我们取得成功时就是这样做的。但是,那时的辉煌已经过去20年了，人们是健忘的，黄金是持久的。即使我们在货币中去掉黄金支持，要求的黄金数量已经是我们拥有量的两倍。欠钱时，债权人说了算。看看1964年的英格兰，你就明白了。在你和巴塞尔的那些人为他们提供生活储备之前，你要求他们承诺不负你所望。工党政府却不得不让工人失业，多么具有讽刺意味啊！"苏黎世财神说道。

此时，我的头一阵剧痛，但我必须要再说一次："施乐的股价已经从230美元暴跌至18美元，这样才能激励我继续探讨下去。现在，我弄清楚了在危机中会发生什么。银行利率上调到7%，企业经营失败，股市崩溃。苏黎世财神确实使我开始担心这场危机了，但我还是想知道最后一个技术细节。"

"你会听到诸多赞美之词和合理化，宣传资料可以掩盖错误。但是，1966年世界上的主要大国的黄金股票都在减少。上一年生产的黄金都经国际财神联盟（Geldarbeitsgeschrei11号）进入了囤积者的手里。"去请教第一国家城市银行（The First National City Bank）相关人员，他们对此作出了详细的记录。

"乔治·布朗的观点是正确的，巴塞尔的财神确实有阴谋。"我说道。

"这只是怀疑论者和现实主义者的阴谋，现在，财政部永远不会主动使美元贬值。但是，他们承诺以每盎司35美元的价格供应黄金，但随着投机商手里囤积的黄金量越来越大，财政部黄金库里的黄金却越来越少，很显然，总有一天财政部的黄金会告罄，你知道接下来会发生什么了。财政部为此焦躁不安。"苏黎世财神说。

除了他是财神联盟的正式会员，我想知道苏黎世财神如何知晓这些的。

"星期一上午11:30会有一场网球比赛。"苏黎世财神说道。

"会有一场网球比赛？"

"对，在美国联邦储备委员会专用的网球场上进行一场网球比赛。"

"联邦储备委员会还有网球场吗？"

"我以为每个人都知道联邦储备委员会拥有的那个网球场呢。以前，他们拥有多个网球场，但他们更需要停车场。比赛的双方是联邦储备委员和财政部，威廉·麦克切斯尼·马丁的正手击球非常出色。偶尔，球被击出了球场，球童会将其送回。我就是那个球童，非常专注地听着。"

到目前为止，我不知道是否应该相信苏黎世财神的话，于是，我给一位就职于《华盛顿邮报》的记者打电话，问他星期一上午11:45威廉·麦克切斯尼·马丁在哪里。这位记者说，在这个时间，威廉·麦克切斯尼·马丁通常在打网球，就在他与财政部部长亨利·福勒共进午餐之前。

"如果你想调查得更清楚，我给你推荐人员。"苏黎世财神说。接着，他递给我一份名单说："给他们中的任何一个打电话，他们都认识我。"

你可以给名单上的人打电话，或许你认识他们。他们是：希腊银行的行长色诺芬·邹利塔斯（Xenophon Zolitas），荷兰银行的普楚马博士（Dr.S.Posthuma），英国人雷金纳·麦德宁（Reginald Maudling）和麦克斯韦·斯坦普（Maxwell Stamp），等。

苏黎世财神说："这些人是你的杀手锏，有需要的时候，他们会解救你。"

"停止越南战争，停止在德国驻军，不要到国外旅游。"我说。

"这些都不是我所说的杀手锏，我所说的杀手锏是指'金手指工程'。美国财政部的任务是找到更多的金子，解决黄金危机。"

到了现在，我才能将它与苏黎世财神、詹姆斯·邦德的诡计联系起来，但仍心存疑虑，联邦储备委员是否真的拥有一个网球场等类似的疑问。

"技术不断创造奇迹，于是，美国总统的科学顾问唐纳德·霍宁博士有了一项新的任务，就是利用现代科学技术、激光钻孔、红外线分光计、分光光度测定等在美国境内寻找更多的黄金，最好在联邦的土地上。对于这些技术，我一无所知。缅因州（Maine，位于美国东北角）、得克萨斯州或者中央公园都有可能有黄金，谁知道呢？"苏黎世财神说。

你是否开始听到詹姆斯·邦德的音乐？

苏黎世财神说："财政部认为金手指工程能够拯救你，尽管这需要时间，我却无法做到。到了最后，你无法继续保持技术秘密，如果中央公园里有黄金，布伦公园（法国巴黎的公园）也会发现黄金。如果遍地都是黄金，问题又来了，黄金的售价只有每盎司50美分。总有一天，你不得不回到现实，不再当全世界的救世主。领导这个世界，可以，但收买这个世界，行不通。"

苏黎世财神出到沙箱玩去了，我开始回味他的长篇说教。当然，他的言论是金融家导向的，一定还有不同的层面，他没有考虑到。我们在海外拥有的全部企业，如何？如果法国变得令人讨厌，我们就提醒她我们拥有西姆卡汽车和克莱斯勒汽车。如果十国集团和国际货币基金组织（IMF）的那些博学多才的绅士加上财政部的216位经济学家一起来解决这一难题，又会如何？任何一个政府——即使是法国政府，都不愿意引发金融上的蘑菇云。目前，政府的力量强于那些投机商的力量之和。

情况的确如此吗？那些投机商又如何在去年囤积了大量黄金，超过了世界主要国家拥有的总量之和？

为了让自己振作起来，我给自己最喜欢的枪手们打了电话，他们都在忙着互相买卖股票。我告诉他们，最好小心这个市场，因为有一块阴云笼罩在市场的上空，尽管这块阴云不会超过一个男人的巴掌那么大，GIS丢失的晶体管收音机变成了伦敦市场的黄金，巴基斯坦的飞机正把黄金直运北京。我的朋友查理说我疯了。

查理说:"冷静一下,我们昨天买的一只股票,今天已经涨了25美分。买些股票吧,这能让你感觉好些。听,纸带发生的声音,多么动听,多么有趣。"

"我只是想告诉你,黄金危机正在逼近我们,我是从国际财神联盟的一位正式会员那里获悉这一消息的,他还是威廉·麦克切斯尼·马丁的球童。"

查理说:"忘了它吧,黄金问题将永远存在,但市场依然在运行。谁了解黄金?你为什么要担心那些你根本就不了解的事情呢?"

第20章
一半美元消失掉,危险会迫近我们吗

> 只有当人们有信心的时候,市场才能运作,而这种信心建立的基础,是相信人们会理性处理问题。

这个善于表达、充满智慧的苏黎世财神,我不时地追随着他的想法。自从上次与他长谈后,这世界又有了新的进展。世界各国已经团结起来,并通过国际货币基金组织起草了国际货币的蓝图。如果所有国家的国会和议会都能批准这一蓝图,每个国家都会拥有特别提款权,提款数额与其在准国际银行的存款数额成正比。看到这么多国家团结起来,令人欢欣鼓舞,看到了希望,因为这么多国家团结起来,积聚的力量超过了投机商和那些靠货币问题获得套利的商人。

但是,特别提款权只是一种能够给我们留出时间解决问题的工具。问题仍然存在,并未得到解决。真正的国际化货币——美元,仍处于国际收支赤字状态。危机正在加深,变得更为严重。1967年年末,英镑贬值,引发了一些新的甚至更危险的问题。如果真的可以采取不合时宜的方式处理问题,我们会采取措施,要求出境的美国人携带的美元不得超过100美元。

除此之外，还有一个普遍性问题。那就是现在的政府一直以为国民谋取福利为己任。人们对福利的期望，超出了政府的支付能力，对于政府如何勉为其难地满足百姓的期望，目前尚无解决的办法。这就意味着，如果政府面临着两个选择：一个是努力实现充分就业，另一个是保护货币。他们几乎总会选择就业而非保护货币。因为，选民会给他们投票，而货币不会。1946年颁布实施的《充分就业法》清楚地说明了这一点。政府有责任实现充分就业，如果实现充分就业需要花费大量的金钱，政府会毫不犹豫地大把投入；如果政府缺少足够的钱实现这一目标，就会印制钞票。无论是否明确说明，长期通货膨胀是世界上所有国家的政策。

满足百姓的福利期望无疑是高尚的，并且没有人反对创造就业机会。但是，似乎利用货币创造就业机会比提高生产力更为容易。美国中央政府很快就认识到了赤字的用途。政府采用了信奉凯恩斯主义的经济学家们的观点，即在经济衰退期间扩大政府支出，这样做是非常省力的。但是，在等式的另一端仍存在问题。尽管统计报告的幅度非常宽，计算机速度非常之快，中央政府也会发现他们在错误的时间运用了错误的杠杆。

但是，当年景好的时候，如果政府准备把粮食收进仓库，就不是那么便利了。你可能总是在想，能不能采取其他办法达到这一目的：利用凯恩斯主义经济之道便于操作的部分，而放弃其中不便于采用的部分。我们的国民都有一种无所不能的感觉，因此一直以来这个国家都在不断地创新。一位波士顿市民约翰逊说："大十字军时代，不是伟大的现实主义时代。"

这与市场有什么关系？虽然市场只是社会一个极小的组成部分，但却是在群体心理的作用下形成的，因此能够充分地反映目前的情况。只有当人们有信心的时候，**市场才能运作**，而这种信心建立的基础，是相信人们会理性处理问题。在最近的几百年历史长河中，当每个人都相信国王仍然在位、英镑没有贬值、上帝仍在天堂的时候，我们就迎来了最持久的繁荣期，而且这所有的一切都会继续到永远。

就短期而言，长期的通货膨胀必须努力实现各种均衡：股票、土地、古董、房地产、艺术作品等。

如果你手里有100美元的债券，票面利率为5%，但到了归还本金的时候，你的100美元本金价值仅为87美元，于是，你打算看看其他投资渠道。如果有6 000亿美元的债券流出，并且其中的1 000亿美元进入了股票市场，则市值6 000亿美元的股票市场的运动方向就由这新增加的1 000亿美元所决定。随着市场的不断发展，资本增值越来越困难。此时利率开始上升，导致企业经营状况进一步恶化，因此一部分资金又流回到高利率的短期债券市场，于是，市场按照这样的循环周而复始地运作下去，正如潮涨潮落一样。

从长期来看，所有投资者（包括个人投资者和机构投资者，专业投资者和非专业投资者）的行为都是建立在这样一种信任的基础上：领导层了解市场的运作情况，理性的人在理性地处理国家事务。如果作为市场运作基础的这种信任感减弱消失，市场也会因此而衰退。市场不仅仅会急剧下跌，还可能在急剧下跌后不复存在。在1930 — 1933年，美国就曾发生过这种情况，在此期间，人们的精神饱受摧残，其他国家也发生过类似情况。

这一切可能倒塌吗？建立在信任基础上的纸合同市场中，无论这种信任是多么根深蒂固，总是伴随着恐惧。可以肯定，这一切可能全部倒塌。发生的原因就是缺少了信任。正如老一代人所言，恐惧对市场的正常发展毫无益处，因此每天怀着恐惧的心情四处游荡毫无作用。在大多数投资世界里，放胆在丛林中开出一条路吧，不要考虑一望无际的森林带给我们的恐惧。

每个人都有自己的生活轨迹，因此担心金融核弹与担心钚弹一样毫无意义。

有一些人，总是在注意各种"信号"，其中之一就是"银子"。我曾经也是观望一族，这里给大家讲一个趣闻，现在听起来比它实际发生的年代更为久远。危机的第一阶段已经发生。当银价为1.29美元的时候，政府解除了价格管制，大家紧紧盯着这个价位，我们仍都在这里，但还有更多的人加入进来。先来听听这个故事吧。

你是否相信你钱夹里的某些钞票比其他钞票更值钱，有些则与5美元的价值相同？你是否相信你之所以很长时间没有看见银元和5美分是因为有人把它们都收走了，并等待将其熔化？更重要的是，不复存在的2美元和5美分的钞票，是否给你一种萨奇·佩吉（Satchel Paige，1906—1982年，是一位出色的非洲裔美国人棒球选手，并且曾经是美国职棒大联盟史上出赛的最老球员，他最后一次在大联盟出场比赛时，已经59岁）在他的生存法则中警告说的"不要往后看，别人可能乘机赶上"的感觉？这是不是表明旋风、大灾难离我们更近了？分析师们只是简单地说白银的价格正在上涨，就像很多东西都在涨价一样，于是先知们出现了，他们将这一事件记录为不好的征兆，像1929年一样糟糕的征兆：道琼斯平均指数一路下跌，令人窒息；苹果堆在街边，无人问津，到处都是救济贫民的施舍处。

有一位特别的先知，名叫詹姆士·戴纳斯（James Dines），他的预言吓得我抓着一把钞票跑到联邦储备委员会。就职业而言，戴纳斯是一位图表分析师，本书前面的内容已经对图表分析师做了详细的介绍，你已经对他们有了全面的了解。戴纳斯以前的每周图表的评论，语调非常接近以色列先知的口气。你能回想起来吧，以色列先知不喜欢别人在他们面前嬉闹。通常，王子和平民都远离那里，因为先知说了，悲伤和上帝的愤怒会降临在你身上。把万事都放在火炬中的亚述人和塞西亚人会经过这里，于是，先知们从他们位于城墙上的住所走了出来说："瞧，悲伤和上帝的愤怒正降临在我们身上。"

戴纳斯先生的住所也在城墙上，在那鸿（Nahum the Elkohite，犹太人的先知）的右侧。他是如此悲观，甚至还编造了一个副词——unmeechingly，用来描述他的悲观情绪。

大灾难会在哪一天降临？戴纳斯问。毫无疑问，大灾难就在眼前。大灾难面前，大街上号啕一片，公路上到处都是恸哭的人们；运输车在烟雾中燃烧；银行利率涨到了7%，甚至8%；道琼斯平均指数化为乌有；我们的痛苦是这代人从来没有经历过的。为什么一定会有大灾难？愚蠢，荒唐，愚蠢的百姓与愚蠢的政府，放弃了黄金和白银，愚蠢的不负责任的政客，货币问题。5 000年来，还没有哪个政府能够抵抗货币贬值。于是：把你手头的纸币换成银币、银元券、黄金储备和白银储备。然后，等待暴跌，崩溃，然后，凤凰涅槃。

每个星期，戴纳斯先生都会敲响警钟：黄金流出，白银消失，越来越近的英镑毁灭，然后是美元，愚蠢的政府。黄金和白银是永恒不变的，因此会继续存在；如果黄金和白银消失了，说明某些精明的人正在收集并把他们隐藏起来，与天使的愤怒相抗争。戴纳斯先生和他的读者甚至还探讨了朝圣者及其钱财的去处。他们还提到了南非，称之为"迦南地"（Land of Canaan），那里除了有美丽的海滨外，还有黄金。

目前，黄金的价格是一个长期复杂的问题，但实际上每个人都同意这样一种观点：白银价格在上涨。不久前，一些采矿人士来到了睿智和威严的纽约证券分析师协会面前。他们仅有的问题就是：什么时候，到什么程度，人们把铜或铝的价格上涨视为旋风来临的信号。但不同之处是，如果白银的价格上涨，则那些古钱币和你兜里的某些钞票的价值会超出它们的面值。没有人能弄清楚这是怎样的心理效应。或许没有，或许——如果先知为你敲响了警钟——人们越来越不信任政府，将白银和黄金藏在被褥下，股票市场进入冬眠，等待春天的来临。

当有一天，我们的市场就像电影《晴空血战史》（Twelve O'Clock High）描述的梅塞施米特式战斗机（第二次世界大战期间德国空军使用的）一样，盘旋下降，一路冒着黑烟，先知的话开始对我产生影响，于是，我详细检查了在奥斯卡餐厅就餐的枪手们的餐桌，检查上面是否有"银元券"钞票。有一些，但不多。多数是1美元或5美元的银元券，上面印着"联邦储备券"。那里有4.4亿美元就是宣称"这证明足够的1美元（或5美元）的银元存储在美国财政部的储备库，当持票人提示时，见票即付"（用手中持有的钞票兑换银元。——译者注），所以你认为这些银元会频繁出现于民间，但这并不多见。于是，我带着19美元的钞票来到了一座戒备森严的堡垒——貌似纽约联邦储备银行。人人都在谈论联邦储备委员会，但谁真正去过那里呢。现在，我来到了联邦储备委员会，手里攥着19美元的钞票，"在持有者要求时，见到钞票就支付白银"这样的话萦绕在这座金钱的圣堂。我告诉门卫，我手中持有美元现钞，准备要求兑换为银元。我想看看美国政府是否会兑现其在美元上的承诺。门卫打手势让我下去。

为什么政府不应该履行其"见票即付"的承诺？总有一天，它将无法支付，因为银库里已经没有白银，先知如是说。每年，全世界消耗的白银要比每年的开采量超出100万～200万盎司（1盎司=28.3495克）；摄影、复印、电子等行业都要使用白银，伊斯曼·柯达（Eastman Kodak）一家公司就用光了每年开采的白银量。正常情况下，自由市场中的白银价格取决于供给与需求的平衡。但是，在需求远大于供给的条件下，美国财政部却以1.29美元/盎司的价格向每位需要者出售白银，人为地将白银的价格维持在1.29美元/盎司。财政部疯狂地铸造这种红边硬币，因为一旦白银的价格超过了1.38美元/盎司，银币中白银的价值就将超过了面值，从理论上讲，就不会有硬币剩下了。这些银币都被送进了附近的熔炉,用来提炼白银。人人都会将二角五分硬币扔进熔炉,然后带着硬币熔化后那块白银冲到伊斯曼·柯达公司。目前,财政部仍持有6.2亿盎司的白银,但其中的4.4亿盎司是作为美钞持有,1.65亿盎司是作为战略储备,因此不含银硬币经白热化打磨成为铸币。因此,财政部必须在某一时点停止出售白银。真相得以拆穿。美国制造的18.5亿盎司的硬币,放入大桶,或镶上框挂在墙上。你现在可以用0.5美元兑换53美分,甚至更多。

我发现自己站在窗前,我的左边是一个箱子。我能看到铁丝网后面是大捆大捆的银元券。我前面的人打开印有东京银行标志的袋子,财政部的职员一面数一面取出大约10万美元,以十为计。于是,我走过去,嘴里说着我是美钞持有人,听说财政部有白银存货,我想用持有的19美元钞票换19美元的银元,这位职员兴奋地笑了。我认为他应该给我兑换,因为虽然政府看守着所剩无几的银元,但是我想拿走自己的银元。这位职员把我送到了位于古老南街的联邦试金化验所。我第一次问他那些成捆的美元券是怎么回事。他说,我们会烧了它们。

联邦试金化验所是由一艘废气的白色飞艇改造而成——兴登堡飞艇,位于华尔街旁边的河道上,附近是鱼市场、停车场和匹萨饼店。我向两个门卫说明我的来意。我说,我持有美钞,现在要求兑换等值的银元。他们互相看了看:又一个棘手的问题。到了大窗那里,那个职员展开19张面额1美元的钞票。这次,没有任何废话。那里有一个装满白沙的大包,天平显示:最大重量300 000盎司。

"19美元,少你15金衡制盎司,纯银。"职员说。

"那就是原材料,哼!"我轻蔑地说。原来,原材料就是所谓的白沙。

职员说:"对,这就是原材料,就像制作汉堡一样,按量配给。每天都有一两个像你这样的人来到这里,不知道你们和这有什么关系。"

多么经典的讽刺:这些离风暴最近的人,对风暴的到来却毫无知觉。职员测量了白银的含量：100% 纯银，你的这些都不是标准纯银，标准纯银的含量是 92.5%，然后，他把银元倒进了一个塑料袋子！

我说：“等一下，美国政府把兑换的货币就放在塑料袋里吗？”

“放在塑料袋里有什么问题？”职员问道。

“如果你打算给我这些钱，至少给我一个侧面带有雄鹰图案的袋子。”我建议道。

“他们说，我必须给你白银。但他们没告诉我一定要给你一个袋子。”职员说道。

是的，这暂时没问题。当白银的价格上涨到 1.50 美元 / 盎司、2.50 美元 / 盎司或 3 美元 / 盎司的时候，手里拿着一个装满白银的袋子游走在华尔街，能够说明以 1.29 美元 / 盎司的价格获得白银是多么充满智慧。但这只装满白银的袋子却没有任何作用。

我们都知道，我们需要的是行动，正如凯恩斯爵士在其所创作的"启发"中指出的那样。我已经通过异想天开的行为得到了想要的白银，但此时此刻，这些银粉就静静地呆在袋子里，还存在被倒进沙箱的危险。于是，我又有了一个异想天开的想法，就是把这些白银卖出去，只要你肯做，一定能卖得出去。最方便的市场是汉迪哈曼公司，这是一家从事精炼和营销的大型企业。每天，汉迪哈曼公司都会公布白银的报价。每天的报价都是相同的：1.293 美元 / 盎司，因为这是财政部维持的银价。我给汉迪哈曼公司打电话，说明我要出售白银，于是我的电话被迅速地转给了威姆斯先生。威姆斯先生是这家大公司的主管兼任会计。威姆斯先生说他非常愿意购买我手里的白银。威姆斯先生问我："是哪种类型的白银？是银条吗？"我回答："我的白银放在一只塑料袋里，是美国政府的白银，100% 纯度的白银。现在买吧，价格很快就要上涨了。"

威姆斯先生开始冷静下来。"我们谈论的白银数量有多少？"他问道。

我告诉他只是少了 15 盎司，威姆斯先生说："对我们而言，1.5 万盎司有点少；通常，我们比较喜欢5万盎司以上的交易；但……"然后，我解释说我要出售的是放在塑料袋里的15盎司白银。现在，威姆斯先生开始怀疑他的秘书为什么要把电话接到他这里来，但他是大度的绅士，他说，汉迪哈曼公司不会购买15盎司的白银，因为保存成本都会高于这些白银的价值，但他会把电话转给旧银器部门的雅克布斯（Jacobus）先生，他们处理小额白银交易。

雅克布斯先生也向我讲述了同样一个道理，那就是保存15盎司白银的成本超过了其价值，因此持有15盎司白银不如扔掉它。他还问我为什么不存起来，攒到1 300盎司白银，那样就可以拥有一块白银而不是银粉了。而我想知道的是，我所拥有的白银与货币一样是好东西，反之亦然，但我何以随身带着这些装在塑料袋里的白银，却要面临被饿死的命运？我如何才能把这些银粉换回货币呢？雅克布斯先生说，对于顾客带来的旧银器，通常我们会支付60美分或70美分；如果我和他之间还有其他业务，他可能会支付1美元/盎司。但从整体上看，1美元/盎司意味着每盎司损失29美分，当然，我拒绝了他的建议。我警告雅克布斯先生说，财政部的白银就要用光了，银价即将上涨。

"他们说，银价已经上涨了。在印度，根本就没有银行账户，人们就把白银带在手腕上。当银价上涨的时候，就从手腕上拿下来出售。印度就有八万双手腕，我还没有开始提墨西哥呢！"雅克布斯先生对此感到非常高兴。

我问雅克布斯先生，他是否真的不担心人们会把所有的硬币都熔掉，雅克布斯先生高兴地说："汉迪哈曼公司正是从事精炼与销售白银的企业，每年白银的需求量都在增长，他认为不会有人注意到白银是从硬币提炼而来，除非有人对此小题大做，并彼此哄抬价格。如果旋风来临，汉迪哈曼公司就在那放风筝。"

于是，我有了一个装满白银的塑料袋，等待着天使的愤怒，但我已经停止积累银元券。当地铁票价达到 15 美分的时候，政府权力机构警告公众说：囤积地铁代币对他们没有任何好处；如果地铁票价继续上涨，政府将更换地铁代币。地铁票价继续上涨，但是政府没有更换地铁代币。有时候，价格会再次上涨，但不再有人囤积地铁代币。社会不断地警告不要吸烟，但吸烟的人却越来越多。黄金正在退出，白银正在消失。即使这些先知的预言是正确的，也有太多的问题需要他们留意，到了最后，阿摩斯（Amos，生活于公元前 8 世纪的希伯来先知，他是以其姓名作为《圣经》全书中的某一章节标题的最早的一位先知）被流放，耶利米（Jeremiah，公元前 7 世纪和 6 世纪的希伯莱大先知）被投进监狱，以赛亚（Isaiah，公元前 8 世纪希伯来的预言家）被锯成碎片。

装满白银的塑料袋依然在我手里。正如你所知道的，先知们是正确的。先知们的观点是正确的，但又不是完全正确的。在春季的一个傍晚，市场关闭后，财政部宣布：仅对合格买家出售白银，而且不再出口白银。第二天，市场一片混乱，根本就无法买到白银，银价在开市后的 10 秒内就冲到上限，政府只好再关闭市场。接下来的一周内，白银的价格从 1.29 美元，涨到 1.5 美元，再冲到 1.75 美元，最后，财政部宣布：将以拍卖的形式出售其所持有的全部白银，并在报纸上做了广告，如下图所示：

求购银元券

$1-$5-$10

超过面值 40% ～ 55% 支付

便利大街 10 号平衡换领中心

非城镇居民通过当地银行办理相关事宜

于是，全部银币分别装进了财政部的大桶里，到了收藏者的手里，保存在博物馆。纸币中再也不会夹杂着银元券，银元和半美元的银币都

不见了，两角五分的银币也不复存在。不含银的硬币替代了这些银币，不过，好像没有人太在意。先知们关于白银价格的预测是正确的，但对于市场的反应却不完全正确。这只是一个征兆，如果你相信白银的历史还会在黄金上重演，只要黄金的价格飞一般的上涨，扰乱了我们的心智，使得我们不再信任这个市场，灾难就会降临到我们身上。

政府的愚蠢行为会导致金价上涨，如果政府愚蠢得如此严重，以至于百姓失去了对她的信任，灾难就会降临。如果百姓继续信任我们的政府，则黄金和白银就会按照市场供求关系浮动，这与铜或者铝的价格变化没有什么不同，除非投机商利用价格的变动牟利。如果失去这种信任，无需黄金价格的上涨与下跌，灾难同样会降临。

美国财政部说一套做一套的作风，比如，财政部声称白银的价格将会在 1.29 美元/盎司的价位上维持 20 年，但事实并非如此，根本就无助于增强百姓对政府的信任感。或许黄金的价格会永远维持在 35 美元/盎司，但越来越多的人对此持怀疑态度。尽管持怀疑态度，但还是希望那些选择信任的人没有错。

第五部分

太平盛世的愿景
你真想成为有钱人？

$ / Visions of The Millennium *Do You Really Want to Be Rich*

你是想成为有钱人还是仅仅被游戏所诱惑？这里让你打破神圣的金钱观，再做出遵从内心的选择！

第 21 章
投身股市，还是清仓离开？

> 不朽是不合逻辑的，因为谁也逃不过死亡的命运，因此最后你一定会输。这就是高级游戏建立的方式：你无法将其带走。

你是否真的想成为有钱人？

历史的车轮又将回到原地。我们已经了解了游戏的规则、游戏的玩家和参与其中的原因。正如我们所见到的那样，游戏玩家们参与其中的原因并不都是伴随着我们长大的宗教教义手册中所说的，私人财产神圣不可侵犯。玩家们参与其中的最深层次原因就是资本主义的本质，我们现在就了解一下资本主义的本质。

美国的社会风气就是你应该成为富人。 除非你发誓这辈子贫穷，比如僧侣、学者、教士或行政人员，否则你就应该成为富人，因为金钱是我们成败的标志。这种应该成为有钱人的感觉由来已久。在经济衰退期，短暂的财富令人生疑，贫穷不再可耻，这种感觉可能会离我们而去。其他时间里，贫穷几乎等同于犯罪。除了暴力犯罪（有钱人的暴力犯罪被视为非理性的）之外，最严重的犯罪莫过于对资本的犯罪。人们可以打破大多数戒律，而免于受到惩罚，但是，请不要让他破产，破产会使他遭到的排斥，更甚于缴纳所得税时说谎和蒙混、欺骗、通奸、垂涎别人所有的牛和驴。

在经济繁荣时期，空气中充斥着你应该成为有钱人的思潮，这并不新鲜。在以前的经济繁荣期，就在世纪之交之前，这个国家中最为流行的演说之一就是鲁塞尔·康维尔（Russell Conwell）所作的"钻石就在你家后院"。康维尔大声喊道："钻石就在你家后院，每个人不论男女都应该为之努力奋斗。"我说，致富！发财！与其同一时代的耶鲁大学著名教授威廉·格雷厄姆·萨姆纳（Willam Graham Sumner）写到："此时此刻，美国人没有任何理由不通过勤奋、谨慎和节俭努力获取资本，从而发家致富。"美国新教圣公会资格最老的主教劳伦斯（Bishop Lawrence）曾经说过："从长远来看，只有那些有道德的人才能成为有钱人。虔诚与财富同在。物质上的繁荣使得这个国家的品格更美好，越发像基督一样仁慈。"因此，当约翰·D.洛克菲勒被问及他的巨额财富如何得来时，他的答案是上帝赋予我财富，也不足为奇。

如果上帝果真站在最富有的人一边，有人会因为"管理金钱是一种游戏"这样的观点感到生气，尽管目前"游戏"在博弈论、数学与计算机工程的衬托下略显高贵。他们会说"金钱是严肃而非可笑的事情，里面不应参杂着任何玩笑、嬉戏、趣味和娱乐"。或许金钱中的游戏成分是其所有成分中最没有恶意的。但情况总是如此吗？

让我们回过头看看，给我们留下诸多警世恒言的约翰·梅纳德·凯恩斯（凯恩斯爵士）是如何看待这个问题的。暂不考虑他革命性的学说，基于我们讨论的目的，凯恩斯之所以被称为"大师"不是因为他改变了经济历史的进程，而是因为他从一无所有起步，利用业余时间和休息时间作为玩家参与到游戏中，成为有钱人；成为有钱人之后，又将对游戏的研究融入到他的思想中。还有，我们必须感谢凯恩斯本人的《就业、利息和货币通论》和《说服文章》，以及凯恩斯的追随者罗伊·哈罗德（Roy Harrod）和罗伯特·海尔布鲁诺（Robert L. Heibroner）奉献给我们的那些使我们终身受益的著作。

通过凯恩斯的传记作者获得的二手资料，我们也能从凯恩斯的自传中体验到生活乐趣。所有的传记作者都没有提及凯恩斯与列顿·斯特拉奇（Lytton Strachey）的秘密关系，也许他的性取向与我们这里探讨的问题以及后面利用他的理论学说无关。凯恩斯不仅是经济学家和剑桥大学的教师，他还是布鲁姆伯利（Bloomsbury，英国伦敦中北部的居住区，因在20世纪初期与知识界的人物，包括弗吉尼西·沃尔夫、E.M.福斯特及约翰·梅纳德·凯恩斯的关系而闻名于世。——译者注）文艺圈中的文学家和艺术家，他娶了迪阿吉列夫公司的首席芭蕾舞演员。同时，他还是一家寿险公司的主席，也是前卫派人物心目中的宠儿。他蔑视内部消息。每天上午，他都查看自己的损益表和资产负债表，凭借自己的知识与直觉，通过电话下达交易指令。下达指令后，他已经准备好开始一天的工作。他不仅自己赚了几百万美元，还担任剑桥国王学院的财务主管，使其捐赠基金翻了10倍。

在国际外交复杂事物的处理中，他是起到稳定作用的重要人物，正确地处理行政事务，丝毫没有妨碍他从欧洲其他政治家那里获取知识，包括他们的情妇、神经症和财务偏见。他能在艺术品流行之前很长时间就开始收集它们，但同时他又是一位古典主义者，他的私人收藏里有世界上最精美的牛顿作品，他还是英格兰银行的主管。他熟悉罗斯福、丘吉尔、萧伯纳和巴勃罗·毕加索。他玩桥牌的时候，像个思考者，与达成一个重要的合同和统计员一样的单人纸牌游戏相比，他更喜欢引人入胜的比赛，他会注意游戏两次运行需要花费多长时间。他曾经说过，他一生中只有一个遗憾——希望喝更多香槟。

这是海尔·布鲁诺先生笔下的凯恩斯,显然,又是一个凯恩斯的崇拜者。大师如何看待游戏?每一个目的明确的赚钱动力都来自于经济资源的稀缺性。但人们对财富的追求不仅仅是为了应对资源稀缺。传教士科厚赖斯在传道书中写到:"喜欢白银的人不会对白银满意,喜欢富裕的人也不会对增长感到满意。"

目标明确的投资者在寻找什么?凯恩斯爵士说:"目的性是指我们更为关注的是采取行动后未来的结果,而不是行动本身的性质或者是对我们所处环境的现实影响。'目的明确'的人总是有目地地采取行动,从而追求一种虚假的不真实的不朽。他喜欢的不是他的宠物猫,而是宠物猫生出的小猫。实际上,他喜欢的也不是小猫,而是小猫生的小猫,以此类推,直到猫命运的终结。对他而言,果酱指的是明天的果酱,绝不是今天的果酱。于是,他总是将自己的果酱推到未来,努力使自己的行为不朽。"

我们都知道,到了最后,冲动是如此根深蒂固,我们无法将其视为游戏带来的娱乐。**财富的组合,正如城市的建筑一样,都是更为古老的游戏的一部分——生死对抗。**因此,不朽是不合逻辑的,因为谁也逃不过死亡的命运,因此最后你一定会输。这就是高级游戏建立的方式:你无法将其带走。

在一篇题为《子孙后代的经济可能性》(*Economic Possibilities for Our Grandchildren*)的著名预言文章中,凯恩斯的一些言论使他看起来似乎是嬉皮士之王,佩花嬉皮士和投机者的大师,如果嬉皮士能够阅读凯恩斯的著作的话,就很深切地感受到这一点。

他说:"摆在我们面前的问题可能是'如何利用关注自身经济问题(比如,科学与福利哪个更胜一筹)之外的自由,这样可以让人更明智、更快活、更健康'。"在这篇小文中,凯恩斯写道:"我看到我们实现了自由,因此,回到宗教和传统美德所倡导的最稳定、最可靠的本质——

贪婪是罪恶，强索高利贷是不良行为，喜欢金钱让人感到厌烦。"

　　那些最真实地实践美德与智慧的人，根本就不考虑明天的事。我们应该再一次重视结果而不是手段，关注有益的而不是有用的事物。

　　我们应该尊敬那些教我们如何善良健康地度过每一天每一小时的人，尊重那些能够直接享受生活而幸福快乐的人，尊重那些生长在野地里不必辛劳更不必纺线的百合花。

　　在这个繁荣盛世中，财富的增长不再是社会所追求的重要价值，道德法典将发生重大变化。我们将有能力摆脱那些折磨我们200多年的伪道德原则，那些伪道德原则使得我们把最令人厌恶的人的素质推崇为最高的道德标准。我们将敢于按照实际价值评价金钱动机：

　　将金钱作为财产而喜爱，不同于将金钱作为娱乐和现实生活的手段而喜爱，二者是有区别的，辨识到底是基于哪个目的而喜爱金钱，让人感到有些令人讨厌的病态，这是一种准犯罪、准病态的倾向，只能颤抖着将其交由精神疾病专家处理。

　　既然你已经了解的金钱的本质，你真的想成为有钱人吗？

　　我们必须注意到，在与游戏玩家的对抗中，凯恩斯在1937年得了心脏病，他放弃了所有的活动，仅保留了《经济学期刊》编辑的职务，并且他把每天从事交易的时间控制在半个小时。他还是个游戏玩家。

　　在描绘出太平盛世的愿景后，他说："小心，我们目前还没有实现这个美好的愿景。至少在未来的100年内，我们还必须自称并对外宣称：公平就是犯规，对方犯规就是公平。因为犯规有用，而公平无用。贪婪、高利贷和小心谨慎仍会主宰着我们。因为只有这样，我们才能走出经济需要的隧道，见到曙光。"

现在，你已经了解了事物的样子而不是他们应该有的样子，或许你能确认到底是加入游戏还是独自离开。参与还是离开，只能由你自己决定，因为这个世界上还有许多需要消耗时间和经历的更具价值的投资渠道。

曙光即将来临，希望你们能够继续享受游戏带来的乐趣。

中资海派出品
为精英阅读而努力

建立牢固"安全圈",实现团队效能10倍增长

[美]西蒙·斯涅克 著
李文远 译

中资海派出品
定 价:39.80元

从男人狩猎、女人采摘的原始部落,到高度专业化分工的互联网时代,人类寻求安全感与归属感的本能从未改变。但几万年来,我们的环境已经发生了翻天覆地的变化。过去,"自私荷尔蒙"促使我们寻找食物,免于饥饿;如今,我们更需要在"无私荷尔蒙"的激发下相互协作,达成团队目标,进而为个人创造利益。

在美国海军陆战队,士兵永远排在用餐队伍的前面,高级军官则总是最后吃饭;在零售巨头好市多,CEO 辛尼格以"关注员工而非数据"的方式,创造股价1 200%的增长奇迹,超过通用集团一倍;在年均营收增长60%的Next Jump公司,查理更是大胆采用"终身雇佣制",打造了一个人才流失率约为0的高绩效团队。

在你的团队运用"自私—无私荷尔蒙"领导法则,它的力量将会令你惊叹不已!

中资海派出品
为精英阅读而努力

一个战时国防部部长的自述与反思

《责任》这本书是我在 2006～2011 年指挥伊拉克与阿富汗战争的亲身经历。我们最初取得的军事胜利，正因我们的短视、错误政策及在战场和华盛顿的内部冲突而被挥霍殆尽，战争已变成为避免失败而无谓坚持的野蛮冲突。

为挽救这两场战争，我与白宫、国会、五角大楼及军方高层之间展开了激烈斗争。通过回顾国会、白宫、国家安全班底的决策过程，我认为他们更关注的是党派之争和媒体宣传，而非保护将士和取得战争胜利。对此，我深感愤怒和失望。而我与五角大楼、军方高层的官僚斗争则是为了将国防部的角色从战争策划者转变为发动者，并将军队打造成一支胜利之师。

[美] 罗伯特·盖茨 ◎著
陈逾前　迩东晨　王正林 ◎译

中资海派出品
定　价：69.80 元

一部令美国政府尴尬不安的批判之作
曝光当权执政者众多不为人知的绝密隐情

中资海派出品
为精英阅读而努力

布什和切尼的白宫岁月

真实记录布什—切尼政府的执政内幕
立体呈现美国烈焰四射的交火时代

[美] 彼得·贝克 ◎著
李文远 潘丽君 王文佳 ◎译
中资海派出品
定 价：89.80元

布什与切尼，一个是初入政坛的总统，一个是深谙政治的冷酷副总统，他们在8年任期里经历了恐怖袭击、两场战争、金融海啸等一系列重大危机，成为继尼克松政府后最具争议与戏剧性的总统任期。

在这部近800页的厚重作品中，《纽约时报》驻白宫首席记者彼得·贝克向读者展示了当代历史上意义最深远的总统任期，细述布什与切尼如何侥幸夺占白宫，一度被视为民族英雄而轻松连任，最终又在各种指责与背叛中告别政坛的曲折历程和内幕经历。对于两场失败的反恐战争，空前艰难的经济危机、各种不堪的外交困境，以及如何勾心斗角，赢得竞选与党派之争，本书都进行了精彩的再现。

全方位披露反恐时代白宫决策的台前幕后
立体再现美国与世界、白宫与国会、布什与切尼的激烈交火

中资海派出品
为精英阅读而努力

一部颠覆了东西方经济发展观的警醒之作

**奇迹式的增长之后，
"新常态"下的经济路向何方？**

持续35年年均9.8%的高速增长后，下一步如何借鉴西方，调整经济政策，降低通货膨胀，缩小贫富差距，合理分配收入？

创造了经济奇迹的中国，怎样避免欧美的覆辙，确保经济增长不再以破坏环、境为代价，让民众享受优质的空气、食品与饮用水？

保持经济繁荣的同时，如何切实有效地进行配套改革，营造机会公平的社会环境，增加就业机会，完善社会保障制度，让老百姓活得更体面和有尊严？

著名财经评论家　时寒冰
著名经济学家、中央财经大学教授　王福重
经济学者、中央电视台特约评论员　张　捷
倾力推荐

[美]查尔斯·肯尼 ◎著
谭　浩 ◎译
中资海派出品
定　价：42.00元

**探究西方经济增长的本质
挖掘中国后发优势的潜力**

"iHappy 书友会" 会员申请表

姓　名（以身份证为准）：_____；性　　别：_____；

年　龄：_____；职　　业：_____；

手机号码：_____；E-mail：_____；

邮寄地址：_____；邮政编码：_____；

微信账号：_____（选填）

请严格按上述格式将相关信息发邮件至中资海派"iHappy 书友会"会员服务部。

　　邮　箱：szmiss@126.com

　　微信联系方式：请扫描二维码或查找 zzhpszpublishing 关注"中资海派图书"

优惠订购	订阅人		部门		单位名称	
	地址					
	电话				传真	
	电子邮箱			公司网址		邮编
	订购书目					
	付款方式	邮局汇款	中资海派商务管理（深圳）有限公司 中国深圳银湖路中国脑库 A 栋四楼　　邮编：518029			
		银行电汇或转账	户　名：中资海派商务管理(深圳)有限公司 开户行：招行深圳科苑支行 账　号：81 5781 4257 1000 1 交通银行卡户名：桂林　　卡　号：6222601310006 765820			
	附注	1. 请将订阅单连同汇款单影印件传真或邮寄，以凭办理。 2. 订阅单请用正楷填写清楚，以便以最快方式送达。 3. 咨询热线：0755-25970306转158、168　传　真：0755-25970309转825 E-mail：szmiss@126.com				

→ 利用本订购单订购一律享受九折特价优惠。

→ 团购 30 本以上八五折优惠。